一九四〇年臺灣人足球隊遠征日本

一九四〇年長榮中學足球員贏得全島蹴球大會冠軍，並取得代表臺灣、前往日本參與全國足球大會的資格。每位球員都在校園中留影，此圖為郭榮彬，身穿為赴日比賽而加繡了「台」字紋的球衣。（郭榮彬提供，王子碩手繪數位上色）

萬榮華與長榮中學足球隊

一九四〇年，當長榮中學隊結束遠征日本的旅程返回臺灣，教會他們踢足球的萬榮華，也在戰爭壓力下被迫離開臺灣。萬榮華離開前，與長榮中學足球隊留下最後一張合影。這張照片標誌著臺灣足球萌芽時期的結束。（郭榮彬提供，王子碩手繪數位上色）

世界盃進入大眾視野！

一九六七年，臺灣電影院線上映了去年剛在英格蘭舉辦的第八屆世界盃足球賽全彩紀錄片。這部電影引發了票房熱潮，是臺灣觀眾第一次感受世界盃的魅力。（國立臺灣歷史博物館收藏）

全球首度世界盃直播

一九七〇年，第九屆世界盃在墨西哥舉行，是歷史上第一次全球直播、觀眾可在家庭彩色電視機上即時觀看的世界盃球賽。不過，臺灣觀眾要到一九八二年才能看到由華視進行的世界盃直播。（國立臺灣歷史博物館收藏）

一九八七年世界女子足球邀請賽，木蘭女足前鋒周台英與對手拚搶。（中華民國足球協會提供）

第一屆世界女子足球邀請賽

一九八七年，臺灣舉行世界女子足球邀請賽。開幕典禮由觀眾席排字，為比賽盛大開場。（中華民國足球協會提供）

木蘭女足代表出賽

臺灣隊伍為木蘭、良玉，從命名典故可看出「巾幗不讓鬚眉」、「為國爭光」的文化想像。（中華民國足球協會提供）

木蘭女足進入世界盃前八強

一九九一年，木蘭女足參加第一屆女足世界盃，取得了闖進八強的成績，也是臺灣至今唯一一次進入世界盃決賽圈。這張照片上留下了每位球員的名字。（中華民國足球協會提供）

二〇〇〇年後臺灣男足旅外風潮

二〇一一年，陳柏良加盟香港天水圍飛馬足球隊，成為臺灣首位旅外的男子職業足球員。（中華民國足球協會提供）

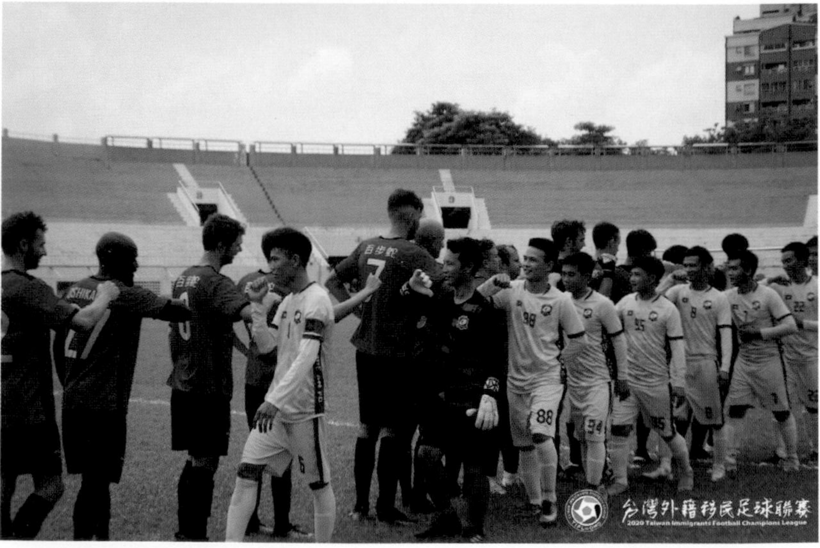

移工足球在臺灣也越來越興盛！

二〇一五年，第一屆臺灣印尼足球聯賽（TISL，Taiwan Indonesia Super League）正式舉辦，到了二〇一九年，該聯盟發展出四十多支球隊，並分成北中南三個區域進行賽事。（臺灣外籍工作者發展協會提供）

足球俱樂部文化帶來新的生命力

你知道臺灣現在有超過一百六十家足球俱樂部嗎？足球俱樂部的精神，是不論性別、年齡、是否接受過專業訓練，都能在此找到與自己水準相近的同伴，也能和程度接近的隊伍切磋競賽。（臺中藍鯨俱樂部提供）

臺南東門城俱樂部向臺糖租地興建俱樂部專用的足球場，這座足球場成為俱樂部重要的訓練場所。（臺南東門城俱樂部提供）

俱樂部不只是球隊的事情，也歡迎社區鄰里的參與。（臺中藍鯨俱樂部提供）

從日治到戰後，
臺灣百年足球記憶

我們的足球夢

林欣楷

目次

第二部　不踢球的臺灣？臺灣戰後體育的政治地理重劃

第三部　內外交迫的一九七〇年代：臺灣足球的挑戰與突破

第四部　臺灣的世界盃：當代臺灣足球新視野

各界好評推薦

在作者林欣楷詳細地梳理下，從日治時期臺南長榮中學萬榮華校長將足球運動帶進臺灣開始，透過歷史、組織、國際關係與臺灣足球發展歷程，以及不同年代的臺灣足球參與者的介紹，鉅細靡遺地帶領讀者一起了解臺灣這塊土地與足球運動的百年因緣。這是我所知道第一本從歷史、國際觀點來剖析臺灣足球發展的書，我懇切推薦本書給每一位想更進一步了解足球運動是如何在層層積累下形成今日的樣貌的朋友。

對於有興趣於臺灣史的朋友，這本書有助於以更廣濶的視野來看看這塊土地所發生卻鮮少有人加以關注的事情，這是一本值得一讀的書。

——邱義仁／中華民國足球協會前理事長、前行政院院長

這本書不僅是面向過去，也帶入許多對於未來的期待。欣楷指出的「我們的足球夢」，是具體的我們——足球社群的整體描繪，一起追尋與投射的未來願景。這本書是對足球懷抱熱情的球迷，加上有穩定能力的研究者，才能完成的著作。

——**謝仕淵／成功大學歷史系副教授**

可以說，這本書的可貴之處，是以歷史的架構，訴說著足球的故事，開拓了臺灣的未來……很多人都覺得足球在地球上是個很熱門、很酷的運動，但彷彿離我們的生活非常遙遠，但是因為有了這本《我們的足球夢》，才發現其實足球離我們很近很近，夢想也並不遠。

做為臺灣人、做為足球人，尤其是做為臺灣足球人，你不能不讀這本書。

——**石明謹／足球球評、臺灣足球發展協會榮譽理事長**

相較於棒球、籃球，臺灣足球運動並不興盛，甚至找一場能做集體記憶的足球比賽，都遍尋不著。《我們的足球夢》此書提供另種視角，從國族、政治的角度觀看為何「不」興盛的足球史，從國家主導到沒人主導，至今體育班與地方私人俱樂部的興起，臺灣是足球沙漠？不，頂多是黃土，欠缺灌溉，這本書則是深層的根芽。

——**林楷倫／作家、魚販**

推薦序

用踢十二碼球的態度寫足球

謝仕淵（成功大學歷史學系副教授）

帶著「它就在這裡」的信念，本書作者林欣楷開始了「誰在踢足球？」的追問。本身也是業餘足球員的欣楷，從他自己的實踐經驗，企圖要勾勒的是足球參與者的行動主體，而他面對的卻是早期足球參與者的凋零，還有臺灣足球脈絡尚且未明的挑戰。因此，這本書起於一個信念，但卻歷經數年的時間，才能完成一本脈絡最為清楚的臺灣足球史。這本書，可望是臺灣第一本最具完整性的臺灣足球史著作，想要認識臺灣足球的讀者，不可錯過。

由於臺灣歷史常因改朝換代而形成慣性遺忘與片面解讀，這為史學工作者帶來許多重建脈絡的困難，欣楷從碩士論文以來就專注於足球史議題的研究，致力於足球史料乃至口述歷史的探掘。這段歷程，有時孤寂地在檔案中跟歷史對話，有時幸運地找到了足球前輩，歷史躍然在面前出現，說著跟當時的官媒不同的故事。書中的每一則讓人心動的故事、每一段歷史的釐清，都帶著研究積累與偶然境遇等複雜因素交錯的軌跡。

欣楷也懷抱著年輕世代視之為理所當然的臺灣視角，批判了不同外來政權企圖競奪足球的意義與工具化足球的企圖，於是寫出了長榮中學遠征日本的故事，如同嘉農棒球的甲子園征途，足球曾經激發了自我認同，也埋下日後足球發展的種子。戰後盛行港腳的時代，欣楷知道那只是現象的一小部分，他反而深入探究足球體制與生態，關注足球員的生涯發展，乃至於基層足球擴展與傳承。這樣的足球書寫，抱持著在這片土地上踢球的人，就應當是被寫入臺灣足球史的主角。這本書因此兼具長時間的脈絡性，也把足球視為複雜的結構體。

本書對於當代足球現象的解讀，有相當細緻且具批判性的觀察。因此臺灣百年足球記憶的重構，最終的故事沒有打算帶著陳腔，讓結論安身於一片祥和的故事。他的批判力，從頭到尾貫穿，如同一場布局縝密、攻守兼具的足球賽局。他藉由足球運動的高峰低潮的議輪，有時只是依憑著政治社會的攻防而再現，國家之光或足球沙漠的討論，經常未落地，也跟臺灣足球具體脈絡無關。甚至到了書末，我們還看到移工足球的發展，乃至於從世界盃中映照出的自身境況，也議論了足球行政改革等許多議題。能夠同時兼顧過去脈絡的重建乃至當代議題的關懷，並不容易，要能心細也需大膽，非得用踢十二碼球的態度寫足球，本書才可能寫成。

這本書不僅是面向過去，也帶入許多對於未來的期待。欣楷指出的「我們的足球夢」，是具體的我們——足球社群的整體描繪，一起追尋與投射的未來願景。這本書是對足球懷抱熱情的球迷，加上有穩定能力的研究者，才能完成的著作。

本書作者欣楷跟我懷抱著相同的信念，他寫足球，我談棒球，他是我的研究生，正在為博士學位的追求而努力。這本書的完成，或許有助於博士論文的完成，更能為臺灣帶來一定的貢獻。但我更希望欣楷經由這段寫作的歷程，讓「它就在這裡」、「誰在踢足球？」甚或「我們的足球夢」的關懷，視為沒有終點的提問，然後產生持續的動力，為下一部的足球著作而努力。

推薦序

歷史是記憶的總結

石明謹（足球球評、臺灣足球發展協會榮譽理事長）

歷史是記憶的總結，任何一項事物，在經過時間的淬練之後，總會產生無數的故事，臺灣足球也是如此，當這個海島跟足球結緣超過一百五十年之後，總需要有人來書寫，把這些故事，總結成屬於臺灣人的足球歷史。因為歷史不只是代表過去，有過去才有未來，我們想要回顧歷史，往往是因為我們期盼著未來，我們想要聽故事的原因，正是因為我們希望有夢，一個屬於臺灣足球的夢。

你可以把夢做得多大，有時端看你有多麼深厚的意念，而意念來自思想的累積，只有當我們深刻地了解臺灣足球在過去發生了那些事情，才能利用這些前世與今生，找出屬於我們自己的生命脈絡，同時找出可以行走的方向。

在臺灣，研究歷史的人是少數，研究足球的人也是少數，欣楷就是那個少數中的少數，對於歷史有無比的執著，對於足球有強烈的熱愛，只有這樣的人，才可能如此用心地刻劃臺灣足球歷史，因為歷史與足球，對大部分的臺灣人來說，都太難了。

足球運動是如何飄洋過海來臺灣的？這跟臺灣的殖民歷史有很大的關係；戰後臺灣的足球運動如何展開？這跟兩個中國之間的爭戰與競逐分不開；臺灣足球的萎靡，跟臺灣在國際上的外交困難幾乎是緊密相連；而現代臺灣足球的發展，就是臺灣視野的展望。

大家發現了嗎？如果熱愛臺灣足球，你就必須懂臺灣的歷史，而如果你關心臺灣的發展，也可以從足球讀起，當你讀懂了臺灣的足球史，也就讀懂了臺灣的歷史，而這就是這本書想要做到的事情，一個從回憶中編織夢想的過程。

欣楷整理文獻的能力令人讚嘆，從戰前日治時期，足球與臺灣如何發生邂逅，到軍國主義與臺灣運動史的連結；從戰後臺灣的政治環境與省籍衝突，到利用足球賽事的象徵性宣傳來救國；從全球華人認同的轉變，到臺灣進入全民運動的現代化社會。

這些我們都聽過，都能想像到，但是可能從來沒有深入去理解的事情，在這本書都能得到詳細的過程與解答。對於每個時期臺灣足球所面臨的問題，欣楷也用穿插的新聞報導與小故事，逐一地提出疑問，做為我們可以集體思考的方向。最後，臺灣人對運動的觀念如何突破，足球未來的發展方向，則是以現代幾名出色臺灣足球運動員的表現，做為可能的曙光，指引出可行的方法與策略。

二十個循序漸進的章節，逐步訴說足球在臺灣的運行軌跡，連接起一個又一個光輝或是暗淡的瞬間，內容很長，但又如此有序。

可以說，這本書的可貴之處，是以歷史的架構，訴說著足球的故事，開拓了臺灣的未來。史料的繁瑣與枯燥，欣楷已經幫我們整理好了，我們唯一，也必須要做的，便是坐下來耐心的閱讀，沉浸在豐厚的記憶之中，靜靜的沉澱與思考，尋覓那屬於臺灣足球的過去與未來。

很多人都覺得足球在地球上是個很熱門、很酷的運動，但彷彿離我們的生活非常遙遠，但是因為有了這本《我們的足球夢：從日治到戰後，臺灣百年足球記憶》，才發現其實足球離我們很近很近，夢想也並不遠。

做為臺灣人、做為足球人，尤其是做為臺灣足球人，你不能不讀這本書。

序言

英國登山家喬治・馬洛里被人問到為什麼要攀登聖母峰的時候，他回應：「因為它就在那裡（Because it's there）」。同樣的，為什麼我會想寫一本與臺灣足球有關的書？因為它就在這裡。

相比於足球席捲世界的浪潮，在棒球與籃球夾擊的情況下，臺灣足球被認為是邊緣到不能再邊緣的運動，甚至被戲稱為「足球沙漠」。但在臺灣即使是其他不被重視的各項運動，也很少得到如此殊榮的雅號。這樣的生活經驗開啟研究者敏感的雷達，究竟是從什麼時候臺灣開始被認為是「足球沙漠」？

從此以後，「誰在踢足球？」成為我心中不曾消失的疑問，隨著從圖書館、資料庫中一步又一步的爬梳種種過往，相簿、文字、影片、畢業紀念冊、校刊、報導，近百年來與足球相關的資料簡直如過江之鯽，豐富的程度令人不禁困惑：為什麼從未有人將他們好好地整理過。

而晚近十年內，西太平洋各地吹起一股區域足球史書寫的風氣，不僅在日本、中國、香港、菲律賓、澳洲等地都陸續出版屬於該地的足球史專書，講述屬於自己的足球故事，那臺灣就沒有屬於自己的視野嗎？

受到早期師範大學體育系的教授影響，早期的臺灣體育史被納入中國體育史的架構下書寫，臺灣的許多運動傳統源自戰後的一九四五年，再往前有關日本時代的運動發展，則逐漸被遺忘。直到解嚴後，臺灣本土化風氣漸漲，才陸續有相關的討論被納入其中。

日本時代的臺灣足球運動在這樣的風氣下同樣未受到重視，一九九八年足球協會出版的《中華足球年鑑》甚至對於戰前的臺灣足球隻字未提，在臺灣體育史研究付之闕如的情況下，不免讓人好奇是真的、完全沒有任何臺灣人在運動全球化的浪潮下接觸足球這個世界文明的代名詞嗎？

因此在本書中，筆者以臺灣做為地理空間的主體，試著去探尋日本時代臺灣足球人的身影，去重新建構日本時代的臺灣足球史。這並不意味著戰前中華民國的足球對臺灣就不重要，戰前中國的足球發展大致可以分成北派和南派兩個不同的系統，南派足球以李惠堂為首的港滬球員為代表，北派則是以環渤海灣的平津、東北球員為主，代表人物是和李惠堂並稱兩李，後來成為中華人民共和國國家隊總教練的「北李」李鳳樓。而臺灣的足球文化和專業術語仍多少可以看到南派足球的痕跡，比如十二碼罰球（對岸稱為點球）、世界波（波為粵語的球，意思為精彩的進球）。

同樣地以諸多篇幅書寫日本時代的臺灣，並非想證明臺灣足球的普及或競技水準有多高，畢竟沒有實際上場交手過，沒有人知道勝負會如何。但對於臺灣的足球文化而言，它是一個起點，也蘊含著為什麼不同時代的臺灣人想要參與足球運動，甚至如今許多足球社群還可以透過教練的系譜往上連結的解釋，本書試圖回到夢開始的地方。

運動史的分野

過去臺灣的運動史書寫，往往圍繞在兩個模式，第一個是單項運動的競賽史，除了賽事從何而來、為何而來，還有來自臺灣的選手參與這些比賽獲得的競技成績，以此回應當下面對的挑戰，期待未來一樣可以締造輝煌的故事，因此比起運動史，以運動競賽史來稱呼會更為貼切；第二種書寫方式是以運動員的生命故事切入，透過選手的成長、茁壯，面對困境仍然勇於挑戰，進而在競技賽事中發光發熱，期許這樣的精神能夠帶給其他人面對生活、運動的勇氣。

一時之間，運動好像都是這些實際參與比賽的人的事情，甚至僅侷限在成功出現在公眾視野中的運動員，這樣的運動史是否真的能夠引起大眾的共鳴？

足球界的人有時候會開玩笑地說：「在臺灣可能認識夏維耶的人，比知道臺灣有足球的人還多。」做為一位海歸的華裔（也可以說臺裔）歐洲職業球員，夏維耶具備華人血統、按照中式家族傳統取的中文名字陳昌源（昌來自於家族的字輩，源意味著追本溯源），讓社會大眾分外親切。同樣地具備高學歷、入選過比利時青年隊的背景，讓媒體找到一個又一個關注的焦點。即使沒有親自下場踢球，夏維耶也已經吸引到臺灣社會的眼球，相比於此，運動賽事本身反而不是重點。

而在職業棒球的舞臺，我們很清楚在臺灣之外，美國與日本的職棒聯盟比起中華職棒的水準高了不少，但這仍然無損於我們對於中華職棒的關愛程度。徐若熙連續八次三振、古林睿煬一百五十公里火球連發，這些職棒球員在球迷之間引起的討論，往往都高於德保拉取得三冠王，或其他洋將出色的表現。為什麼？比起運動競技，運動背後顯然有更多的要素驅動人們關心運動賽事（不管是啦啦隊、流行文化或是國族主義）。

運動需要明星、需要國際競賽的成績，但它不會是運動的唯一目標，也不是拯救單項運動發展的唯一解答。

義大利史家克羅齊說過：「一切歷史都是當代史」，從事歷史研究不只是必須在故紙堆中翻滾，同時歷史學家也必須回應當代社會，究竟我們關心的事務是為何而來，它是如何構成我們所熟悉的環境，又如何成為我們面對的挑戰。

因此在本書的寫作上，雖然中華民國的足球隊不論在二戰前後在遠東運動會、亞運、默迪卡盃等多項國際賽事都曾取得過相當輝煌的成績，也多次打進奧運足球項目的會內賽，但相關的賽事細節不會是筆者書寫的重點，比起這些，運動賽事如何捲動公眾參與的過程更需著墨。

體育培訓系統作為全控機構

一九六八年紅葉少棒以來，受到中華民國在國際間外交挫敗的影響，三級棒球成為臺灣社會大眾轉移在國際失勢的重要解藥，也將一九六〇年代全民體育的熱潮推上又一波的高峰。關注棒球賽成為一種社會現象，也成為當代的共同記憶。而國家代表隊的成績也與民族榮譽相互繫連，從此之後不管是中華棒球隊、瓊斯盃、木蘭女足、亞奧運的國家英雄，一場又一場的國際賽成為民眾精神寄託的好所在，人們也開始會坐在客廳的電視機前面感受運動競賽的酣暢淋漓。

成績突出的運動員成為一個又一個「臺灣之光」、「中華英雄」，一舉成名天下知，但在踏上賽場、繳出好成績之前，這些運動員又是在怎麼樣的環境之下鍊成的呢？多數人在成長過程中，都曾經在學校中碰過體育班的同學。他們有不一樣的課表、班級，從早到晚都不斷地接受訓練，鮮少與其他同學相處，成為校園中特殊的一群人。偶爾在學校的朝會中，會看到他們上臺接受表揚、頒獎，似乎是參加了比賽得名，為校爭光，但這和我們的校園生活似乎關聯甚少，透過競技成績，這些人進入下一間學校，讀書、運動從此分道揚鑣。

一九六〇年代，為了免除升學主義的弊病，教育部和臺灣省教育廳試圖建構一套運動績優升學的制度，讓運動員能夠專心訓練，提昇競技水準，有機會在將來為國爭光，選手也能透過進入大學體育系、專科學校取得相關學歷，在結束選手生涯後轉任體育教練、教師培育下一代的選手，形成良性循環。

但進入大學、專科學校，畢業後面臨教職名額僧多粥少的情況，同時為了取得教育部對體育績優的補助，運動競賽轉變成激烈的生存競爭。為了提高訓練效率和競技水準，運動競賽的樂趣逐漸消失，被沒日沒夜、枯燥乏味的訓練取代。要練多久？沒人知道。未來會怎麼樣？沒人保證。唯一確定的是，選擇放棄需要更大的勇氣。

美國社會學家高夫曼提出全控機構的理論，全控機構主要的特色在於將原先區分生活三大領域——睡覺、玩樂、工作——的障礙一一崩解，這樣的結構主要有四項特點：

一、所有的生活都在同一個地方由同一個權威指導下完成。
二、所有成員的日常生活都和其他人一樣，而且要和其他人一起做同樣的事。
三、每天的生活都被緊密地安排妥當，由上面所安排，有官員來管理，有正式的規則制度來規範。
四、所有的強制活動都是經過單一理性計畫所策劃，以便完成制度的正式目標。

高夫曼提出的全控機構，透過剝奪過去的社會角色，重新建構一個新的社會角色。臺灣的運動員也在類似結構下生長，進入體育制度的學生，男生理著平頭、女生剪短頭髮，他們穿著統一的隊服、訓練服，進行相仿的訓練，甚至吃住都在一起。這些運動員以參與學校對外競賽為目標，與學校、家庭區隔開來，競賽成為他們公開對外展示的機會。從國小、國中、高中到大學，表現好的人得到青睞，入選培訓、國家隊，進一步進入國家運動訓練中心。這種鮮少和社會接觸的生產系統，讓選手離開體育後，與社會產生巨大的鴻溝。

臺灣體育培訓系統的建構，讓臺灣選手在學生時期累積極高的技術水準，也提供偏鄉學生一個升學管道。但系統的封閉性，還有只聚焦於選手運動技術與體能的衡量指標，讓對運動有興趣的人，必須從年輕時就開始培訓，否則便難以進入這個體系，同時外界也對體育生有了許多刻板印象。

為什麼一般人不能像選手一樣接受正規訓練，參與適合自己水準的運動競賽？為什麼人們參與競技的方式，只剩下觀看運動賽事，或者從事不須與其他人競爭的慢跑、爬山、健身、瑜珈、自行車等運動。

近年運動風氣逐漸拓展至社會大眾，是否一般社會大眾也有參與運動競技的機會？這時候足球俱樂部的出現，成為校隊與體育班以外的另一種可能。運動俱樂部源自歐洲由下而上發展的草根運動文化，俱樂部成員依照自身能力程度，逐級由下而上形成一個競技金字塔，每個人都能找到水準相近的對手，進而找到自我成長、探索的可能性。

本書透過了解臺灣的體育制度，以及觀察俱樂部的出現，指出臺灣足球或許正站在兩種不同運動制度碰撞的十字路口上。這不僅凸顯臺灣足球正在歷史性蛻變的當下，也提供臺灣各項運動未來發展的可能重要指標，進而促成社會大眾更廣泛參與運動產業，而不再落入以錦標為唯一目標、教職為體育人出路的窠臼。

公眾記憶的運動書寫

在臺灣，相較於以運動為主要樂趣，更多人的關懷核心並不是運動本身。許多人其實是以被動方式接收到與運動相關的資訊。比如我們會開玩笑地說早餐店的阿姨能夠背出王建民時期洋基隊的先發打線，四年一度的世界盃與足球元年，投手大谷或打者翔平又在大聯盟創下什麼驚人的紀錄。

除了做為投資，運動在多數人的生命中如同過客般曇花一現，除非親身經歷現場。二〇一七年臺北世大運就是一個經典案例。在零時差、近距離的接觸與報導中，臺灣人得以即時接收比賽資訊，甚至親眼目睹鄭兆村、楊俊瀚奪金，世大運從乏人問津瞬間轉變為一票難求的全民運動。不僅紀念品被搜刮一空、運動員更如同明星一般受到追捧，直到今天，相關的記憶仍然在各個場合不斷被召喚出來。

如同前述兩項運動史的書寫方式，大眾又是如何記憶、重新召喚出與運動有關的過去？在臺灣，運動作為一項全球文化，參與運動代表著接觸世界文明；同時因為一九七〇年代的三級棒球熱潮，運動在臺灣與國族主義息息相關，也最容易吸引大眾關注。但比起這些，個人與親朋好友一起參與運動的生命經驗，可能顯得更為深刻，這樣的經驗不一定與運動賽事本身有關聯。

筆者曾經在與不常接觸運動文化的長輩聚會中，詢問他們對三級棒球和木蘭女足的印象，但得到的回應往往止於「他們（球員）很厲害」、「好像一直贏球」的記憶。相比於此，受訪人卻更清楚、仔細地描繪一群人如何在三更半夜時擠在客廳小小的電視機前面，搭配著熱騰騰的湯圓、鹹粥觀看比賽；或者在賽後一群人飢腸轆轆的時候，只能到清晨還在營業的永和豆漿就食的記憶。這樣的生命經驗構成他們對三級棒球熱潮的印象。

這些運動記憶揭示運動受到世界、國家與個人生命經驗的三方拉扯，在公眾心目中構成複雜而多元的印象。這些記憶不一定與運動直接相關，但是運動卻是深刻牽動個人情感的觸媒。每個人都有能力說出屬於自己的運動故事，而這些關於運動的小事，構成了我們對於運動的想像。

因此藉由這本書的拋磚引玉，筆者希望能帶起不同讀者對於足球的記憶，進而譜寫出屬於自己的足球故事。不同時代的人追著同一個熱愛足球的夢，而每個故事最終將構成今天與未來臺灣足球的風景。

台灣サッカーの百年史

第一部

殖民地少年與足球相遇

第一章　飄洋過海的足球

隨著公學校的學生踏出校園，他們搖身一變，成為軍人、殖民官僚、傳教士、技術工人、商人。這些人乘著英國帝國主義的殖民浪潮湧向世界各地，也將運動散播世界各地，足球成為當時傳播向亞洲的西方文明的一環……

十八世紀以來，英國工業革命帶來的龐大財富，讓大不列顛的中產階級迅速增加，社會上湧動一股對嶄新知識的渴望。在這種社會背景下，義務教育應運而生。新興的中產階級為了讓自家子弟接受更好教育，努力將孩子送入菁英主義式的合宿制公學校[1]接受教育。這使原先只提供上層階級就讀的公學校，漸漸融入不同階級的興趣與嗜好。體育在既有的公學校教育中，成為不可或缺的科目。透過運動培養學生服從、團結、競爭性等品格，體育教育為國家形塑理想的公民雛形，各式各樣的運動項目也因此有機會進入公學校教育中。

在中世紀的英格蘭，足球原本是鄉間流行的娛樂活動，流行於平民、工人階級之中。最早的足球遊戲沒有固定規則、也不限制攜帶任何工具。街道、廣場、農田都可以是踢球的場地，參賽者只要把球踢到對方城鎮的鬧區就算勝利。由於這種活動時常會演變成大規模械鬥，因此足球又被稱為「暴徒足球」(mob football)。然而，隨著工業革命帶來的階級流動，新興的中產階級逐漸進入公學校，源自民間的足球活動也逐漸進入上層階級。

各間公學校在推動團體運動同時，教師與學生也不斷修訂足球規定，試圖融合啟蒙時代以來文明化與科學化的理念，使球賽的野蠻、暴力元素降低，也讓運動規則制度化。經過數十年發展，現代足球的雛形慢慢底定，並在公學校校友們推廣下在民間普及。一八六三年，英格蘭足球協會正式成立，現代足球從此有了具體的組織來規範足球的規則，這種現代的足球又被稱作「協會足球」(Association Football)。

飄洋過海

一八六〇年臺灣開港後，開始有外籍傳教士來到臺灣，在這塊陌生的土地上傳播福音。醫學與教育是傳教士推廣宗教的兩種重要管道，其中在教育方面，來自加拿大的馬偕（George Leslie Mackay）與英國的余饒里（George Ede），在臺北與臺南分別建立了牛津學堂（後來的淡水中學校）[2]和長老教中學兩所教會學校，將英式教育的理念帶入臺灣，培育信徒子女文明的知識與宗教信仰。

其中，臺南的長老教中學與足球有特別深的淵源。一八八五年，余饒里在向英國總會提出的報告指出，他認為致力於教育、陶冶年輕人，會比設法使老一輩臺灣人擺脫迷信來得容易。余饒里建議總會設立一間教會學校，提供完整的一般學科訓練，那樣除了有益於教會，也對個人的專業訓練大有俾益。余饒里的建議促成臺南長老教中學的成立。

一九一二年，臺南的長老教中學為了擴大教務，也為了提供教徒更好的教育，從英國選派年僅二十六歲的年輕宣教師萬榮華（Edward Band）來臺擔任校長。到異國的萬榮華並不熟捻當時在臺灣通行的日文和閩南語，因此還先前往日本學習兩年日文，一九一四年才正式擔任長老教中學的第三任校長。此時，長老教中學的新校舍正在逐步建成，企圖仿照英國公學校的模式，在臺灣推動教育事業。

萬榮華在劍橋大學西敏斯特學院鑽研神學時，曾因擅長足球而擔任過球隊隊長。他認為做為一名傳教士，必須同時擁有強健的體魄與堅毅的精神，而足球正好具備這兩項要素。

因此凡是有心想學習足球的學生，無論他的技術、體能是否出色，都是潛在的理想傳教士人選，教學者應該來者不拒。於是在離開英國時，萬榮華特別帶著一顆足球隨行。

萬榮華從英國帶來臺灣的一顆足球，開啟臺灣現代足球的文明。來臺灣後，萬榮華很自然將這項自己擅長的體育活動融合進教育之中。不過，別說足球了，對於當時臺灣的學生來說，「體育」都是相對陌生的課目。如何督促學生運動、引起學生興趣，成為萬榮華的教育課題。

由於長老教中學是集體住宿制的學校，每到下課、放學時，學生都會先回宿舍睡覺，等待用餐時間。這時萬榮華經常會直接闖進宿舍，將偷懶的學生一個一個拖到運動場。萬榮華身材高大、四肢修長，加上運動細胞發達。他高超的球技和優雅的體操與游泳動

體育小百科

萬榮華，英國長老教會宣教師。一八八六年出生於英格蘭伯肯黑德（Birkenhead），曾在劍橋大學皇后學院獲得數學學位，也在西敏斯特神學院研究神學。他是第一位將足球帶入臺灣的人，也是戰前最後一位離開臺灣的外籍宣教師，一九七一年病逝於英國伯恩茅斯。（圖片由王子碩提供）

作，吸引許多學生的目光。無所不能的他，被學生敬稱為「萬能校長」。漸漸地，長老教中學的學生開始潛移默化體育概念，將運動習慣融入生活之中。其中特別是足球成為長老教中學具有標誌性的運動項目。

但在這時期的臺灣，由於足球這種運動仍然相當新穎，正款的皮球與球鞋都需要從香港、日本購買。因此學生屢屢打著赤腳踢球，並以此為樂。在操場和足球數量不夠的情況下，許多學生利用軟式網球在校園與宿舍周圍空地踢球。校友洪南海[3]在談起長老中學的記憶時便提到，他在國小就曾看過長老教中學的學生，把臺南東門城的城門當作球門來踢球。學生以臺南市區為球場，在大街小巷踢球，也使足球成為臺南人熟悉的日常風景。這項世界最熱門的運動，就這樣悄悄走入臺灣人世界，成為臺南市一部分的市景。

府城之外

在臺灣南端的府城之外，足球運動就沒有那麼為人所知了。在日本殖民初期，臺灣各地的中學校與小學校，雖然也有以體育弘揚日本精神的做法，但受限於資源，公學校與小學校的體育課，大多是以徒手體操、田徑這些只須簡易場地或工具就能完成的運動為教學項目。中學校以上才會讓學生接觸到球類教育，這讓球類運動成為日治時代受過中高等以上教育的人們，才有機會接觸的運動。

棒球、軟式網球等運動正是在這樣的情況下，漸漸被臺灣人所熟悉。臺灣人從一開始觀看在臺日人玩樂，到實際下場參與競賽，運動競賽帶給被殖民者與殖民者以公平規則競爭的機會。漸漸地，臺灣人愈來愈熱衷於運動，願意支持擅於運動的臺灣子弟以運動為事業。但更重要的還是活動身體以及競爭所帶來的快樂。

一九一五年淡水中學校足球隊。學校教育是日治時期臺灣人認識體育運動的途徑，不同於日式學校流行棒球、網球，教會學校則以足球、橄欖球為體育項目。（James Ong 翁瑞昶提供）

體育小百科

德國統一與體操救國：在十九世紀初拿破崙戰爭中，日耳曼蘭茲（Lans）人楊氏（Friedrich Ludwig Jahn）因為普魯士大敗受到打擊，開始推行「楊氏體操」，培養日耳曼人民的強健體魄與愛國心。楊氏體操包含平橫木、吊桿繩梯、單槓等。這種運動與民族復興精神緊密聯繫。楊氏體操與瑞典的林氏體操、英式競技運動為現代三大體操運動源流。

足球做為日治時期的英式教育不可或缺的一環，在力行西化的日本也正漸漸地被日本人熟知。力行富國強兵的日本，在各方面全力學習當時被認為更為先進、成功的歐洲文化。一八七八年，受到德國統一經驗影響，明治政府深感身體教育與國民教育密不可分，決定將體操列入國民教育之中。十月二十四日，日本文部省設立體操傳習所，成為日本第一所專門培養體育教師的機構，目的在於選定適合日本施行的體育方法，並培養體育專業教師。

此後文部省體操講習所於一八八六年，進一步被合併到東京高等師範學校（今天的筑波大學）[4]。這所日本最早的師範學校，一直設有體育師資的培育。外聘的外籍體育教師和日籍學生讓校內的運動社團蓬勃發展，進一步催化師範學生對運動的興趣。一八九三年，嘉納治五郎[5]就任東京高等師範學校的校長後，視體育運動為教育重心。他開始鼓勵學生更廣泛在課堂內外參與運動，並在一八九六年把各個鬆散的運動社團整合成「運動會」，嘉納治五郎本人更親自擔任運動會會長。一九〇一年，嘉納將在校生的運動會，以及與校友聯誼的「寄合會」合併，使得畢業校友（俗稱ＯＢ，old boy）離開學校後仍然可以參加運動活動聯繫情感。

一八九六年，東京師範正式成立足球部。東京師範足球部將國外足球相關的資訊翻譯成日文，介紹進日本，並透過切磋交流提升對足球的愛好。因此東京師範成為日本早期足球運動的中心，學校培養出的教師將足球運動帶到日本帝國各地的師範學校、中小學校教育中。值得一提的是，雖然一八六三年在英格蘭已經成立英格蘭足球協會，將橄欖球和足球分家；但在日本境內，足球與橄欖球的區別[6]一直到一九二〇年代末期，才有較明確的劃分。

在帝國之外的臺灣，一九一〇年代，北臺灣率先有數間中高等學校開始推廣足球運動。最早是臺北一中[7]的教師松岡正男[8]在一九一三年成立蹴球部。[9]

日本文部省在一九一八年正式將足球列入課綱。隔年，本西憲勝於臺北出版《フートボール　蹴球の研究》（蹴球的研究），足球漸漸在中學校教育之中傳播。臺北高校、臺北二中（今日的成功中學，一九二二年設址於萬華艋舺清水祖師廟，一九二五年搬遷到濟南路一帶）、臺中商業等學校在一九二〇年代中期開始陸續開展足球運動。其中又以臺北二中最為特別。

臺北二中的首任校長為東京師範畢業的河瀨半四郎[10]，他在一九二四年上任。在他的指導下，臺北二中不同於臺灣其他已經開始痴迷棒球的學校，反而以足球、游泳、劍道作為主要推廣運動。河瀨半四郎認為透過足球，學生能學習到團結合作的重要性，這也讓學生以臺灣人為主的北二中，有了接觸足球的契機。

在曾就讀北二中的史學家曹永和的回憶錄中，以及在臺北第二師範與臺北第二高等女中任教、並曾擔任臺灣體育協會幹事的竹村豐俊撰寫的《臺灣體育史》（一九三三年）一書中，我們都能看到臺北二中熱衷於足球運動的身影。像是曹永和提及：

> 臺北二中的運動以發展足球及劍道為主，沒有發展野球（棒球）和柔道。河瀨校長認為，棒球不適合作為團體性、全校性的運動，足球則是每個人都可以踢的。而柔道像在打架一樣，不像劍道，講求點到為止。

竹村的《臺灣體育史》則寫到，一九二五年日本海軍第二艦隊在基隆港靠泊，當時懷念陸地活動的艦上官兵，在休假時想踢場足球放鬆，因此在臺北城中到處尋找會踢球的球隊。

偶然間，有士兵約到臺北二中的學生和他們比賽，因此臺北城中出現海軍與學生一起踢球的奇特景象。

帝國之外

隨著一南一北的推廣，加上零星點綴在全臺各地的中學校、師範學校與商業學校，足球走進臺灣知識分子的世界，也走入臺灣人生活。對於日本人而言，提倡體育運動是文明開化的大事業，也是殖民統治的重要一環。但他們對於遠在南部長老教中學的體育活動，了解卻相對有限。

一九二〇年，《臺灣日日新報》宣傳日本對臺灣體育事業的推廣。其中報紙提到南部的體育風氣漸漸普及，除了網球、棒球蓬勃發展，最近臺南的漢人更是風行踢足球，人們常常會在臺南公園裡看到他們的蹤影。但另一方面，《臺灣體育史》在宣傳臺灣體育協會政績時，又指稱長老教中學的足球運動只是學生課後踢著玩的校園活動，實際的情況究竟又是如何？

事實上，在數年推廣下，一九二〇年長老教中學校內已經有了兩級足球校隊。各年級之間和宿舍之間經常舉辦校內競賽。學校的操場每到休息時間，就會擠滿踢球的學生，低年級的新生雖然想加入，但往往只能在一旁撿球過過乾癮，入學久了才得到上場機會。跟萬榮華剛成為校長時，必須到宿舍拉人去踢球的場景不可同人語。

萬榮華也會利用畢業旅行的機會，帶領學生前往中國沿海的教會學校交流，而足球賽更是雙方切磋的重要活動。不過在日治時期，相對於殖民政府轄下的中學系統，長老教中學是一所未立案的私立學校。因此學生就讀了幾年後，大多選擇轉學至被殖民政府承認的其他中學完成學業，以利升學，使得長老教中學的高年級學生數量稀少。即使如此，在畢業班中人人都還是能踢上一兩腳好球，與友校不相伯仲。

曾經有英國艦隊訪問臺灣時，與長老教中學舉行了一場足球友誼賽。在那場比賽中，長老教中學輕而易舉地擊敗軍人對手，這不僅成為臺南的大代誌，也上了全臺灣報紙的新聞版面。對於臺灣人而言，足球不僅僅是鍛鍊身心的運動，更是在公平競爭的規則中跳脫被殖民處境，與日本、世界一較高下的絕佳機會。

綜觀足球在臺灣的傳播，有兩條清晰可見的脈絡：其中一條是日本學習老牌殖民帝國的成功經驗，希望將歐美文化、制度引進國內，使足球融入學校教育。他們的目的是想透過運動，培養出「合格的」國民身體。另一條脈絡則是隨著大英帝國走向世界的傳教士。運動被當成宣教活動的一環，用以鍛鍊個人的體魄與品格，以及培養團隊合作精神。

這兩種不同理念的足球在臺灣交會，作為世界文明的潮流，一前一後地打在臺灣的岸上。在共同的規則與一致的球衣下，族群、信仰、階級似乎都能暫時被拋開，無論是英國人、臺灣人或日本人，都追逐著同一顆皮球，共享運動帶來的樂趣，讓足球逐漸紮根在這塊土地上，成長茁壯。

1　公學校：在九世紀的英國學制當中，公學校約略等於今天的國、高中階段，屬於寄宿式的男子學校。在維多利亞時代，公學校成為新興階級重要的教育場所，它最大的特徵是在課業之外，也重視培育學生的德行和體格，體育運動因此在公學校快速發展。

2　牛津學堂：又名理學堂大書院。馬偕在臺灣宣教過程，由於意識到培養本土宣教師的重要性，因此返回加拿大募款。在各方捐獻下，牛津學堂成立於淡水，採用英式教育，除了神學外，還有人文、自然、醫學、解剖學、體操、音樂等科目。

3　洪南海：一九三九年至一九四三年長榮中學足球隊校友，戰後在臺南地區各間國小推廣足球，一九七〇年帶領勝利國小足球隊前往日本比賽，被譽為臺南足球之父。

4 東京高等師範學校：東京高等師範學校的前身，為日本第一所養成公立教師的師範學校，以培養中學教師為目標。一八八六年成立時原先名為高等師範學校，一九〇二年廣島高等師範學校成立後，更名為東京高等師範學校。這所學校在日本又有「教育の総本山」（教育的發源地）之稱。

5 嘉納治五郎：東京高等師範學校校長、日本第一位奧林匹克委員會會長，同時也是亞洲首位奧林匹克委員。嘉納治五郎一生致力於推廣運動教育，特別是將日本傳統柔道推廣到現代體育世界，他又有日本體育之父與柔道之父的雅稱。

6 日本足球與橄欖球分家：在昭和時代以前，足球與橄欖球一直共享「蹴球」的名稱。因此就曾發生過慶應義塾的球員到關西參加日本蹴球大會時，發現對手是中學足球隊而憤然離場的經歷。日人為了區別這兩種運動的名稱，會以Association football（協會足球）和rugby（橄欖球）的詞源，稱足球為ア（a）式蹴球、橄欖球為ラ（ra）式蹴球。到一九二九年，日本足球協會才確定蹴球為足球的正式名稱，但此後在日本境內仍不時會有誤用的情形發生。

7 臺北一中：今日之建國中學，主要以在臺日本人為主，一九二二年發布《臺灣教育令》第二次修正，實施日臺共學，因臺北州立臺北第二中學校成立，改名為臺北州立臺北第一中學校。

8 松岡正男：慶應大學畢業，一九一三年奉派至臺灣總督府，從事殖民政策的學理與實際對照調查。在公餘時間，松岡正男到臺北一中傳授橄欖球，將橄欖球運動帶入臺灣。

9 日本在一九二九年橄欖球與足球才正式分家。

10 河瀨半四郎：東京高等師範學校畢業，臺北二中第一任校長，為該校訂定「質實剛健」、「和衷協同」

與「明淨正直」三條校訓。河瀨半四郎在他任內無分日本或臺灣子弟，都一視同仁、有教無類。

第二章　在東京異鄉的臺灣足球青年

一九二〇年春天，在東京高等師範學校的運動場上熱鬧地展開了第二屆關東蹴鞠大會。二月十三日下午一點半，兩支分別來自臺灣與朝鮮的足球隊伍，在數千名觀眾目睹下正面交鋒。「臺灣青年體育俱樂部」做為一支才剛組建、銳意進取的隊伍，希望能在比賽中拿下有史以來第一次對外競賽的勝利。但在對手老練沉穩的應戰下，雙方最後踢平比賽、握手言和。雖然有些許惋惜，但對當時留日的臺灣學生而言，這場比賽讓他們更增添一份信心，他們相信：只要肯努力打拼，臺灣不會是永遠的弱者。

大正時期的足球運動

日本足球的根基始於學校。有日本足球之祖雅稱的坪井玄道，在一八七八年文部省體操講習所成立時，應聘至該所擔任美國體育學家喬治・亞當斯・利蘭（George Adams Leland）的翻譯。後來在一八八六年，體操講習所被併入東京高等師範學校成為體操科，坪井也成為東京師範的副教授。在他任內，坪井玄道提出結合理性主義的體操和自然主義的競賽的體育理論，[1]並指出將體操加入學校必修課程的必要性。一八八五年，坪井和學生田中盛業共同出版《戶外遊戲法》（譯意為戶外運動法），將蹴球首度介紹給日本社會。一八九六年，東京師範成立蹴球部，並由坪井玄道擔任部長。這支最早全由日本人組成的足球隊逐漸成長壯大，畢業校友將足球傳播到了日本各地。

進入大正時代，受益於師範體系推廣，足球在中學校和師範學校蓬勃發展。當時日本的各間中學校，為了培養學生精神和鍛鍊體能，都會選擇一至兩項運動作為學校的重點發展項目，稱為「校技」。一九一〇年代，日本社會突然開始出現一種「野球有害論」的聲音，影響各個學校對「校技」的選擇。

一九一一年東京《朝日新聞》發表了為期兩個月的「棒球及它的毒害」系列文章，總共有二十二篇。這一系列文章邀請眾多教育界人士發表棒球對於教育的危害。當時，棒球在學生之間已經是相當受歡迎的運動，甚至有出現學生為了看球、打球而荒廢學業的情況，因此引起教育界抨擊。比如曾來過臺灣，當時擔任第一高等學校校長的新渡戶稻造就批評：「棒球是賤技，像扒手一樣缺乏勇氣的運動。」而曾任臺灣總督的乃木希典也批評學生「過度熱衷於勝負，花費大把時間」。其他像是棒球把人弄得神經緊繃、棒球只是用右手投球跟打擊，根本不算運動，或者棒球殘害學生精神等批判不絕於耳。在「野球有害論」的影響下，部分學校開始進行「校技」轉換，從推廣棒球轉變為推廣足球。另一些學校則是一開始就將足球做為球技。前者如關西的神戶一中，後者如前章提到的臺北二中。

從重視棒球變成重視足球，這種轉變反映大正時代，日本中學教育界提倡英國人文主義思想的風氣。許多受到英國公學教育啟發的中學校長，不約而同以英國公學作為模範，連帶地接納足球運動。在這些將校技轉換為足球的學校校長中有個顯著的共通點，是他們多從東京師範畢業，或者會聘請東京師範足球部的校友擔任指導。東京師範足球對日本中學教育的影響極為深遠。

到了大正時代晚期，日本大學的足球運動也開始蓬勃發展。著名的「早慶戰」在一九二四年開始納入足球項目。早慶戰的足球賽不僅吸引上千名觀眾前往觀賞，也逐漸有觀眾對球員突破、射門、跑位等個人技巧爆出喝采，甚至有熟知規則的球迷會在場邊解說不同球隊的戰術打法，有關足球的專業知識從中學校一路傳播到大學。

日本足球協會誕生

一九二一年，日本成立足球協會。足球協會的創建標誌著日本足球運動更加成熟。但是這個組織成立背後卻有一段無心插柳的意外。事件是在一九一八年，那年日本舉辦了第一屆關東蹴球大賽，當時英國大使館也組隊參賽，英國駐日大使葛里恩（William Greene）到場參觀。身為大使館隊隊員、同時也擔任第二秘書（Second Assistant）的海格（William Haigh）建議葛里恩向英格蘭足球協會申請一只銀盃，贈送給日本足球協會，希望以

體育小百科

「早慶戰」是日本早稻田大學與慶應大學的棒球比賽。從一九〇三年開始，這兩所學校開啟每年一度的棒球交流。由於交戰過程激烈，連續幾年下來，日本國內很快掀起看棒球熱潮，更擴及其他運動項目。今日日本觀看早慶戰人數，有時仍能超過日本職業棒球比賽觀眾數。早慶戰在日本早年體育史上占有重要地位。

此契機推動日本足球發展。

當時英國在外交上剛與日本結盟，在英日同盟的時代背景下[2]，海格贈送銀盃的提案被英格蘭足總接受。英國外相貝爾福還特地致函足總表達感謝，讓這項舉動受到新聞熱議。但得知消息的日本除了一頭霧水，還有滿臉錯愕，日本與英國兩方態度形成巨大的反差。

原來當時在日本只有大日本體育協會，並沒有足球協會的存在，因此銀盃該由誰接收成為亟待解決的問題。這時身兼大日本體育協會會長與東京高等師範校長的嘉納治五郎，特別寫信指示在東京師範任教、同時兼任足球校友會會長的內野台嶺，趕緊組織足球協會接收銀盃。

這名來自英國大使館的海格不僅擔任大使館足球隊隊員，同時也是一九一八年英國在東京舉辦第一屆足球大使盃的賽會主席。在比賽中，海格觀察到當時日本選手大多為學生，在日本境內不管是球隊數量和比賽數量都相當不足。因此海格試圖以外交人員身分提供建議，協助日本發展足球。他特別將英格蘭足協的章程、足總盃的章程提供給內野，並提供許多組建體育協會和賽事的建議。

一九二一年九月，歷經接收銀盃的混亂後，日本足球協會正式成立，並由貴族院議長德川家達和英國駐日大使葛里恩擔任名譽主席。而那只英國致贈的銀盃，也成為日本全國足球優勝競技賽（ア式蹴球全国優勝競技会）的獎盃。該項賽事仿照英格蘭足總盃規定，凡是註冊為足協會員的隊伍均有資格參與，一開始會在日本各地區舉行預賽，然後再於東京舉辦全國決賽。第一屆全國決賽在十一月二十六日於東京足球人口最密集的日比谷公園球場舉行。在第三十一屆大會時，賽事更名為天皇盃，這個名稱被延用至今，也就是今天足球迷們熟悉的天皇盃日本足總全日本足球錦標賽（天皇杯ＪＦＡ全日本サッカー選手権大会）。

在協會成立之後，日本在統計全國隊伍數量時有了較明確的依據，足球隊伍的數量也開始蓬勃發展。從一九二一年草創時期的六十五支隊伍，到一九二九年協會改組時的三百〇二支隊伍，不僅球隊數量大幅成長，日本全國也成立足球協會的十個支部（分別在關東、北海道、東北、東海、北陸、京阪、兵庫、中國、九州、朝鮮），使日本足球運動初具規模。而上述的隊伍數量還不包含當時的臺灣。

體育小百科

關東蹴球大會：受到一九一七年遠東運動會敗北的刺激，日本開始於國內推動各式足球競賽。關東蹴球大會由日本第一支足球俱樂部東京蹴球團組織，受到朝日新聞社贊助而成，參與者以東京各間學校為主，最終第一屆賽事由豐島師範Ａ隊獲勝。

臺灣青年體育俱樂部蹴球部

足球是各種團體運動中，最具男子氣概、最能培養團隊精神，同時增進體能的運動，跟網球那種只靠一隻手臂的運動是不一樣的。

——顏春芳，一九二一年寫於《臺灣青年》

第一次世界大戰結束後，民族自決的風氣開始向世界各殖民地傳播。由於日本在一九一五年焦吧哖武裝抗日失敗後，在臺灣的統治已經非常穩固，臺灣人因此轉向非武裝抗日，希望透過文化推廣、政治參與的方式爭取臺灣人權利。也有許多臺灣人為了接受更進一步的教育，踏上日本的土地，同時也開始參與社會運動，組織各式各樣的社團傳播民族意識，希望讓更多人關心臺灣人的權益。

一九一九年，有一群臺灣留學生在日本受到梁啟超思想的影響，希望能「增進臺灣同胞之幸福，開始政治改革運動」，而成立了新民會。次年，新民會創辦《臺灣青年》刊物，由蔡培火擔任發行人，林呈祿、彭華英等人擔任編輯，資金則由林獻堂贊助。《臺灣青年》傳播地方自治和世界情勢的知識，透過文字的力量鼓勵臺灣人奮起、勵精圖治。此時梁啟超強身健國的身體觀，也被在東京的臺灣青年們接受。這些臺灣青年認為「有健全的身體才有健全的精神」，希望能普及運動觀念，鼓勵臺灣人鍛鍊身體。因此《臺灣青年》邀請來自臺灣青年體育俱樂部的顏春芳[3]，撰寫一篇題目為〈呼籲我們臺灣青年體育改革〉的文章，談論獎勵運動的重要性。

由於前往日本念書的臺灣人時常因為水土不服，或者生病、或者客死異鄉，滿腹理想受到身體的限制而未盡全功，因此有許多先來到日本的臺灣留學生開始討論是否必須成立一個臺灣人的運動社團。一九二〇年二月，幾位如今已不知名的臺灣學生下定決心，一個拉著一個以一起運動為目標，在東京成立了臺灣青年體育俱樂部。

臺灣青年體育俱樂部主張除了提升體力外，也要透過運動提升彼此品格。因此俱樂部成員在成立初期，非常慎重地思索：到底要一起進行什麼運動？這時他們注意到在東京，有諸多外國人參與足球運動，「足球」因此被這群臺灣人視為成為世界一員的重要管道。

當時在東京，每年都有固定舉辦的足球競賽。這些在東京的外國人，包含英國人、民國（中華民國）人、朝鮮人，紛紛組成眾多的足球團體，聚集在芝公園和日比谷公園的運動場上練球。為了鼓勵臺灣學生加入，來自臺南的顏春芳在他為《臺灣青年》撰寫的文章中指出，足球是各種團體運動中最具男子氣概、最能自然而然培養團隊精神的運動；同時足球能增進體能，跟網球那種「只靠一隻手臂」的運動是不一樣的。

許多來到日本前沒有接觸過足球的臺灣留學生，為了替臺灣人爭一口氣，開始每周一到兩次的鍛鍊。這些留學生組成臺灣青年體育俱樂部的足球部，但由於剛開始自覺技術不好，怕被別人看見而害羞，足球部都跑去青山練兵場的角落偷偷練習，直到技術成長到不怕丟臉的程度以後，才堂堂正正地在公園和各隊一起訓練。

友誼比賽次數一多，臺灣隊也開始有了參與正式比賽的

一九二〇年一群在東京的臺灣留學生，為了與世界一較高下，組成臺灣青年體育俱樂部。圖中的學生身著繡有Formosa字樣的隊服。（國立臺灣大學圖書館藏）

自信，因而報名參加關東蹴鞠大會。我們從現存的紀錄可以看到臺灣青年體育俱樂部一共參與過兩次正式比賽，分別為一九二〇年的關東蹴鞠大會和一九二一年的全國足球優勝競技賽東部預選賽。他們在一九二〇年的關東大賽踢平朝鮮團，在一九二一年的東部預選賽中，則是首輪就以〇比四敗給老虎俱樂部。除此之外，之後都沒有其他跟俱樂部比賽相關的紀錄。

雖然在東京異鄉的臺灣足球青年們未能贏得正式比賽的勝利，但臺灣留學生懷著以運動提升臺灣人精神的願望，努力學習從未接觸過的足球，希望在運動的文明性和公平競技的機會中讓世界看見臺灣，這樣的精神正是日本時代參與體育運動的臺灣人的縮影。

顏春芳在《臺灣青年》中寫道：「雖然沒有取得勝利而有些可惜，但想到長期的訓練有了成績，又感到開心。今後持續鍛鍊，我們的身體會更強壯、我們的氣勢會更盛，若有機

體育小百科

青山練兵場位於今日東京都新宿區和港區的國立競技場周邊，從一八八六年開始作為軍事用地。一九一八年為了紀念明治天皇，青山練兵場的軍事功能轉移到代代木練兵場，該地改建為明治神宮外苑，並設有棒球場、相撲場、田徑場等運動場地，在一九二六年陸續完工。

會一舉擊倒強敵，那將會讓臺灣青年的力量被大家看見。」

1 這裡的理性主義與自然主義，是指體操和競賽的特徵差異。最初在十九世紀傳入日本的體操，注重規律、效率與正確姿勢，是被設計出來的動作。相對於體操，競賽（遊戲）則具備娛樂性與競爭性，較符合生物的競爭本能，也不嚴格要求標準動作。由於體操剛傳入日本時，其性質較為無聊單調，大眾的接受度普遍不高；後來由於學校在體操課中，開始加入競技類項目（包含球類、田徑或趣味競賽等），體操才逐漸被接受與推廣。

2 英日同盟：十九世紀初期歐洲發生拿破崙戰爭以來，英國國策以維持歐洲均勢和光榮孤立為原則，選擇不介入歐陸事務。但在十九世紀末期，歐陸各國開始互相結盟，讓英國漸感孤立。同時，英國為了防止俄羅斯在亞洲擴張的「大博弈」，開始尋求在遠東地區結交共同對抗俄羅斯的盟友。一九〇二年，英國與日本為維護兩國在中國和韓國的共同利益，結合成互助同盟。英國同意日本在遠東地區與第三國交戰時會給予支持。英日同盟關係使日本在二十世紀初期快速擴張，直到一九二三年日本成為遠東最具影響力的國家後，雙方才結束同盟關係。

3 顏春芳：一九〇一年出生於臺南，為臺南長老教會信徒顏振聲長子。家族與長老教會、長老教中學的關係密切。顏春芳自幼留學日本，中學就讀於日本同志社中學，並在一九二六年從明治大學法學部畢業。一九三二年，顏春芳創立臺南市共榮建築組合，擔任常務理事，同時他也長期擔任臺南市協議會會員。

第三章　大正時代，遍地開花的臺灣足球

在一九二〇年代，臺灣運動風氣日漸盛行，臺灣人對體育已經不感到陌生，甚至樂在其中。島上定期舉辦的運動會成為臺灣人與日本人切磋的管道，其中除了各式各樣的友誼賽，也發展出專業性與競爭性更高的錦標賽，讓運動員得以相互砥礪、檢視自身訓練成果。

在運動場上陸續出現多名表現出色的臺灣選手，他們和日本人旗鼓相當，有的更作為領頭羊，讓臺灣人意識到體育競賽潛藏的無限可能。體育競賽獨特的魅力，在於能宣洩情緒與釋放壓力，透過公平競爭來比拚實力，臺灣人不再是永遠的弱者。作為殖民者的日本人，也樂於接受一個可控的社會情緒壓力閥。臺灣人與日本人在運動場上的競爭，暗自被賦予民族對抗的精神，體育賽事因此不只關乎個人的表現，而被賦予更多意義。

南部蹴球聯盟

歷經十數年推廣，足球在臺灣早已不是陌生的運動。許多學生躍躍欲試，南臺灣不再只有長老教中學一家獨大。學校的教師、畢業的校友、圍觀的觀眾都構成足球競賽的一分子。南部的足球界因此下定決心組織一個更正式的組織——南部蹴球聯盟。

一九二九年十一月，以長老教中學和臺南一中（今日的臺南二中）為首，英國人、日本人、臺灣人聚集在一起，商討未來臺灣的足球運動該如何推動。在會議上，眾人一致認同，運動競賽的勝負可以激起人們對運動的熱情，進一步帶動運動風氣，因此認為應該定期組織競賽、提供各隊交流的平臺。這麼一來，就必須有一個固定的組織負責舉辦運動賽事。

在會議中，對足球最為熟悉的長老教中學校長萬榮華被公推為聯盟會長，《臺南新報》報社社長富地近思則被推選為顧問，以便透過報社力量宣傳足球賽事。長老教中學成為南部蹴球聯盟的重要根據地，而長老教中學和臺南一中的教師們也成為聯盟中堅，負責聯盟和競賽等實務運作。除了臺南的學校，高雄的高雄中學和旗山蹴球團也加入，成為南部蹴球聯盟的創始會員。

為了鼓勵運動賽事進行，長老教會的宣教師巴克禮（Thomas Barclay）捐贈了一只銀盃，因此南部蹴球聯盟的賽事又被稱為「巴克禮盃」。在眾人籌備下，巴克禮盃足球賽於一九二九年十一月三十日正式在臺南公園拉開序幕，此後每年在秋季定期舉辦。在第一屆比賽中，高雄兩個加盟會員因為路途遙遠無法參加，因此以臺南的四支隊伍為主角。在一整天激烈的交鋒和觀眾狂熱的鼓譟下，長老教中學贏得首屆冠軍。賽後由萬榮華對各隊進行講評，各隊並一同前往隔壁的一中校園舉辦懇談會互相交流，讓賽事畫下圓滿的句點。

之後，巴克禮盃足球定期賽成為臺南的重要賽事，是經歷過當年足球熱潮的人們津津樂道的回憶。例如長老教足球隊校友謝再生便提到：

> 一中與母校（指長老教中學）舉行友誼賽，每場友誼賽在校生均一齊組成啦啦隊到場為我們長中的選手們捧場加油，在他校球場，一直都是戰勝，最少也以一、兩球險勝，未嘗輸過球。在一次友誼賽中，（一記精彩的進球）激起當場觀眾熱烈的鼓掌、歡呼，也令對方啞口無言，心服口服，那次我們以四比〇獲勝。

曾經代表長老教中學參與足球甲子園的洪南海也提到：

……在公園的定期賽中，長中隊與南一中隊（日人子弟）比賽最激烈，這是球迷最喜歡看的。……當時的規則「對人犯規」處置太寬，所以比賽中，二隊就傷痕累累。……有一次李新斗伯看球賽太興奮說：「射！射！射！」他的腳也動了，把蹲在前面的球迷屁股也踢了，真是超級球迷阿。

從這些曾親身參與或目睹球賽的人們的回憶中，我們不難想像當年足球賽事的熱鬧盛況。

全島蹴球大會和建功神社奉納大會

當南部蹴球聯盟定期賽在臺南舉辦的消息傳回臺北後，半官方的臺灣體育協會受到很大刺激，決定也來舉辦第一屆的「全島蹴球大會」。

第一屆全島蹴球大會在一九三〇年一月正式舉辦，該場比賽成為當時第一個以全臺灣為參賽範圍的足球賽事。比賽由早稻田大學畢業、曾代表日本參加一九二七年遠東運動會的足球員鈴木義弘負責籌辦，並以體育協會球技部長（同時也是臺北高校校長）三澤糾的名義捐贈了一只銀盃。因此全島蹴球大會又被稱為「三澤盃」。

第一次全島蹴球大會雖然吸引了十三隊報名參加，但參賽隊伍卻多以北部球隊為主，並非名副其實的全島大會。之後賽制在每年嘗試中不斷變更，直到一九三二年第三屆全島大會分出中等部和成人部後，賽制才逐漸固定。一九三八年，臺灣體育協會成為日本足協的正式會員。同時，中等學校的足球被獨立成一個全新的賽事——「全島中等學校蹴球選手權大會」。只要在這場賽事中勝利的臺灣中學隊伍，就能前往日本與日本的中學球隊競賽，臺灣的中學棒球隊從一九二三年開始挑戰日本，將較於棒球，臺灣足球這條路足足晚了快十五年。

另一個重要的賽事則是每年五月由臺灣體育協會主辦的「建功神社奉納大會」。建功神社[1]建於一九二八年，主要祭祀對象是一八九五年後在臺灣戰死、因公殉職的人，臺灣總督府希望透過神社參拜取代不定期舉辦的招魂祭，以弘揚國民精神與增加臺灣各族群愛國心。因此，建功神社又有「臺灣的靖國神社」的別稱。在神社建成後，總督府透過更為世俗的體育大會取代招魂祭，讓社會大眾能更參與其中，達到設立神社的目的。建功神社奉納大會就在這樣的成立宗旨下，成為臺灣運動界最重要的綜合運動會，並被譽為臺灣的奧林匹克。同時，這項賽事成為臺灣選手通往明治神宮競技大會的臺灣區預選賽。每年建功神社奉納大會開始前，主辦方會先在全臺灣各地舉辦預賽。對於臺灣的選手而言，雖然大會成立宗旨有帝國統治的用意，但他們參賽的目標卻是前往日本、走向世界、成就自我，這也進一步提高該賽事的競技水準。

總督府相當重視推廣建功神社，不僅關注選手在賽事中的交流，更注重將熱鬧的氣氛擴及到臺北市區，讓配合比賽的夜間餘興節目連綿不絕。在建功神社位處的臺北植物園內除了有煙火表演和樂團演奏，鄰近的新公園也有臺灣戲、清樂、什音等傳統節目的演出，營造出闔家歡樂、老少咸宜的氛圍。建功神社奉納大會的賽事因此成為不亞於廟會的熱鬧活動。

除了全島蹴球大會與建功神社奉納大會，臺灣體育協會轄下的臺北支部，還另外組織臺北州下蹴球大會的定期賽事。每年春季和秋季，臺北各間中高等學校的學生與學校以外的社會人士透過定期交流賽相互切磋。臺北州下蹴球大會的主要球場，設立在臺北新公園的運動場。

一九三一年春天，臺北州的高等學校尋常科、臺北第一

體育小百科

明治神宮競技大會：一九二四年至一九四三年期間，日本共舉辦過十四次全國綜合運動會。明治神宮競技大會舉辦目的，是為了紀念明治天皇與鼓勵國民鍛鍊身體、培養愛國精神，並透過競技比賽提倡運動。戰後在日本，由都府道縣輪流主辦的國民體育大會，便是受到明治神宮競技大會影響而成立。

師範、第二師範和臺北一中、二中參與了第一屆州下中等學校蹴球大會。州下中等學校蹴球大會在春天與秋天兩季舉辦，賽會採單淘汰制。為了讓更多學生參與，大會允許同一間學校報名多支隊伍，讓比賽的氣氛更加熱烈。

一九三二年，在臺灣體育協會球技部的籌組下，臺北蹴球聯盟正式成立。儘管臺北蹴球聯盟屬於民間性質，但參與聯盟的球隊必須具有高等專門學校以上的學校或企業球隊資格。聯盟的總部設在臺北帝國大學足球部，每年春天和秋天會舉辦固定的聯盟賽，並利用帝大和臺北高校的運動場進行聯盟賽。在創立最初，各支隊伍推選專賣局技師、同時也是臺灣體育協會幹事的武田義人擔任理事長。在草創時期，首批加盟的隊伍為臺北帝國大學、臺北高校、臺灣鐵道與中央研究所[2]的みのり隊（実〔みの〕り意為收穫，組成隊員多為總督府的農業專家）這四支球隊。往後數年隊伍有所更替，但聯盟基本上維持在四到六隊。臺北高商、帝國大學醫學專門部（原總督府臺北醫學專門學校）等專業學校，後來陸續都成為聯盟成員之一。

一九三〇年代的臺北，開始固定有一月全島大賽、三月春季交流賽、五月建功神社奉納大會，和九月秋季交流賽足球季。有了這些定期的賽事，各隊伍能按表操課進行訓練與準備。賽事的增加與比賽形式的多樣化，也進而擴充足球場的地點。除了臺北新公園是各隊首選，帝國大學、臺北高校、臺北二中等學校的校地也不時成為比賽選址地點。在競賽與訓練的切磋之中，足球從一種個人興趣開始走向專業化，進一步提升球員的水準。

然而更大的歷史變局正在球場之外發生。一九三一年中國爆發九一八事變，日本國內軍國主義的抬頭讓運動賽事中的武道精神更加被強調。棒球、足球這些來自西方的運動開始受到限制，而富含日本精神的劍道、柔道、弓道等武道則受到政府與軍隊刻意鼓勵推廣，運動因此逐漸變調。

1 建功神社：建功神社在一九二八年設於臺北植物園內，是祭祀在臺灣因公殉職的日本人的招魂社。一九五五年國民政府教育處接收建功神社後，將其改建為南海學園博物館群，請陳濯與李寶鐸重新設計。今日的建功神社因而呈現出中國北方宮殿建築的樣貌，該地也作為國家圖書館用地到一九八六年為止，目前以「國家圖書館舊址」之名被列為臺北市歷史建築。

2 一九二一年設立，分為農業、林業、工業、衛生部及庶務課。中央研究所所長由臺灣總督府總務長官擔任，該單位在一九三九年廢止。

第四章 軍國陰影逼近：神社參拜事件和運動主導權的競奪

走過大正民主的年代，昭和時期的日本受到一次世界大戰後全球經濟恐慌的衝擊，進入不安的態勢。經濟的不安定連帶影響政治局勢。在一九三〇年，英、美、日、義、法五個海軍強權在倫敦簽訂海軍公約[1]，限制海軍發展，這讓日本國內軍人感到不滿，試圖以軍事力量干預政治，日本逐漸傾向軍國主義發展。[2]

追求文明的夢

在臺灣，總督府的存在雖然壓制了臺灣人參與公共事務的討論，但在大正民主時期，臺灣人還是有公共倡議的空間。對許多臺灣人而言教育是件頭等大事，因此興辦一所屬於臺灣人的學校，並由臺灣人負責經營、教育臺灣子弟，以學習西方文明，是當時許多社會菁英的目標。

當時臺灣學生在公學校畢業後，主要有兩種升學方向，其一是前往日本念書，其二是受到辛亥革命影響，決定西渡中國接受教育。然而臺灣的知識分子希望有第三條路——讓臺灣人在本地接受教育。因此臺灣鄉紳以林獻堂為首，開始追求成立一所由臺灣人經營的學校。但是這樣的「學校之夢」未能完全成功，林獻堂等人僅能退而求其次，成立一所與總督府合辦的學校，即為一九一五年成立的公立臺中中學校。這是臺灣人能就讀的第一所中學校，在臺中中學校創校紀念碑上有這麼一句話：「吾臺人初無中學，有則自本校始」，公立臺中中學校的成立，已經是臺灣人追求現代文明的里程碑。

然而，公立臺中中學校的學制並非如同日本內地之中學校，當時日本的中學校學制是在小學畢業後，繼續完成五年制的中等教育。但是臺中中學校的修業年限不僅只有四年，教育內容也較淺，這樣的教育水準與臺灣鄉紳當初創辦學校的期待有極大的落差，也讓臺灣的仕紳階級轉而尋求贊助、經營另一間臺灣人的學校。

臺中中學校在設置請願期間，正好是長老教中學籌建新校舍、也是萬榮華來到臺灣的時刻。在那個時期，臺南的長老教中學開始計畫將學校擴大，進一步推動傳教事業，吸引無法進入各地中學校又無法前往日本留學的臺灣人前往就讀。教務主任林茂生在回顧長老教中學四十周年時曾提及：「過去猶如英國母會分店的本校，有逐漸轉變成本島的學校傾向，確實在本校歷史上是值得大筆特書的大變化。」

神社參拜事件

對於英國人來說，長老教中學是一間教會的學校，教育是傳教的方式之一；但從臺灣人視角來看，長老教中學是透過臺灣人的投資與捐助才得以擴大經營。因此長老教中學儼然已成為臺灣人的學校。

但是，對於日本人來說，這間帝國境內的教會學校與其他公立中學校，在教育性質與目的上顯然大有不同。因此在一九二二年，臺灣總督府第二次公布《臺灣教育令》後，長老教中學的中等教育地位不受到承認。這也讓長老教中學的英籍宣教師們在一九二〇年代後為了保障學校地位、學生權利和基督教教育方針，開始配合總督府的政令，試圖爭取學校立案。

做為立案條件，日本方提出「要求財政保證」、「禁止學校實施基督教教育」，以及「學校師生必需參拜神社」三項條件。這三大條件使長老教會和日本政府展開長期角力。由於日方要求財政保證的門檻甚高，長老教中學開始向社會大眾募款。當時擔任教務主任的林茂生更是在全臺各地巡迴演講，鼓勵臺灣人透過捐款成為後援會一員。此舉受到臺灣鄉紳大力支持，林獻堂、蔡培火、陳中和家族、楊肇嘉、黃朝琴、陳炘、林幼春等當時在臺灣極具聲望的仕紳都是支持者。

一九二七年，臺灣總督府同意長老教中學設置為財團法人。長老教中學於是從宣教師會、南部中會等長老教基層組織，以及由地方仕紳組成的後援會中，選出若干理事維持學校營運。在後援會選出的理事中，有一些人其實並不是基督教徒，一如當時在長老教中學的臺灣學生中，僅有百分之四十為基督教家庭出生，更多學生在入學前連基督教都不認識。這些人雖然支持長老教中學，卻在信仰與生活習慣上與基督教育多有牴觸。

體育小百科

林茂生是臺灣第一位留美博士，主修教育哲學，深受美國教育學家杜威（John Dewey）思想影響。日治時期林茂生曾在長榮中學、臺南高工（今成功大學）教書，並參與兩校足球活動。他強調以教育建構社群主體性，嘗試打造屬於臺灣人的學校。戰後林茂生在二二八事件中被武裝人士帶走並遇害。

除了基督教教育外，長老教中學為了符合日本總督府政策，在校內也設有參拜天皇和神社的祭日，但原本沒有強制規定師生一定要參與。然而，隨著一九三三年中國九一八事變爆發，軍方勢力的抬頭讓日本國內瀰漫為國獻身的思想。這種氣氛也衝擊日本境內的教會學校。過往在日本的教會學校因為信仰關係，往往遭受別人不愛國的指控，而此時相關的批評更是甚囂塵上。

一九三四年一月，愛國主義的風最終吹進長老教中學的校園中。事件起因是學校日籍教務主任上村一仁[3]遭到解聘。上村一仁將自身遭到解聘的理由，解釋為長老教中學抗日。他藉由把個人的去留和學校拒絕參拜神社的行為相連結，爭取臺南日本社群和在鄉日本軍人的支持。

原本長老教中學在爭取總督府正式立案時，已經將參拜神社、國家祭日納入學校行事曆中，但在執行上則因為神道教和基督教的信仰衝突而未強制執行。但上村一仁遭解聘的事件，卻讓種種矛盾終於一次爆發開來。

為了聲援上村，長老教中學的七位日籍教師以「無法施行身為日本帝國臣民之國民教育」為由，一起提出辭呈。同日，由臺南日本民間社群組成的臺南同志會，提出官方有必要對長老教中學問題採取「斷然之態度」，這使事態嚴重性進一步上升。日本人將焦點放在

「參拜神社問題」，逼迫長老教中學理事會推動學校更進一步「日本化」。例如規定由日本人擔任校長、學校理事會必須加入五位日本人代表、學校教師必須有三分之二為日本人等。當時由於校長萬榮華不在學校，代理校長沈毅敦（L. Singleton）原本想等萬榮華回臺灣後再行處理，但衝突已經升溫到難以抵擋的地步。在輿論壓力以及遠在英國倫敦的宣教會指令下，長老教中學全校師生在三月十日陸軍紀念日來到臺南神社參拜。

校方和日本社群間發生衝突，連帶使得在長老教中學就讀的臺灣學生對日本人也產生抵抗意識。每當臺上的日籍講師提出日本魂時，臺下學生就會提出臺灣魂與之對抗，同時也抵制、拒絕背誦教育敕語。[4]

一九三四年長老教中學參拜臺南神社，神道教在明治時代成為日本的國教，在軍國主義年代成為精神動員的重要場域。（私立長榮高級中學提供）

南部足球聯盟的改組

在神社參拜事件發生之前，臺灣人與日本人對抗情緒就已經被帶進體育競賽中。南一中與長老教中學的足球賽成為最直接對抗的舞臺，時常觀眾或球員雙方都抱持不能輸的心理，比賽的情緒也因此沸騰到最高點。

從長老教中學的校刊《輔仁》中，可以看到對長老教中學學生而言，與南一中足球賽競爭的重要性。南部蹴球聯盟從一九二九年創立以來，歷年的冠軍都是由長老教中學獲得勝利。但在一九三二年第四回南部聯盟足球賽中，長老教中學卻意外敗給南一中，這場比賽被學生視為創校以來最大汙點。不只學生覺得屈辱，校友會的預算部更在敗戰後指定撥款四百元給足球隊，讓他們能在暑假提早開始集訓。

因此在一九三三年的夏天，長中的足球隊員放棄了暑假的休閒時間，抱持著犧牲一切的精神投入集訓。這群學生還專門到比賽場地臺南公園的廣場進行移地訓練，只求在九月第五回南部蹴球聯盟比賽中，可以順利擊敗南一中。

長中校友楊基榮在回憶當時的足球賽時就提到：

每年一度的足球比賽是件大事。對方是日本人念的南一中。比賽完回來就打架。比賽中各據一方對罵，賽完了短兵相接，混戰一番是例行公事……。後來雙方協議，不准學生攜帶棍子或竹竿到比賽場地去，但是南一中很多日本學生帶紅甘蔗和旗竿。南一中的學生衝過來，我們也不顧一切地衝過去，乘五比〇大勝，士氣高昂，並沒有吃多少虧，把「日本狗仔」打得頭破血流。

不過足球賽的衝突雖然嚴重，對於統治者而言，將衝突控制在可接受範圍、讓被壓抑的民眾有宣洩情緒的管道，卻會比全面打壓來得符合效益。因此統治者往往對運動競賽這種「可控的失序行為」睜一隻眼閉一隻眼。長榮中學校友洪南海也提及：

有一次與日人的一中隊比賽，推擠中，互有動粗動作，但一中不敢惹這位（有航空母艦稱號的）兵明田「粗」。當時的規則「對人犯規」處置太寬，所以比賽中兩隊就傷痕累累。最後這位「老兵」也被人「動粗」了，他很生氣，就用腳底壓住球，大聲說：「誰敢來搶？」敵方一下子全部都呆住了，停下來，不趕來搶球；那一陣子，真叫人痛快。

在帝國統治的情境下，任何一點風吹草動都可能成為反政府的火苗，但在體育競賽中肢體衝突並不罕見，實際上對統治者與被統治者也都有益處。運動競賽是不同族群能同臺競技的文明規訓場合，同時也作為抒發情緒的壓力閥。雙方人馬在服從「運動家精神」與運動規則的共識下，各自尋找詮釋空間，讓衝突被限縮在可被控制的風險之中。

在神社參拜事件過後，臺日學生在足球場上的對抗意識愈演愈烈，不過長老教會的外籍宣教師們思索更多的是如何保障學校的基督教信仰，而不涉入族群衝突。一九三四年四月底，萬榮華由英國返回長老教中學，開始收拾殘局。

臺南州廳提出的整改方案，包含長老教中學必須貫徹教育敕語，與公立中學校一樣參與「國家典禮」；同時，長老教中學也被要求前往參拜臺南神社、解散後援會、提高日本人在學校理事會的人數，以及委任日本人擔任校長。萬榮華在整改方案之下，只能堅持由日本基督教會的理事擔任長老教中學理事會的會長，以及選擇由日本基督教徒擔任長老教中學校長。

在神社參拜事件尾聲，轉任教員的萬榮華向新任校長加藤長太郎[5]表示，學校教師下地惠榮[6]和萬代賢平[7]是這起事件的首謀，希望校方能將這兩人免職。但在總督府一九三四年六月頒布的修正版《私立學校規則》中，解聘校長與教員必須得到監督官廳認可，因此最終萬榮華提出解聘這兩位教師的請求未能實現。而下地惠榮作為體育老師，自此以後在長榮中學出外比賽時皆負責帶領隊伍。

長老教中學的風波也衝擊到南部蹴球聯盟的賽事。萬榮華辭去理事會會長的職務後，他的工作由原先在聯盟擔任理事的下地惠榮取代。雖然聯盟仍然設址在長老教中學內，但主要參與的工作人員皆已是日本人。

其後，總督府主導的臺灣體育協會臺南分會在一九三六年開始主辦臺南州下蹴球大會，而參賽隊伍仍由臺南的學校與校友組成，與南部蹴球聯盟的賽事高度重疊。在官方的視野中，和臺南州下蹴球大會同性質的南部蹴球聯盟的重要性，遠不如體育協會轄下的運動比賽。因此，在由總督府主辦的官方報紙《臺灣日日新報》中，南部蹴球聯盟的比賽消息就此消失無踪。

臺灣南北兩地原本分別由英國、日本主導的足球系統，

體育小百科

臺南州下蹴球大會是由臺灣體育協會臺南分會，以臺南州為參賽範圍舉辦的足球競賽，從一九三六年開始在每年秋季舉行。臺南分會同時也透過該項賽事，挑選表現突出的選手參加臺灣南北對抗足球賽。這讓臺南州下蹴球大會的重要性，迅速超越同性質的南部蹴球聯盟賽事。

至此被整併而歸於一體。臺灣體育協會在整併南部蹴球聯盟同時，也成為日本足球協會的加盟團體。因此，臺灣的隊伍開始有機會前往日本本土參與足球活動。臺灣足球走出島嶼、參與競技的管道就此打開。

當時就讀長老教中學的足球隊員中，有些人後來留下口述回憶。在帝國優先的時代氛圍下，學校甚至連宗教信仰的自由都無法確保，為了爭取學歷受到總督府認可，長老教中學配合著日本政府的要求而妥協。但對學生而言，這些大人的事情離他們的青春太遙遠。他們只感受到被不公平對待，因此試圖用自己的方式扳回一城。運動競賽的公平性賦予他們對抗不公平的機會，在下一章我們就要談到這群球員們，如何在球場上扳回一城。而如今年事已高的球員，都還記得青春時代那場深刻的比賽以及一吐怨氣的舒暢，那些回憶如同時空膠囊般地歷歷在目。

1《倫敦海軍公約》：《倫敦海軍公約》延續一九二三年英國、美國、日本、義大利、法國簽訂的《華盛頓海軍條約》，以暫停海軍軍備競賽為主要內容。第一次世界大戰後，各國大力發展海軍，進而演變成軍備競賽。為了減少軍事開始，英、美、日、義、法五國在一九三〇年簽訂《倫敦海軍公約》，該項軍備限制條約一直延續到一九三六年為止。

2 本章有關神社參拜事件的背景，主要參考駒込武《臺灣人的學校之夢》一書內容，詳細資訊可參見駒込武著，蘇碩彬編，《「臺灣人的學校」之夢：從世界史的視角看日本的臺灣殖民統治（上）、（下）》（臺北：國立臺灣大學出版中心，二〇一九年）。

3 上村一仁：熊本出身，一九二六年春畢業於青山學院高等學部英語師範科。一九二七年九月來長老教中學任教，擔任英文老師和一年導師。在一九三三年神社參拜事件發生時，擔任的職位為教務主任。

4 教育敕語是明治天皇在一八九〇年頒布的教育文件，是當時教育的主要法源。該文本在昭和年代被神道教信仰神格化，教育單位並且會強迫學生背誦，以內話愛國精神。其原文為：

「朕惟我皇祖皇宗，肇國宏遠，樹德深厚。我臣民，克忠克孝，億兆一心，世濟厥美。此我國體之精華，而教育之淵源亦實存乎此。爾臣民，孝于父母，友于兄弟，夫婦相和，朋友相信，恭儉持己，博愛及眾，修學習業，以啟發智能，成就德器。進廣公益，開世務，常重國憲，遵國法。一旦緩急，則義勇奉公，以扶翼天壤無窮之皇運。如是，不獨為朕之忠良臣民，亦足以顯彰爾祖先之遺風矣。斯道也，實我皇祖皇宗之遺訓，而子孫臣民所宜俱遵守焉。通之古今不謬，施之中外不悖。朕與爾臣民，拳拳服膺，庶幾咸一其德。」

5 加藤長太郎：基督教徒，日本海軍上校。一九三五年經日本基督教會推薦，來臺灣擔任長老教中學第四任校長。戰後他前往朝鮮漢城從事教育工作，並在當地教會擔任長老。在長老教中學申請立案時，加藤長太郎的上校官階與臺南州知事（約等於縣長）相當，因此對學校正式立案貢獻甚多。

6 下地惠榮：沖繩縣那霸人，一九二八年自日本體育會體操學校高等科畢業。在長老教中學擔任體操老師、教練，同時兼任宿舍舍監，負責學生管理與訓育等工作。

7 萬代賢平：畢業於日本東洋大學中國哲學部東洋文學科，由於擅長於網球與多種體育項目，在一九二八年來到長老教中學後，兼任國語（日文）教師與網球部隊長。

第五章　遠征日本的長老教中學足球隊

一九三一年，嘉農贏得甲子園棒球賽亞軍。越來越多臺灣人開始相信，只要努力，臺灣人不會永遠是殖民情境下的弱者。於是一批又一批臺灣人競相投入體育事業，這不僅是源自對運動的熱愛或對自我實踐的堅持，同時臺灣人也希望能藉由運動，有機會走向世界。

一九三二年元旦，《臺灣新民報》以大篇幅報導向讀者介紹臺灣運動界的四位新人。其中包含一九三一年率領嘉農奪下甲子園亞軍的投手吳明捷、一九三一年在明治神宮大會贏得三級跳遠第二名的林月雲、第一位踏上奧運舞臺，並且在當時保有全臺灣四百公尺和三級跳遠紀錄的張星賢。除此之外，還有被譽為「臺灣足球界霸者」的長老教中學校友隊球員林朝權。

林朝權當時作為長老教中學校友隊的主將，在他領導下，長老教中學校友隊連戰皆捷，在各種賽事中陸續擊敗全臺灣的日本人球隊。然而當年，由於臺灣體育協會還未成為日本足球協會成員，因此臺灣的足球隊無法踏上日本全國競技大會的舞臺。在接受《臺灣新民報》採訪時，林朝權很有自信地對記者說：「我們臺灣人，對於足球富有天生的才能，若能出場於全國大會，也有獲得優勝的自信。」

內地遠征與加入日本足球協會

雖然在一九三〇年代初期，臺灣人還無法透過正式比賽與日本本土最頂尖的隊伍交手，但透過足球證明自己能與日本人競爭，仍是許多臺灣人的目標。例如從第一回全島大會開始，北二中、臺中商業等以臺灣人為主的足球隊就以出色的表現為人著稱。而從一九一〇年代初就開始發展足球的長老教中學，更在一九三四年獲得前往日本、挑戰日本足球強隊的機會。

如同前一章提及，在一九三二年的第四回南部蹴球聯盟賽中，長老教中學破天荒敗給由日本人組成的南一中。長中球隊因此提早從暑假開始集訓，並在隔年第五回聯盟賽中輕而易舉地擊敗南一中，為前一屆比賽雪恥。九月的聯盟賽結束後，十二月初，長老教中學進一步前往臺灣北部，與當年北部足球聯盟的冠軍臺北高校、北部中學聯盟的冠軍臺北第一師範，以及連續兩年獲得全島中學足球冠軍的臺中商業展開友誼賽。

早期的長老教中學由於基督教信仰緣故，學校球隊很少參加在主日（星期日）舉辦的全島蹴球大會與建功神社奉納大會，因此很少留下對外正式比賽紀錄。但他們時常會自行前往北部與中部進行「友誼」訪問，挑戰當年的冠軍隊伍。[1]一九三三年長老教中學的這一趟遠征，就是在周五、周六進行。比完北部賽事後，球隊再以一天車程前往臺中，在周一和臺中商業競賽。而這次友誼訪問，長老教中學除了以二比四敗給臺北高校外，其餘兩場比賽都以二比〇獲勝。

新學年到來後，長老教中學過半數球員仍留在隊伍中，特別是需要默契配合的五人前鋒線，以及中場核心兵明田。兵明田是西拉雅族人，在各項運動中都表現過

體育小百科

兵明田：西拉雅族人，出生於臺南新化，自幼便展現優異體育能力，五年級時參加鉛球擲遠打破日人紀錄，就讀長老教中學期間也是足球隊中堅球員。畢業後兵明田受到臺灣鄉紳楊肇嘉資助，前往日本早稻田大學進修田徑。戰後他在臺南二中指導田徑與足球選手，一九五六年出任中華民國田徑委員會裁判長，一九八一年退休。

人，有「萬能航空母艦」的綽號。除了原班人馬，長老教中學的球隊更增加劉朝本擔任後衛角色。這批在一九三四年新校長加藤長太郎上任後的球員，被認為是長老教中學創校以來最優秀的隊伍。因此，校方為球隊安排了一場前往日本的修業旅行。此行最大目標，是和當年在日本高校足球大賽中贏得冠軍的隊伍——神戶一中一決勝負。

一九三四年十一月二十九日，長老教中學足球隊出發前往日本。全校進行禮拜後，足球隊在新任校長和全體師生面前舉行誓師大會，並在校長、足球部長、校友會長和大多數學生歡送下啟程。十四位隊員與領隊老師下地惠榮、戴明福一同出發。「既然長中是臺灣足球界的翹楚，就該為此奮力一戰！」五年級的球員代表楊竹興在回憶中提及。相比於學生必勝的覺悟，足球部長沈毅敦（足球部長即指足球隊指導老師。萬榮華此時只是一位教員，連指導老師都無法擔任）只是簡單提醒學生：「即使輸球了，也不要忘記吃飯喔。」讓隊員們十分感動。

長老教中學的這趟旅程，除了要代表臺灣足球界，挑戰日本足球強校神戶一中，還計畫和御影師範、廣島一中等同樣有名的日本球隊進行較量。神戶是日本足球最早開始盛行的地區之一，在大正、昭和年代，神戶一中及御影師範所在的兵庫縣，是當年日本中等學校足球冠軍的量產地。在一九三〇年代的十屆全國大會中，神戶一中、御影師範與廣島一中總共拿下八座冠軍，象徵全日本中等學校足球發展的巔峰。

御影師範從一九一七年開始連續贏得七屆全國冠軍，到一九三〇年代初期，已經奪下總共十一座全國冠軍，至今仍高居日本高校足球之冠。而繼御影師範而起的神戶一中，足球部源自一八九六年成立的蹴鞠會，是日本最早發展足球的中學校之一。一九三二年，神戶一中在東京高等師範學校畢業的教練河本春男帶領下，實力突飛猛進，在一九三〇年代初期連續奪下三座全國冠軍，是當時日本最強的中學球隊。

廣島地區的足球風氣也起源甚早。一九一二年，同樣畢業於東京高師的足球隊長松本寬次來到廣島一中任教，將足球帶入廣島地區。一九一八年第一次世界大戰結束後，原先被關押在廣島的德國戰俘由於擁有更多自由空間，開始和當地球隊進行友誼賽，傳授有關足球的技術與戰術。廣島成為當時日本足球水準最高的地區之一。從一九二五年開始，廣島一中參與全國大會，幾乎年年都會打入四強，並在一九三六年跟一九三九年奪下全國冠軍。

這趟遠征日本的修業旅程，對於從小生長在臺灣、未曾離開島嶼的學生而言，無疑是嶄新而充滿刺激的經驗。球員們非常珍惜這趟旅程，他們自發地做出安排，每天都有一個球員負責寫日記，不只記錄比賽，也寫下在日本遊覽的心得。比如從未看過路面電車的學生，因為一時好奇跳上鐵軌，而差點發生車禍，惹得車長破口大罵。旅程中有趣的插曲，都被鉅細靡遺寫下來刊登在校刊中，留下這些正值青春期的學生調皮的身影。

十二月六日下午，歷經一周的旅程，長中的學生踏進神戶一中校園。他們在校門口左方，看到神戶一中足球部的告示板上寫著：「臺灣足球隊明天要來本校校園比賽。雖然不清楚對方的實力，但既然臺灣足球隊敢來內地遠征，想必隱藏著相當的實力吧？我們也會抱著必勝的覺悟和他們對戰……。」

然而，神戶一中不愧是日本中學校冠軍，在短傳配合的凌厲攻勢下，神戶一中上半場就以七比〇大勝。長老教中學意識到到雙方採用的是相同戰法，但實力卻有差距。在不可能獲勝的情況下，長中只能抱著學習的心態改採守勢，但下半場仍被對手踢進三球，最後以〇比十的分數落敗。

比賽結束後，長老教中學的球員們想到出發時的意氣風發，不禁受到打擊潸然淚下。在神戶的郵局邊哭邊向等待消息的臺灣發出電報：「〇比十輸了……」。

在見識到神戶一中的實力後，長中足球隊收拾出外旅行的心態，更謹慎面對與其他學校的比賽。他們挑戰的第二所學校為御影師範。在與御影師範的對戰中，上半場兩校一度打成二比二平手，下半場長中也率先破門。但在對手同樣抱持不能輸的覺悟下，長老教中學最後以三比四的分數落敗。

賽後，這群球員拖著疲憊的身心一路向西，經過岡山和嚴島神社，終於抵達此行最後的對手——廣島一中所在的廣島。在比賽剛開始，連日積累的疲勞讓球員手腳略顯沉重，甚至在上半場以〇比〇分數結束時，全隊都感到不可思議。但在當地加油團的全力打氣下，長中選手漸漸忘記身體的疲勞，全神貫注投入比賽。

下半場開賽不久，廣島一中就倚靠老練的後衛和拼命的左邊鋒，順利取得領先。這種落後的局勢和廣島一中獲得的滿場支援，都讓長中學生想起每年在臺南公園和臺南一中一拚輸贏的生死戰。於是長老教中學球員開始拼命向前搶攻。比賽進行到三十二分鐘時，正當長中的前鋒和右內鋒朝球門衝擊，左內鋒以一記似傳似射的斜長傳，不偏不倚砸中右內鋒的腳。「咚」地一聲，足球順勢滾入右側球門。一比一，長中追平比數，兩校球員握手言和。

雖然在這趟內地遠征之旅中，長老教中學未曾贏過一場，但他們如同倒吃甘蔗般越挫越勇的表現，以及能和日本頂尖足球學校一較高下的事蹟，讓日本球界對臺灣足球開始產生好奇。當時擔任日本足協理事、同時也是一九三六年日本東京奧運代表隊的足球國手竹腰重丸，寫信給生活在臺灣的東京帝國大學校友川中喜造詢問臺灣足球的概況。川中喜造畢業於山口高校，在東京帝國大學就讀時曾擔任足球隊左邊鋒，但因生病淡出足球界，後來到臺灣總督府任職時復出球壇。

在信中，川中喜造仔細介紹臺灣的足球概況，並細數北中南各地的球隊。沒想到這封原本只往返於兩人間的私信，被日本足協刊登在會刊中。這些來自日本的關注，讓臺灣體育協會逐漸意識到，加入日本足球協會的時機似乎到了。

一九三八年春天，臺灣體育協會正式加入日本足球協會。協會轄下的中等學校組比賽，被獨立出來成為全島中等學校足球大會，優勝者將取得當年度日本全國中等學校足球大會的參賽門票，挑戰日本第一的榮耀。從這時期開始，臺灣足球被正式納入日本足球的體系之中。

足球甲子園與臺灣人的球隊

日本全國中等學校足球大會成立於一九一八年一月，由大阪每日新聞社主辦。當時受到遠東運動會鼓舞，同時為了刺激報紙銷量，《每日新聞》參考一九一五年朝日新聞社主辦的中等學校棒球大會，決定來舉辦足球賽事。這場賽事歷經數十年發展，已成為日本當時中等學校最大的足球賽事，每年在甲子園南邊的運動場舉行。

臺灣在一九三八年加入日本足球協會後，各項全島賽事從此有了不一樣的意涵。參與全島賽事除了有跟島內日本人競爭的意義，背後更埋藏一條前往日本競技、向上挑戰自我極限的目標。臺灣的足球隊伍開始走向更大的舞臺。

一九三八年的中等學校蹴球大會，由於是第一次要選出臺灣代表赴日比賽，因此受到極大的關注。鐵道團的久保一雄受《臺灣日日新報》邀請，分析當年參賽的各支球隊，他提到北部的球隊以體力見長，南部球隊則勝在技術。在介紹長老教中學時，久保一雄指出，長老教中學是南部歷史最悠久的學校足球隊，也是南部唯一有可能奪冠的隊伍。該校在下地惠榮的指導下，充滿高昂的鬥志與明確的判斷力，但最大缺點是球員玩心重，因此久保一雄對該隊能否奪冠並沒有太大把握。相比起來，他更看好北部的地主臺北二中和臺北一師[2]。

但除了球員玩心重這點，長老教中學選手參加全島大會面對的最大挑戰，是與競爭者在年齡、身材上的落差。過往臺灣中等學校的正式比賽，由於沒有嚴格規範選手年齡，球員只要具備學籍就能參賽。因此來自師範學校與實業學校、較為年長的學生，往往比正在發育的中學校學生，在體格上占有更多優勢。這種情況在臺灣加入日本足協，並依照日本足協規定將選手年齡限制在二十一歲以下後才有所改善。然而，像長老教中學這種中等學校體系出身的球員，依然會碰到比自己年長三、四歲的對手。[3]如何克服體力與年齡的劣勢、爭取得分機會，成為長老教中學參與全島賽事的最大挑戰。

在一九三八年的第一場全島蹴球大會中，一如久保預料，長老教中學首輪就碰到北部強校臺北一師的挑戰，並以〇比四敗給臺北一師。全島大會的決賽，因此變成北部兩所學校——臺北二中與臺北一師對決的場景。從當時報紙上刊登的球員姓氏中，我們能看出北二中的球員清一色是臺灣人，而北一師則都是日本人。最終北二中在罰失罰球的情況下以〇比四敗給北一師，失去代表臺灣的資格。

同年，臺北一師首度代表臺灣參加中等學校足球大會，但在首輪比賽中以二比六敗給當年的亞軍滋賀師範。隔年臺北一中順利闖過首輪，卻在第二輪以〇比七的懸殊比數，敗給當年的冠軍廣島一中。

一九四〇年，受到中日戰爭和ABCD包圍網[4]影響，日本對外國的敵意愈發嚴重。臺灣的外籍傳教師若不是離開臺灣，便是被限制住居。而來自歐美的體育運動也必須和愛國精神相互結合，才有辦法在日本國內與殖民地生存。

但另一方面，長老教中學歷經多年的爭取，終於在一九三九年獲得總督府承認，成為正式私立中學校，並且改名為長榮中學。在此之前，長榮中學的學生為了取得文憑，時常必須在升上三年級時轉至其他中學校念書，以求完成學業。因此學校的中高年級學生稀少，學生體格也不如其他中學校球員，在足球正式比賽中吃了不少悶虧。但在萬榮華指導下，球員往往能以短傳配合方式避免身體接觸。[5]在一九三九年學校正式立案後，長榮中學的劣勢處境終於稍有改善，球隊開始有比較公平的競賽條件。

一九四〇年的全島蹴球大會，長榮中學首戰就以六比〇輕取臺北高校尋常科，接下來在次戰以二比一擊敗臺北一師，決賽則以八比一輕取臺北一中。長榮中學贏得當年度冠軍，成為第三所代表臺灣、前往日本參與全國中等學校蹴球大會的學校。但不同於過往兩年，長榮中學是第一支代表臺灣出賽、全由臺灣人組成的隊伍。

長榮中學贏得冠軍後，將優勝旗從臺北扛回臺南。全校師生與隊員都非常高興，每一位隊員都和獎盃與優勝旗留下一張個人照，校方更將原本水藍色的球衣統一收回，在球衣胸口位置繡上「臺」字紋，以準備參加八月的日本全國大賽。

當時萬榮華雖然還未離開臺灣，但受到日本與歐美國家關係影響，已經被限制在校長官邸中，無法隨意出入。但為了鼓勵學生，他在出發前夕特別邀請學生到校長官邸共進晚餐，並仔細指導學生西餐禮儀，好讓他們在外出時能表現得更加體面。

儘管長榮中學選手對即將前往日本感到萬分期待，但受到戰爭影響，這次出發卻寂靜無聲。隊伍的聲勢遠不如一九三一年的嘉農棒球隊，也不及一九三五年前往日本進行友誼賽的學長們，只有選手親友在火車停靠的各站中送行，贈送選手一些水果當伴手禮，讓他們能在旅途中享用。

一九四〇年八月二十五日，日本全國中等學校足球大會正式展開。為了彰顯國民精神，全國大會在入場儀式中，特別安排各地代表由北而南依次入場。從來自日本最北邊的北海道代表開始，最後才輪到長榮中學進入南甲子園運動場。

不幸的是，長榮中學的球員們由於缺乏乘船經驗，在比賽開始前就飽受暈船之苦，也沒有機會提早適應比賽用球與場地，在首輪賽事中面對數次代表近畿出賽的滋賀師範，一開始就落於下風。在比賽中段，長榮中學雖然依靠拿手的小組配合扳回一城，但最終仍被對手攻入一球，以一比二宣告出局。

滋賀師範是近畿地區的足球發源地。

一九四〇年長榮中學足球隊在臺南車站集合，準備前往日本大阪南甲子園運動場參加中等學校足球大會。（私立長榮高級中學提供）

體育小百科

一九三六年擔任日本足球代表隊教練的鈴木重義，如同電影《KANO》中的近藤教練般，是一位用人唯才的教練。鈴木重義屢屢邀請朝鮮人金容植代表日本踢球，儘管多次遭到拒絕，最終仍以誠意打動對方。在該屆奧運，鈴木重義率領日本擊敗瑞典，取得日本在奧運的第一場勝利，被譽為「柏林奇蹟」。

一九〇九年，從東京高等師範畢業的落合秀保來到該校任教，並成立足球部。到了一九三〇年代，滋賀師範已經數次代表近畿地區參賽，但在戰績上仍然不如兵庫、廣島的球隊。一九三〇年代後，滋賀師範在成績上開始突破，不僅在一九三八年拿下全國亞軍，一九四〇年擊敗長榮中學後，更一路進入當年的四強。

長榮中學雖然從比賽中出局，但仍留在大會中觀摩，並被安排去大阪市區遊覽，訪問日本建國神話起源的橿原神宮等地，以培養球隊的國民精神。不過讓這支球隊最感驕傲的，仍然是以臺灣人身分代表臺灣出賽的經歷。

另一件有趣的事是，在一九四〇年這場宣揚日本帝國精神的全國中等學校足球大會中，最終拿下冠軍的，竟然是由另一個殖民地組成的隊伍——朝鮮的普成中學拿下。

朝鮮從十九世紀末開始就與現代足球結下不解之緣。一八八二年，英國海軍將足球帶入朝鮮仁川，之後隨著基督教信仰和教會學校在朝鮮開枝散葉，足球也在韓國境內傳播。一九一〇年朝鮮被日本併吞後，體育一直是朝鮮人對抗日本的重要工具，其中足球更作為重要象徵。

一九二七年，朝鮮崇實中學首度參加全日本中等學校蹴球大會，就贏得該年度冠軍。一九三五年朝鮮的京城蹴球團參與第十五屆日本總合選手代表大會（天皇盃前身），該屆大會原本要以冠軍隊為主，組織一九三六年的日本奧運代表隊，沒想到京城蹴球團一路過關斬將拿下冠軍。尷尬的日本足協因此更改選拔規則，組織一支以日本大學球員為主的奧運代表隊，並只在代表隊中選拔了一位朝鮮球員金容植充數。金容植因此被當時部分的朝鮮人視為叛徒。

從這些例子中，我們能看見足球在朝鮮對抗日本的活動中，所占有的重要地位。從十九世紀到二次大戰結束之間，各國瀰漫的民族主義，強調體育競賽的勝負得以證明民族的優勝劣敗。而足球運動的存在也讓被日本殖民的朝鮮人民，能透過支持自己民族的球隊，宣洩被殖民者欺壓的怒氣與抒發愛國之心。在一九四〇年的日本中等學校蹴球大會中，普成中學打入決賽。當時在球場內與球場外，有數千名朝鮮人穿著代表朝鮮的白衣，為了普成中學球隊、也為了自己的民族加油打氣。最終，普成中學在這場比賽以五比〇贏得勝利，擊敗神戶三中。朝鮮人的團結精神，讓當時在場親眼目睹比賽結果的洪南海在數十年後依然記憶猶新。

當長榮中學隊結束遠征日本的旅程，返回臺灣後，教會他們踢足球的前任校長萬榮華，也在戰爭的壓力下被迫離開臺灣。在離開之前，萬榮華與長榮中學足球隊留下最後一張合影。這張照片標誌著臺灣足球萌芽時期的結束。在珍珠港事變爆發後，全島中學足球大會被迫停擺，臺灣逐漸進入戰時體制。體育競賽的規模愈縮愈小，最終完全停止；學生也被動員從事修築、防禦、種植蔬果糧食等工事，原先的足球場地變成農場。直到戰爭結束後，各地的體育活動才逐漸復甦。

時代的尾聲

隨著日軍在太平洋上不斷敗退，戰火也離臺灣愈來愈近，臺灣社會開始身體與精神總動員，進入了戰備狀態。原先球隊的選手或者被徵召入伍、或者被疏散到鄉間，有的則利用空地進行生產物資，一切習以為常的日子戛然而止。

一九四五年八月十五日，昭和天皇宣讀終戰詔書，宣布日本無條件投降。日本配合盟軍條件，放棄一八九五年以來佔領的一切領土。這不僅意味著日本人即將離開臺灣，過去五十年間在臺灣建立的各項制度與設施，也即將面臨天翻地覆的轉變。

這是一個最好的時代，也是一個最壞的時代。在時代潮流下，人們的生活有了無限可能性，沒有人知道未來會如何，只能依賴曾經熟悉的一切。過往學習過的事物早已成為銘刻於肉身的記憶，無法被輕易割捨。運動、語言、文字，這一切都不會隨著統治者的改變而被遺忘，卻也因此成為個人與群體所背負的十字架。當人們喜迎「祖國」到來同時，也漸漸發覺彼此的不同。

1 通常能參加全島蹴球大會的都是長老教會的校友隊，校友隊並且幾乎年年奪得冠軍。

2 臺北一師：前身為一八九六年設立的總督府國語學校，該校旨在培養臺灣公學校和小學校教師，除了五年制的正期班，也有向日本本土招募的兩年制講習科。當年要進入師範學校，學生須先完成小學高等科兩年學業，或修習中學校二年級課程，因此學生至少需年滿十四歲，才能進入臺北一師就讀。

3 日治時期臺灣中等學校的學生年齡為十二到十七歲，就讀師範體系的學生年齡則分布在十四歲到二十一歲之間。因此相對於仍在發育的中學生，代表師範學校的球隊選手在年齡與體格上，更接近發育成熟的青年，在球場上也更具有優勢。

4 ABCD包圍網：ABCD包圍網的名稱，取自四個國家的第一個英文字母，包括美國（America）、英國（Britain）、中國（China）與荷蘭（Dutch）。由於一九四〇年代日本的軍事擴張影響到國際列強勢力，英國與美國遂對日本實施貿易制裁與經濟封鎖，並聯合中國、荷蘭對日本進行牽制。日本與英、美兩國的對抗，直接導致一九四一年太平洋戰爭的爆發。

5 足球是身材限制相對較低的運動，不同選手和團隊會因為身材不同，而有迥異的技術風格和球隊戰術。通常平均身材高壯的球隊，會選擇長傳衝吊戰術，透過身體對抗贏得球權；身材較劣勢的球隊，則會依靠小組配合避免身體接觸，尋找球場上進攻的空間。

台灣サッカーの百年史

第二部

不踢球的臺灣？

臺灣戰後體育的政治地理重劃

第六章　戰爭結束了，我們可以再踢球嗎？

隨著太平洋彼端傳來日本戰敗投降的消息，盟軍最高統帥麥克阿瑟頒布〈盟軍一般命令第一號〉，授權中華民國政府接收臺灣。臺灣被納入中華民國統治之下，而跟著美國軍艦和運輸機上岸的，除了中華民國國軍和行政官員，還有擺脫戰爭陰影後，逐漸恢復的社會秩序。

戰爭期間，各項運動賽事停擺，連帶地運動員的訓練和養成也隨之中斷。這種現象不僅發生在臺灣，也發生在世界各地。但隨著終戰過後和平的到來，人們也開始期待恢復尋常的生活。

戰後臺灣體育行政的推動

在日治時代，臺灣民眾已經養成參與跟觀看體育賽事的習慣，因此從二戰結束到國軍來臺，不到半年間，臺灣體育界人士已渴望恢復體育競賽，希望能成立一個管轄全臺灣體育事業的組織。

一九四六年一月九日晚間，一群以臺灣鄉紳為主的人們，成立臺灣體育協進會臺灣分會，並舉行第一次發起人會議。當天與會人士一致推選中國外交部駐臺特派員、同時身兼行政長官公署文書科長的陳步青，領銜擔任主席。臺灣鄉紳蔡伯汾、黃火木、李金土、陳朝宗、高墀章、王聯堂等人則擔任常務委員。由於協會沒有限制報名資格，臺北市和周遭地區一共有七百多人被吸引加入。在初步規劃後，體育協進會臺灣分會向行政長官公署報備，希望能聯絡臺灣各體育團體，促進臺灣民間體育發展民眾體育，並主持本省或全國各種體育競賽。

然而，臺灣體育協進會臺灣分會的公文，在報備至行政長官公署教育處後，教育處卻以「全省運動會依法應由教育處辦理，該會不得為主持機關」為由，駁回臺灣分會舉辦體育競賽的請求。協會的參與者得知消息後，對組織運作頓時失去興趣。此後在九月，行政長官公署發覺臺灣體育協進會已停止運作，因此發文正式廢除組織。

臺灣人在戰後成立體育組織，之所以命名為「中華全國體育協進會臺灣分會」，是有歷史脈絡上的誤解。日治時期，臺灣體育協會雖然作為半官方組織，但在組織實際運作上仍為民間組織。因此在一般臺灣人經驗中，全臺灣的體育賽事由民間組織籌備即可。戰後初期，臺灣人輾轉得知中國存在「中華全國體育協進會」（又稱為全國體協），也是負責推動全民體育的行政組織，因此以為只要在臺灣設立全國體協臺灣分會，就能推動全島體育賽事。

然而，戰前中華民國的體育行政，是由官方主導行政區域的體育賽事。上至全國、下至縣事的中國體育競賽，都必須由官方單位來舉辦。而在一九二四年成立於南京的中華全國體育協進會，本身是獨立的民間團體。該會成立緣起是由於一九二三年，中國代表團在大阪舉行的遠東運動會上表現成績不理想，同時當時中國代表團的職員多為基督教青年會的外籍傳教士。在一次世界大戰後中國社會瀰漫著「外爭主權」的氛圍下，「收回體育權」

體育小百科

全國體協兼具中華民國國家奧運委員會的功能。一九五一年全國體協在臺灣復會，在國家外交戰略主導下，組織依靠政府資助經費營運與參加國際競賽。但由於國際奧委會秉持政治與體育分立精神，因此全國體協一直以來都以民間組織形式營運。

成為當時中國體育界的共識。中國民間因此自發組成中國體協，推動全民體育的事務。但這個組織本身並沒有權限辦理中國各行政區的體育賽事。戰後被劃分為中國一省的臺灣，因而無法透過成立全國體協分會，達成舉辦全島（全省）體育賽的目標。

在教育處駁回臺灣分會舉辦全國競賽的請求後，臺灣體育界的中堅人物林朝杰與林朝權兄弟，領頭號召體育界人士舉辦臺灣省運動會，中南部的體育界也紛紛響應。在臺灣社會的輿論壓力下，行政長官公署在一九四六年四月成立臺灣省體育會籌備處，並由警備總司令部的高參王成章領銜辦理。臺灣省體育會隸屬於臺灣省政府社會處，同時接受臺灣省政府教育廳指導。在各方人馬的遊說與推動下，一九四六年第一屆臺灣省運動會以慶祝臺灣光復名義正式舉辦。從終戰至今，臺灣的體育事業可算重新起步。

臺灣體育協會的總幹事林朝權

在戰後初期，林朝權是推動臺灣體育事務中的重要領頭人物。曾經擔任長老教中學足球隊主將的林朝權，對推廣體育事業相當熱心。一九三〇年代林朝權從中學畢業後，開始擔任長老教中學的體育教師。之後他在知名鄉紳楊肇嘉的贊助下，前往日本體育會體操學校（戰後更名為日本體育大學）進修。

楊肇嘉從日治時期開始長期推動臺灣自治，希望能在各領域培養傑出的臺灣青年。除了林朝權，楊肇嘉還贊助許多臺灣體育選手前往日本延續體育生涯。例如第一位參與奧運的臺灣人張星賢、在明治神宮大會中奪得三級跳遠冠軍的林月雲、長老教中學的鉛球好手兵明田，這些人都是楊肇嘉贊助的對象。相比於這些更年輕的選手，楊肇嘉贊助林朝權的重要理由，是希望培養出一位能在體育行政中發揮所長的臺灣人。他認為若多加培育，以林朝權的閱歷一定能勝任這個角色。

林朝權在一九三八年完成日本學業後，並沒有選擇直接回臺灣服務，而是和許多會中文與日文的臺灣人一樣，去到被日本佔領的滿州、華北尋求工作機會。一九四〇年，林朝權落腳在北平師範大學擔任體育系系主任，同時擔任華北體育協會常務理事。直到一九四六年，他因為漢奸審判風潮影響，才攜帶妻子回到臺灣，隨後加入臺灣省體育會的籌備工作，實際主持戰後初期臺灣的體育行政事務。

然而在二二八事件中，林朝權恩師林茂生遇害，林朝權因而對國民黨產生疏離感。後來他在一九四九年離開臺灣前往香港，最終移居中國。初到中國時，林朝權因為過去曾擔任中華民國臺灣省國大代表，而被共產黨監禁五年。後來他在中國結識謝雪紅，並與謝雪紅組成臺盟，在大陸推動體育事務。九〇年代林朝權在上海逝世。

戰後初期的足球賽事

戰後初期，在官方舉辦全臺灣綜合性運動會之前，零星的足球賽事已開始重新舉行，首先是在行政能量比較高的北臺灣。一九四六年四月，為了慶祝紀念中國革命的青年節，三民主義青年團[1]臺北分團在臺北舉行一系列球類競賽。足球的競賽如同日治時期一樣，在改名為成功高中的臺北二中舉行。

同年七月，臺灣省體育會在中山公園（今國父紀念館）舉辦全省足球賽。這場賽事延續一九三〇年代以來臺灣的全島足球大賽，標誌了臺灣社會正慢慢恢復日常秩序。然而，遠離市區的中山公園，並非日治時期臺灣足球人習慣比賽的場地。主辦單位選擇該場地的意義更偏向於政治性宣示。因此到決賽時，比賽仍回到活動較方便的新公園場地進行。最終，那場決賽由長榮中學的校友以八比〇擊敗法商學院，贏得冠軍[2]。

從歷屆比賽的參與者名單中，我們能看出日治時期以來的學生與校友在擺脫戰爭桎梏後，漸漸回到運動場上。例如成功高中的校友曾代表臺北市參加第三屆臺灣省運動會，長榮中學校友則代表臺南市參與第五屆省運會。與此同時，來自中國各省的足球員也一同參與競賽，例如新竹空軍、國防軍、三青團各有組成隊伍，形成戰後初期臺灣的足球人口。

除了這些正式競賽，足球也成為臺灣與外國敦睦邦誼的手段之一。一九四六年十二月，英國商業考察團和皇家空軍前往印度、香港與上海訪問，並在旅途中經過臺灣。由於代表團中有多人擅長足球運動，因此在訪問過程也和各地足球隊交手。臺

日期	賽事名稱	舉辦地點
一九四六年四月	青年團臺北分團青年節足球賽事	臺北市成功高中
一九四六年七月	第一回臺灣省足球賽	臺北市中山公園
一九四六年十月	第一回臺灣省運動會	國立臺灣大學
一九四七年二月	新運盃足球賽	臺北市師範學院
一九四七年十二月	第二回臺灣省運動會	臺中市
一九四八年三月	慶祝青年節足球大賽	臺北市新公園
一九四八年九月	體育節足球賽	臺北市新公園
一九四八年十二月	第三回臺灣省運動會	臺南市
一九四九年三月	臺北市青年盃男子足球賽	臺北市新公園
一九四九年三月	國際友誼賽（臺銀六比〇贏菲克敦）	臺北市新公園
一九四九年十月	第四回臺灣省運動會	臺北市

表一：戰後到一九四九年前臺灣舉辦的足球賽事。資料來源：《民報》、《公論報》、《臺灣新生報》、《和平日報》。製表：林欣楷。

灣省體育會為此特別安排一場華英足球友誼賽，組織了一隊由在臺華人組成的聯隊，並將門票的收入當作修復被轟炸過的介壽館的資金（介壽館為原臺灣總督府，一九四六年為慶祝蔣中正六十歲生日，改名為介壽館）。比賽當日，臺灣省行政長官陳儀、警備總部參謀長柯遠芬均到場觀賽。在數千觀眾簇擁下，華聯以七比二擊敗來訪的英國軍官團。

組成這支華聯隊伍的成員，有來自上海復旦大學的周達雲，來自國防軍的陸仕漢、余維清、林臨川，長榮中學的校友劉朝本，成功高中校友的呂彥稜、林家鼐，以及青年團的劉盛元。雖然目前沒有資料顯示在英華友誼賽之前，中華民國官方是否有舉行選拔賽，但這支華聯隊伍基本上匯聚了當時北臺灣參與足球的各方代表。

大同集團的董事長林挺生雖然本身不會踢足球，但他在北二中就讀時受到學校足球風氣薰陶，相當支持足球運動。林挺生認為足球的團結精神和企業經營的理念相同，因此他

⚽體育小百科

呂彥稜：成功中學校友。一九四七年就讀於成功中學期間，被官方指控主導社會活動，並被校方以搗毀訓導處為由開除學籍。之後呂彥稜返回母校日新國小，擔任體育老師與足球教練。在呂彥稜指導下，許多日新國小球員日後入選為臺灣亞青盃代表或成為國腳。

不僅成立公司的足球隊，也在大同集團贊助的各所學校支持足球發展。戰後，大同集團透過北二中校友網絡的聯繫，許多成功高中校友都進到大同集團球隊服務。

戰前的臺灣球員基本上都活躍於戰後的省運。例如高雄縣市、臺南縣市的代表，有很多都是長榮中學的老校友；而北部球員則以北二中校友為主。除了繼續擔任球隊選手，也有球員投入培育下一代。像是長榮中學的校友洪南海在臺南帶領國小足球隊。成功高中校友呂彥稜與林家鼐則從一九四九年開始，在臺北日新國小指導足球。日新國小因而成為一九六〇年代初，培育許多臺灣本土國腳的搖籃。

在戰爭結束的時刻，臺灣與中國人民對對方都充滿想像，希望能透過各種面向觀察與了解彼此，體育成為其中一項重要指標。在中國人眼中，棒球、田徑、橄欖球是臺灣人熱衷且擅長的運動，相比於此，大陸風靡的足球和籃球在臺灣則毫不盛行。這種先入為主的觀念，在戰後初期上海體育記者考察團來臺訪問後，被進一步強化。

一九四七年十一月，為了迎接臺灣回歸中華民國，國民政府在上海舉辦戰後第一屆全國運動會。上海的記者特別組織臺灣體育訪問團來臺交流，並參觀臺灣各地運動設備和體育場所。離開臺灣時，體育訪問團做出了「臺灣足籃球最為落後！」的結論，這樣的判斷影響了經費拮据的臺灣省政府，讓省政府決定放棄選拔籃球和足球代表隊。臺灣這兩項運動因此缺席於一九四八年的全國運動會中。

當時代表臺南市參與全省運動會，並且以田徑項目入選一九四七年中華民國全國運動會的洪南海在回顧時也曾提及，臺灣方籌備單位考量到上海與香港的足球水準比臺灣高，臺灣隊伍奪冠希望渺茫，因此沒有報名參加。由於臺灣的體育表現被放在中國框架下重新思考，臺灣足球失去與中國足球實際較量的機會。

暗潮洶湧的省籍衝突和省運

一九四六年，臺灣省體育會舉辦的第一屆全省運動會，是臺灣慶祝光復節的一項大活動，甚至連總統蔣中正都親自飛來臺灣參與開幕。然而那年的足球賽事，卻成為全省運動會衝突最激烈的比賽。

戰後初期，臺灣受到國共內戰影響，面臨通貨膨脹與政治打壓等問題，呈現民不聊生的社會景況。許多臺灣人對國民黨政府官員的腐敗無能充滿怨懟，臺灣人與戰後遷徙來臺的中國人之間，也因語言和文化隔閡累積對彼此的偏見。臺灣島上時而瀰漫緊張氣氛。

在這種緊張的氛圍下，全省運動會成為引爆矛盾的壓力鍋。由於當時全省運動會的賽事初創，並沒有嚴格規定球隊必須以縣市為單位報名，因此軍隊、縣市、公營單位，都可以組隊參加，隊伍的組成相當多樣。長榮中學以校友會為中心，邀請過去曾參與足球比賽的球員和老師代表臺南市參加比賽。他們一路過關斬將，到了決賽，對手是來臺駐防的國防軍球隊。沒想到這卻是長榮中學足球對噩夢的開始。

當時中國足球的球風，約略可分為南北兩派。南派以港、粵為代表，球員因為要和身材高大的洋人對抗，因此球風較為細膩，重視盤帶（dribble，腳輕觸球使足球跟隨移動）。北派的球風則受到北方人高大身材的影響，而顯得較為粗曠，以長傳衝吊（long ball，又稱長傳急攻）為主，身體碰撞的尺度相當大，但較不看重技術。當時來臺接收的第七十軍[3]歷經數年戰爭後，已從湘系部隊轉成中央系軍隊，軍隊成員來自五湖四海。在強調體能的國軍中，衝吊打法相當盛行，省運中的國防軍代表隊也以此為主要戰術。因此這場決賽從一開始就充滿火藥味。

在決賽中，當臺南市踢進第一分時，得分的郭榮彬被踢倒，雙方發生肢體衝突，導致比賽中斷。隔天，比賽重新開始，臺南市再度搶先進球。這次雙方衝突更加激烈，進球的鄭清福[4]再度被打倒在地。在一陣紛亂中，郭榮彬依稀聽到對方球員喊著：「勝利的國軍不能輸。」在數年後回憶起這段經歷，郭榮彬笑著說：「都已經輸兩次了還不能輸？」

連續兩次衝突下來，臺南市隊原本已經打算棄權。但主辦單位以首次比賽不好讓場面太難看為由，仍希望能順利完成比賽，因此向臺南市隊保證會控制好比賽秩序。在第三天，比賽再度開始。這次，警備總司令部參謀長柯遠芬為了避免雙方再發生衝突，特別指示憲兵隊將球場團團圍住，試圖控制比賽秩序。終於比賽順利完成，臺南市以四比〇擊敗國防軍，贏得第一次省運的足球冠軍。

對於語言不通的臺灣人和外省人而言，在共同規則下進行體育競賽，是雙方能交流的場合。有些運動項目由於雙方沒有共通發展——例如棒球是臺灣人比較熟悉、籃球則是中國人較強——兩方人馬姑且能互相觀摩、學習。但像足球這種雙方都熟悉的運動，往往會讓場內激烈的競爭延伸到場外。一九四六年這場省運足球決賽，意外成為戰後臺灣被納入中華民國統治的背景下，本省與外省敵對意識形態的延續，也做為臺灣當代族群衝突的一個縮影。

足球界的白色恐怖：省工委會龜山案與桃園支部案

一九四九年，基隆市工作委員會發行的《光明報》遭到國民政府破獲，共產黨在臺灣的省工作委員會（簡稱臺灣省工委）組織因而曝光。這起事件造成組織主要參與者被槍決，同時由於省委書記蔡孝乾自新，不斷供出幹部名單，各地支部幾乎被殲滅，數千人遭到牽連。

一九五〇年，省工委會龜山支部和臺灣民主自治同盟龜山支部遭到破獲。以龜山農會職員陳盛妙和開南商工三年級的李玉麟為首，一共有九人被槍決、數十人被判處有期徒刑和交付保護管束。由於李玉麟在龜山曾參與當地的飛豹足球隊，足球隊也遭到無端牽連。

當時，在成功中學念書的林約幹回憶，足球是時下青年的共同愛好。林約幹和同學簡守義定期會去龜山飛豹足球隊練球，李玉麟偶爾才會出現。林約幹、黃永福、劉登清和李玉麟曾一起踢過球，沒想到他們的一面之緣竟引來滔天大禍。

當時除了龜山支部案外，省工委會桃園街頭支部和學生支部也遭到破獲。情治單位注意到桃園準人足球隊，被泰北中學的學生林秋祥利用來發展組織，情治單位因此也懷疑龜山足球隊可能被李玉麟吸收。龜山足球隊隊員在情治單位擴大打擊的情況，全數下遭到逮捕。

軍法處先是問我是否參加龜山足球隊，回答當然是「有」，再來又問我認不認識李玉麟，回答當然也是「認識」，接著再問「兩人有沒有碰面」，我回答說「有踢球就會碰面」。（林約幹回憶）

包含林約幹，因為龜山案被捕的三十二人，在一九五一年三月被移入青島東路軍法處等待判決。同一時間，桃園的準人足球隊也被關入該處。到了六月，審判結果出爐，龜山足球隊三人被轉送綠島新生訓導處。十月八日，桃園支部案判決結果公布，桃園準人足球隊的泰北中學學生林秋祥、黃鼎實，開南商工學生施教爐、桃園倉運公司職員林挺行、鐵工呂阿立遭到槍決。其他準人足球隊的球員則是在只有口供證據的情況下，被指控為「參加朱毛匪幫之組織並著手進行」，付出生命或被監禁的代價，全案告破。

戰後初期的臺灣，猶如漂浮在汪洋大海上的小舟。在這個時代，各種嶄新的可能性同時發生，交織著人們的悲歡離合。從對岸遷徙而來的外省族群，取代過去在臺灣生活的日本人，將他們過往的運動經驗也帶入臺灣，讓戰後臺灣的體育世界多了不一樣的景色、增添更複雜的記憶與經驗。然而，白色恐怖的陰影卻讓參加運動團體變成危險的事，也讓人們對參與體育活動的態度變得保守。

年輕人群聚的運動團隊被輕易指控為左派團體；即使足球是兩岸華人共通的語言，本省與外省群體仍充滿隔閡、彼此難以溝通。這種現象不僅發生在運動場上，也普遍發生在臺灣各個角落，演變成一場時代的悲劇。而一九四七年，上海體育記者團匆促訪臺，留下對臺灣足球的印象：「不會踢球的臺灣、會踢球的中華民國」這種印象，成為往後七十年臺灣都無法撕下的標籤。

1　三民主義臺灣青年團：三民主義青年團又稱三青團，抗戰時期由於國民黨負面形象無法吸引中國年輕人參與，同時為了制衡國民黨內人數眾多的CC派，蔣中正等人於一九三八年在武昌成立三青團，一九四五年後，由於三青團是最早來臺灣發展的國民黨派系，因此吸引許多臺灣仕紳加入，與CC派控制的臺灣省國民黨部分庭抗禮。後三民主義臺灣青年團在二二八事件中被誅戮最慘，並與國民黨本部合併。

2　法商學院是由臺北足球聯盟成員之一的臺北商業改制而來，與一九五五年成立的中興法商學院不同。

3　第七十軍：國民革命軍第七十軍，是一九三七年七月組建的單位，雖然屬於中央軍，但軍隊高階幹部人事多為湘軍系統擔任。二戰結束後，由於盟軍擔心在臺日軍拒絕接收，中華民國在美軍軍艦掩護下派遣第七十軍登陸臺灣協助接收任務。該軍在一九四七年一月被調回大陸參與國共內戰，最後全軍覆沒。

4 鄭清福：鄭清福在太平洋戰爭時曾立志參加陸軍，前往臺北市六張梨陸軍志願兵訓練所受訓，但在完成訓練前戰爭就已經結束。戰後鄭清福在屏東林邊國小擔任體育教師，因為有軍事經驗，二二八事件時領導林邊東港的學生軍。後因疑似參與計畫攻擊大鵬營區，未經審判被槍決。

第七章　足球救國：現代中國足球的起源

一九四九年，中華民國政府轉進臺灣，因為國共內戰而逃難到緬甸、越南、香港、臺灣等地的中國人，在異地靜待戰爭結束、返回家園的一天。然而隨著時間流逝，離散的異鄉逐漸變成家園。為了重返往日時光，人們將過去的生活習慣、興趣嗜好在他鄉再現。足球這項曾經帶動族群榮譽與激情的運動，也被離散的人們帶到移居的土地。

強身救國與現代體育

十九世紀中葉，現代足球隨著洋人的腳步進到中國。一八四二年，鴉片戰爭結束後，中國結束鎖國狀態開始與國外通商。大批洋人進入中國沿海，將許多來自歐美的新事物帶入中

一九一八年在福州基督教青年會大院踢足球的華人青年，當時足球在中國是相當風靡的運動。（杜克大學甘博圖庫Sidney D. Gamble Photographs Collection收藏）

國，其中也包含足球運動。不過當時的足球（football）仍包含現在的橄欖球與足球兩種運動，直到一九六三年，現代足球的規則與型態才正式底定。[1]

早期足球主要從租借區與西式學堂開始盛行，但足球比賽多是在旅華洋人之間舉行，與華人並無關聯。華人參與現代足球運動最早可上溯到一八八一年，天津的北洋水師學堂將足球列入正式課程。之後在一八八六年，中國第一個足球俱樂部香港足球會成立。一九一四年，華北體聯會則將足球列入球類競賽項目。華人從最初對這項屬於洋人的運動毫無知悉，到後來開始接觸足球，並將足球與他們老祖宗熟悉的運動——蹴鞠相互聯繫。[2]足球在近代中國的發展，事實上與現代體育概念在中國的崛起，有密不可分的關聯。

十九世紀末，清朝在歷經甲午戰爭、八國聯軍等一連串列強勢力打擊下，國勢愈發顯得衰弱。對國家局勢日漸不滿的知識分子，開始思索救亡圖存的方法。一九〇三年，梁啟超在《新民叢報》發表一系列被後世稱為《新民論》的政論文章。其中，梁啟超針對中國被賦予的「東亞病夫」形象進行探討。最初，「東亞病夫」（sick man）的形象是被歐洲人用來稱呼東方兩個古老帝國——土耳其與中國積弱不振的國體，但梁啟超巧妙地將清朝衰弱的國力，與中國人普遍瘦弱的身體連結在一起，讓中國的病夫形象躍然於紙上。如同梁啟超在文章中痛陳：「合四萬萬人，而不能得一完備之體格。嗚呼！其人皆為病夫，其國安得不為病國也？」當國家面臨存亡之際，個人的身體與國家的身體被聯繫在一起。為了改善國家積弱不振的狀態，梁啟超提出鍛鍊身體以救國的方法，「強國必先強種」、「強身救國」等與軍國民教育相關的口號，也開始在中國流行。

一九一三年，由宋教仁、陳其美等人創立的革命黨，在上海成立「精武體育會」，並聘請霍元甲擔任教員。「精武體育會」教授中國武術、器械體操等技法，以培養學員強健的體魄。更多的中國青年則隨著新式教育的傳入，在西式學堂接觸現代體育。這些來自國外的運動項目，包含田徑、體操、各式球類運動等，漸漸打開華人的視野，也讓華人渴望在競賽中檢驗自己的實力，與外國人一較高下。

這種透過鍛鍊身體以改善民族弊病的風氣，是清末民初中國現代體育發展的重要基底。正是在此種背景下，中國人開始接觸足球、培養屬於自身的足球文化。其中，香港與上海這兩個有大批洋人進駐的地域，是中國足球發展最興盛的地方。隨著中國人組織地方足球會、參與洋人足球聯賽與籌辦華人體育會，足球在香港與上海成為發揚民族意識的指標性活動。

香港足球歷史

一八四〇年鴉片戰爭過後，香港成為英國的殖民地，大批英國軍人、商人與傳教士來到香港。當時在衛生條件普遍不佳的遠東地區，這些來自大不列顛的人們為了避免疾病侵害、也為了排遣在港生活，透過運動鍛鍊體能維持健康。他們依照季節遞移選擇適合的運動，夏天會去游泳，冬天則從事足球運動。不過當時在香港與英國，足球和橄欖球還未分家，現代足球在中國只初具雛形。

一八八六年，中國第一個現代足球組織成立。香港的英國居民和軍人組成了「香港足球會」(Hong Kong Football Club)，當時身為助理輔政司兼助理考數司（Assistant Colonial Secretary and Assistant Auditor General，輔政司是英國殖民地重要官職，為殖民地總督主要輔佐；數司為審計署，專責核對政府帳目）的駱克（Stewart Lockhart），召開足球會成立會議。與會者包含來自英國各地的公務員、商人、工程師與軍人等。從此，香港地區的足球會如雨後春筍般冒出，不同足球會成員，會不時和輪班駐港的軍人舉行友誼賽。

一八九五年，香港足球會會長駱克在該組織舉辦的第一屆週年晚宴上，與同席的英軍高層討論在下一個球季舉辦一場「香港足球挑戰盃」(Hong Kong Football Challenge Cup)。他計畫將在香港已經開始興盛的足球友誼賽以更正式的方式舉行，吸引足球愛好者們投入這項運動。香港足球挑戰盃在第一屆比賽後，向英國訂購一只銀牌作為優勝獎品。銀牌上面刻寫：「英Hong Kong Football Challenge Shield」。此後，挑戰盃的勝者除了可以在銀牌上寫下自己球隊的名字，也能贏得保管該面銀牌到下一次球季的資格。香港挑戰盃後來因此改稱銀牌賽。

最初華人僅因為工作或受西式學校教育等關係，而零星參與洋人的足球運動。一八六〇年，隨著中國開放貿易的港口逐漸增加，加上太平天國的動亂，許多富裕的華人與洋行遷移到香港，香港在中國的商業貿易重要性逐漸增加，當地開始需要大量通曉英文與華文的人才，協助管理商業和公部門。一八六二年，香港第一所採英式教育制度的學校「皇仁書院」成立，各類英式學校也在香港陸續創立。這些學校主要負責培育殖民地政府在行政、商業所需的雙語人才，學生普遍的出路好、未來薪資也高，因此吸引大量華人家庭子女就讀。一九〇〇年前後，英國人創辦的挑戰者盃開始定期在香港跑馬地球場舉行球賽。兩間鄰近跑馬地的學校的華人學生受到盃賽吸引，也開始在空地踢起足球，並在進入皇仁書院後順勢加入該校足球隊。

像是皇仁書院這類型的故事，普遍發生在香港各間西式學校中。香港參與足球的華人人口逐漸增加，各校也籌辦正式的校際比賽，提供學生在學時參與足球競技的機會。但當這些喜歡足球的學生離開學校後，就必須另覓參與足球賽的管道。

一九〇八年，一群來自拔萃書院、聖士提反書院、上環育才書社與灣仔書館的華人學生，由於畢業後無法再參與校際比賽，決定組織一個足球會延續足球活動。當時香港的足球會普遍是由洋人創立，這支由華人畢業生組成的足球會，便很乾脆地取名為「華人足球會」。

在成立之初，拔萃書院的校友莫慶出力最甚。莫慶是英國人在上海成立的著名洋行太古洋行香港分行首任買辦莫仕揚的曾孫。莫慶的工作能力出色，在他的領導下，華人足球會一一克服資金不足、缺乏會址等困境，讓組織的經營正式踏上正軌。華人足球會固定會在他們比較熟悉、舉辦校際足球賽的一九一〇年，華人足球會正式改名為「南華足球會」，該組織創會宗旨是透過鍛煉體魄，重振華人雄風、一洗「東亞病夫」恥辱。希望藉由參加洋人的球類比賽，與洋人選手一較高下，為中國爭取聲譽。

南華足球會的參與成員多為當時畢業於香港各高中的華人，這個組織在往後的香港足球聯賽和當時東亞最大的國際賽事——遠東運動會中更占據重要地位，可說是孕育中國許多著名足球員的搖籃。

上海足球歷史

鏡頭來到上海，上海位於東西文明交會的最前緣，是各式異國文化與資訊交流的地域。一九〇二年，上海租界區的外國僑民（主要以來自大不列顛的英格蘭、蘇格蘭、愛爾蘭人為主）成立了「上海足球聯合會」（簡稱為西聯會），並從一九〇三年開始，舉辦西聯會後來最重要的盃賽——史考托盃。一九〇七年，西聯會開始固定舉行足球聯賽，這項賽事主要開放給租界區內外國人參與，做為洋人聯誼、消遣的活動，華人則被禁止參與。當時只有與洋人在學校、工作上有往來的華人，才能取得參賽資格。

上海華人足球文化興起的背景與香港相似，是源起於西式教育。一九〇一年，美國聖公會創辦的上海聖約翰書院（St. John’s University Football Team），成立上海第一支由華人組成的足球隊。由於這群華人球員多留滿人髮式，球隊又被稱為「辮子軍」。隔年，南洋公學也成立足球校隊。聖約翰書院與南洋公學兩校從此在每年會固定舉行交流賽，比賽傳統維持十一年之久。在此基礎上，上海及其周遭地域的大學開始串聯。先是在一九一四年，蘇州東吳大學、南洋大學、聖約翰大學、南京金陵大學以及杭州之江大學成立了六大學運動會；之後在一九二〇年，復旦大學與南京高等師範學校（又稱東南大學）加入，組成華東各大學體育聯合會此一組織。該組織定期舉辦各校足球聯賽，直到一九二五年上海發生五卅慘案為止。

由於當時華人無法參與租界區內的洋人球賽，大學的校際足球賽成為華人最重要的足球賽事。但同樣的，這些大學生在離開學校進入社會後，無法持續參與校際比賽，因此也產生組織球隊、創辦球賽的需求。

在一次世界大戰結束後，國際列強參與巴黎和會，將原先被德軍佔領的山東轉移給日本。山東問題引爆中國的民族情緒，讓中國人對外來勢力的侵犯日漸不滿。國內興起一股排外風潮，中國人與外國人的對立也愈發明顯。例如在上海駐英領事館擔任總領事的巴爾敦爵士（Sidney Barton），就直言上海是「文明對抗野蠻的前哨站」，認為西方現代文明遠優於中國落後的傳統，此番言論引發中國人激烈反彈。接著在一九二三年，中國在大阪舉辦的遠東運動會中大敗，日本媒體揶揄中國必須仰賴基督教青年會的洋人領導，才能出國競賽，這大大刺激中國體育界。漢口青年會主任郝更生和武昌青年會總幹事宋如海，因而在一九二四年成立第一個屬於中國人的全國性體育組織——「中國體育協進會」。同年十一月，身兼中華體協與聖約翰大學體育主任的沈嗣良，也在上海成立上海華人足球聯合會，並運用一九二一年上海舉辦遠東運動會時留下的場地，另行組織屬於華人的足球聯賽。沈

體育小百科

遠東運動會是一九一三年到一九三四年東亞最大的國際體育賽事，前身為菲律賓嘉年華體育賽事，後改組為東亞地區的綜合運動會，每屆比賽由中國、日本、菲律賓三國輪流辦理，前後共辦過十屆。在一九二三年大阪遠東運動會中，中國在八項錦標賽中僅獲得足球冠軍，引發中國體育界改革聲浪。

嗣良此舉是想從外國人手中收回中國運動行政的主導權，並改由華人主辦足球聯合會，推動屬於華人的上海足球事業。

一九二五年二月，青島、上海地區發生日本工廠內的華人童工疑似遭日本管理者毆打致死的事件，引發工人大規模罷工。之後罷工活動近一步擴大成罷課與罷市運動，五月二十八日更爆發流血衝突（這起事件後被稱為「五卅慘案」）。當時，有許多參與示威活動的華人遭到英籍捕頭暴力鎮壓，全中國的排外情緒更加一發不可收拾，波及到各個租借區。在這種氛圍下，參與洋人舉辦的比賽並在運動場上擊敗洋人，成為華人宣洩不滿、宣揚民族意識的重要活動。

最初，洋人主導的西聯會主要是提供給洋人聯誼、競爭的活動，為了避免華洋衝突，主辦單位並未開放華人參與比賽。然而從一九二〇年代開始，華人社會瀰漫的排外情緒，讓洋人憂慮會流失原先佔據多數的華人觀眾、影響球賽的門票收入。因此，西聯會決定開放華人隊伍參賽。他們希望華人與洋人在相互競賽過程，能緩和對彼此的歧見，也消弭原先華人與洋人的距離。但主辦單位做出的此番決策，卻反而被中國人視為一個能在球場上挑戰外國選手的大好機會。一九二〇年代末期，上海的足球風氣因而被推上最高峰。

一九二六年，由香港知名足球員李惠堂創立的樂群隊（後改名為樂華隊），參與西聯會最重要的賽事史考托盃。同年，也是由華人組成的足球隊三育隊也獲准參加西聯會的聯賽。自此之後，華人正式參與西聯會與華聯會在上海舉辦的各項足球賽。一九二七年，擔任中國體協總幹事的沈嗣良更被推選為西聯會的執行委員，開始與洋人一同組織西聯會賽事。上述種種舉措，讓中國收回國內體育權的訴求被一步步落實。同一時間，曾代表中國參加第六屆遠東運動會足球項目的李惠堂以及他所率領的樂群隊，開啟上海足球華洋對抗最高潮的一頁。

受到以李惠堂為首帶領的樂群隊啟發，許多上海市民也產生「大丈夫當如是」的感受，紛紛組隊投入西聯會或華聯會的足球賽事。當時華人足球隊的組成相當多元，球員來自各行各業，例如有京劇班認為戲臺上的武生「身手敏捷、動作俐落，體力足、反應快」，如果應用在足球場上，也能有所作為，因而組成「華伶足球隊」。也有成員眾多的大家庭，眼看社會上風行足球運動，便組成一支家族隊伍，興致勃勃報名各項足球賽事。另外，當上海各大醫院或慈善團體需要募款時，也常透過邀請知名球隊進行表演賽，將門票收入當作資金。在上海的街頭巷尾，更能見許多小孩拿著皮球當足球踢，只要把書包堆在地上，就能當成球門。上海的足球熱潮於是透過血緣、地緣、社會團體等關係網絡，開始在十里洋場大為流傳。

「球王」李惠堂

在中國現代足球史上，李惠堂是一位大名鼎鼎的人物。李惠堂在一九〇五年出生於香港大坑，家族為廣東五華縣的客家人。他的父親依靠建築事業起家，家中成功的經商背景，讓年輕的李惠堂有參與足球的經濟條件，也讓他善於運用商人思維經營體育事業。

李惠堂在年幼時因為身體孱弱而透過足球鍛鍊身體。一九一七年，他考入皇仁書院，在接受英式教育過程，培養流利的中英文口說、書寫能力。在十七歲時，李惠堂參與了南華足球會舉辦給香港學童參加的夏令盃足球賽，並以出色的球技帶領大坑村隊贏得冠軍。比賽過後，李惠堂隨即被南華足球會延攬為預備隊選手。

在南華隊受訓期間，李惠堂的球技不斷增長，逐漸成為隊上攻城拔寨的進球機器。李惠堂優異的表現讓他獲得與南華隊前往澳洲交流、以及在遠東運動會出賽的機會。在一九二三年，中國與澳洲進行的二十四場友誼賽中，南華隊一共攻入六十三球，其中有三十一球都由李惠堂踢進。而李惠堂數次前往海外、與華僑社群與外國足球員相互交流的經驗，也讓他決定有朝一日要前往歐洲增廣見聞。

一九二五年，李惠堂由於反對父母為他安排的婚事，和戀人廖月英私奔到上海，隨後接任復旦大學的體育主任。這項意外的決定讓原本只在香港足球界聞名的李惠堂，開始在上海發跡，並奠定他往後「中國球王」的封號。當時上海球界對抗洋人的風潮正盛，李惠堂精湛的球技為上海華人帶來希望。一九二六年，李惠堂在加盟樂華隊（原樂群隊）後參與了第一場史考托盃比賽。在那場比賽中，他以四比一的分數擊敗上海洋人足球隊中實力最頂尖的臘克斯隊。臘克斯隊過去曾贏得九次史考托盃冠軍。李惠堂的戰績讓華人大為驚豔，上海於是開始流行一句話：「看戲要看梅蘭芳，看球要看李惠堂，游泳得看美人魚。」

李惠堂擁有精湛的個人技術，在球隊上又是不可或缺的主力前鋒，這些特質都讓李惠堂迅速擄獲上海觀眾的心，讓他被冠上「球怪」、「球王」等雅號。當上海排外的情緒達到最高峰時，周末去球場「看李惠堂帶領樂華隊打洋鬼子」更成為上海的全民運動。

李惠堂捲起的足球旋風，不僅刺激上海人踴躍投入足球運動，也連帶衍生一些球迷的失控行為。大至對比賽結果不如意，小至不滿洋人裁判的判決，在每一場球賽中，華人觀眾不時被挑動敏感的神經，甚至爆發肢體衝突。就連當時的華文報紙都不斷呼籲觀眾保持文明素質，不要因為看球「一有失望，即以怒氣加人，不但公正人及外人球員遭危險，即彼等所崇拜之華方球員，苟未能如所期而戰勝者，亦不免受責罵」。在一九二九年，樂華隊更因為球迷不滿裁判判決、衝進場毆打裁判，而暫時宣告退出上海西聯會賽事。洋人球隊甚至提出如果沒有武裝巡捕守備，就不和華人球隊比賽的要求，當時衝突嚴重的程度可見一斑。

隨著足球運動在中國發展，優勝劣敗的民族觀除了反映在華人與洋人的國內競賽，更擴展到國際競賽中。能在國際賽場上代表中國擊敗外國人、讓中國擺脫「東亞病夫」的稱號，是一代中國人的宿願。於是，當時在中國已經小有成績的籃球與足球，便成為中國人關注的體育項目，逐漸發展為中國具代表性的運動。

體育賽事的專業化也讓中國相關運動團體開啟生財之路。當時，各國運動員由於受到奧運會「業餘規範」約束，被禁止依靠體育事業賺取利益。[3]儘管這項規範並未限制運動員透過經營球會來募集經費，但每個球會也被要求只能在球季期間運作。為了突破此項規範對球員造成的限制，每年到非球季的夏天，上海與香港球會就會前往南洋訪問，為喜愛看球的東南亞華人舉辦表演賽，順便賺取球會的外快。[4]

商人家庭背景出身的李惠堂很快就嗅到商機。他利用各式各樣方法透過足球管道生財。李惠堂不僅替報社寫稿介紹球隊，也建議西聯會在比賽時架設需要收費的棚架讓球隊營利。一九二七年，李惠堂組織來自香港與上海的球員前往澳洲交流。一九二九年，他率領樂華足球會訪問東南亞；一九三〇年，他更試圖組織一支由香港、上海與南洋華人組成的中國明星隊前往歐洲參賽。這些活動都替球員與球會帶來大量利潤。

然而在一九三〇年，李惠堂帶領中國球隊前往東南亞交流的行程卻遭遇阻礙。當時除了李惠堂主導的樂華足球會，香港的南華足球會同樣計畫前往南洋參訪。由於兩個球會都希望爭取出色的中國選手吸引觀眾購票，因而爆發爭搶球員的衝突。在一九三〇年代，中國還未制定選手海外參訪的相關規定。訪問球隊通常會以一支或兩支隊伍球員為主力，球員只要經過所屬聯賽允許，就能隨隊出賽。而為了增進訪問球隊實力與在海外華僑社群間的號召力，球隊有時也會邀請其他隊上表現優秀的選手助陣。

一九三〇年，香港的南華足球會由於也計畫前往南洋，因此出手干預上海樂華足球會邀請南華球員前往南洋。原先，樂華足球會已跟三位來自南華的球員商定好參訪事宜，然而後來南華卻以組織不公開、球員接洽手續不妥當，以及球會經濟條件不足等理由，拒絕派遣選手參加遠征。李惠堂和訪問隊的球員更被南華足球會和香港體育界檢舉違反業餘資格，得接受香港及上海體育機構調查。原先李惠堂計畫在這一趟參訪中，先去南洋進行表演賽，再從當地選拔華人球員前往歐洲遠征。然而經歷這一番波折，李惠堂的歐洲遠征之行被迫在新加坡終止。

事件過後，參與籌備歐洲遠征的樂華足球會管理余衡之，在上海《申報》上撰寫一篇文章抨擊南華與香港足球會。余衡之在文章中指出，南華與香港足球會阻撓樂華隊選拔香港球員出訪，是出於自身的財政考量，與對球員返國後投奔樂華隊的疑慮。[5]他寫道：

> 港會（洋人組的香港足球總會）每年的收入是全靠著華隊（華人球隊）的、假使華隊的（華人）好手華人去了、一定影響到他的經濟地位、最近他判決不許曹（桂成）等（球員）參加入的手段、是取一勞永逸、禁止以後華人不敢再試的宗旨、至於兩華會（南華和中華體育會）呢、是要顧全本身的實力、所以才多方設法阻止他各個的球員參加。

余衡之在文中提及的南華足球會和中華體育會作為香港兩大華人足球會，每年參與港甲比賽時，都是以華洋對決為號召吸引華人觀眾目光，並從中賺取組織、聯賽的經費。也因如此，對香港足球界而言，上海隊伍挖腳香港球員的舉動，會大大影響他們日後的球隊表現與經費來源。這起由李惠堂而起、發生在香港與上海球壇之間的衝突，反映出戰前中國足球運動的發展，與經濟利益的考量也有著密不可分的關係。

歐洲之旅的失敗讓李惠堂負氣離開上海。他先是回到香港，隨後前往荷屬東印度（今印度尼西亞）居住數年。一九三二年到一九三三年間，李惠堂加入當地的華人足球協會荷屬東印度華人足球會（Hwa Nan Voetbal Bond，簡稱 HNVB），為協會的其中一支俱樂部隊伍「群力足球隊」(Union Make Strength，該隊又名UMS 1905，目前在印尼足球聯賽的第三級別參賽）出賽。

當時足球在荷屬東印度的雅加達和泗水兩座城市受到相當多青年歡迎。在荷屬東印度有三個主要的足球協會，包括荷蘭人的Nederlandsch Indische Voetbal Bond（簡稱NIVB），中國人的荷屬東印度華人足球會以及爪哇人的Persatoean Sepakraga Seloeroeh Indonesia（簡稱PSSI）。其中由爪哇人組成的PSSI協會，成立目的就是要透過足球運動形塑爪哇人的民族認同。這樣的訴求使當地的球賽充滿族群對抗氛圍。

李惠堂在荷屬東印度生活和參與球賽的經驗，讓他在當地累積極高聲望。他在東南亞華僑界的影響力遠比中國其他球員都來的高，從荷屬東印度一路擴展到星馬、菲律賓與緬甸等地。一九三四年，時任中國外交部長同時也是國際奧會委員的王正廷，以領隊身分率領中國隊，參與在菲律賓馬尼拉舉辦的遠東運動會。彼時隨隊的《申報》報社記者，記錄下李惠堂在當地受歡迎的程度，聲稱「當地僑民或有不知領隊王正廷，但無人不曉李惠堂」。

李惠堂本人由於擅長英文，又富有文采，因此時常代表中國參訪球隊，接受中外媒體採訪。他允文允武的才能不僅引發年輕球員的憧憬效仿，也讓他成為中國對內與對外引介國家足球時無可取代的門面。在戰前，李惠堂儼然已是中國足球的象徵。

亞洲足球王國

當代東亞最大的國際運動會當數遠東運動會。這項賽事源自二十世紀初期菲律賓嘉年華和基督教青年會（YMCA）的運動會，之後逐漸發展成中國、日本、菲律賓等亞洲國家間重要的國際賽事。遠東運動會從一九一三年開始舉辦，到一九三四年因中日戰爭爆發而中斷，前後一共辦過十屆大賽。而在歷屆大會中，中國的足球隊除了首屆外一共拿過九屆冠軍。

中國足球隊在遠東運動會的優異表現讓中國自居為「亞洲足球王國」。一九二三年，聽聞中國「football」相當厲害的澳洲人，決定邀請中國的「football」隊前往澳洲，與當地橄欖球隊進行交流（當時在澳洲，football所指的是在當地盛行的橄欖球）。當中國足球隊抵達目的地，澳洲才赫然發現他們有所誤解。但他們並不想錯失兩國交流機會，索性改安排國內足球隊與中國足球隊進行友誼賽。這場出訪意外讓中國第一次參與非國際賽事的國外比賽。

中國在澳洲的訪問之旅除了促成兩國體育交流，更讓中國足球隊受到澳洲華人社群熱烈歡迎。澳洲華人由於長期受到白澳政策的種族壓迫，期望透過不同管道扭轉自身處境。而中國球隊的來訪大大改變澳洲白人原先隊華人的刻板印象。華人不再是抽大煙、綁辮子的頹廢落後種族，相反地，中國球員健康、充滿活力的模樣為華人身分帶來不同想像。在中國球隊訪問澳洲期間，球隊無論去到維多利亞、墨爾本或雪梨等地，都到當地僑界支持。這場參訪也成為中國一次成功的國民外交。

訪澳之旅的成功，刺激隨隊的李惠堂和南華體育會。未來數年，中國也藉由持續不斷的出國訪問，在不同國家累積大量華人支持者。當這些身處異國的華人受到殖民政府或當地居民的歧視與壓迫時，往往以自身的中國血緣作為後盾爭取在當地更大的話語權。因此每逢中國足球隊來訪，當地華人便會將此視為宣揚華人聲望的絕佳時機，大加動員與支持。

在一九三〇年代，中國足球的聲望在亞洲達到最高點，這也使經費拮据的體育協進會在一九三二年洛杉磯奧運時，率先考慮派遣足球隊到東南亞舉行表演賽募款，再代表中國前往洛杉磯參賽。由於當年洛杉磯奧運並未設有足球項目，中國足球隊無法代表國家出賽。直到在一九三六年的柏林奧運中，中國體協的計畫才得以落實。但中國第二次出賽的機會卻又因為二戰關係，推遲到一九四八年才得以被履行。最終，儘管中國足球隊在一九四八年奧運的表現成績不如人意，但足球在中國的地位已無人能及，成為當今中國運動的象徵之一。

1 英國在一八四二年統治香港時，現代足球還沒有統一規定。一八四八年，不同所英國公學校的學生在劍橋大學制定一套名為《劍橋規則》的足球比賽規則。這套規則包含一場足球賽場上必須有十一人、參賽者禁止用手傳接球等規定，現代足球與橄欖球開始分家。一八六三年，英格蘭足球總會成立，現代足球才開始有統一規定。在十九世紀中開始，香港的英國人是跟隨英國本土腳步，同步更新現代足球的規則。

2 蹴鞠運動在中國起源甚早，在漢朝的《戰國策》中，就有提及在山東臨淄一帶有蹴鞠活動。古代蹴鞠分成競賽式和個人娛樂性質，由於唐代以前蹴鞠兼有軍事訓練成分，因此競賽型蹴鞠較為流行；但宋元以後，蹴踘兩門兩隊的對抗性踢法，被個人表演性質濃厚的「白打」取代，蹴鞠因此轉變成一種雜技。當時由於官宦世家喜愛蹴鞠，青樓女子亦學習躂鞠娛樂賓客，蹴鞠逐漸被視為不入流的把戲。最終明清君王下令禁止民間的蹴踘活動。因此在現代足球傳入中國時，中國本土蹴鞠實已式微。時至今日，蹴鞠是否為足球前身具有一定爭議。儘管如此，二〇〇四年國際足總（Fédération Internationale de Football Association）為了爭取中國市場，公開認定蹴鞠為現代足球的前身。

3 在一九八〇年代以前，奧運賽事中存在一條管理運動員身分的「業餘規範」。當時國際體壇對運動的觀念，承襲十九世紀運動英國公學校傳統，認為運動是紳士且神聖的活動，不能以運動事業作為盈利管道。這樣的精神被國際奧會認可且落實，因此從創立以來，國際奧會就嚴格要求參與奧運的運動員，必須保持業餘選手身分。直到一九八〇年，《奧林匹克憲章》才移除對運動選手業餘身分的規定。

4　這種參訪東南亞地區的活動又被稱為「南遊」，本書將於第十三章進行詳述。

5　當時香港的甲組聯賽會在每年球季開始前，重新向香港足協註冊選手名單。因此每年夏季，各支球隊都會爭搶實力較好的選手，有時也會透過賄賂方式爭取選手加入。余衡之的撰文主要是指出，南華足球會真正的憂慮是在該隊球員赴外參訪後，會轉加入李惠堂率領的樂華足球會，因而以檢舉李惠堂等人違反業餘規範的方法阻止樂華隊選用華南隊隊員。這種在賽季前球隊重新註冊球員的現象，在一九六八年港甲職業化後才漸告中止。

第八章　港腳與兩岸體壇的對抗

港腳的到來

一九四九年，國共內戰進入最後階段。當戰火波及長江以南地區，對於共產黨的到來感到憂慮的人們紛紛收拾行李，用盡一切方法跨越邊境、遠離家園。他們去到緬甸、泰國、越南、澳門，還有孤懸於東南的英國殖民地——香港。

過去英國在統治香港時，對於華人在香港與大陸之間的往返並沒有特別限制。二十世紀香港與廣東的華人社會更像是共同的生活圈，人們隨著季節與工作往返於兩地，兩地居民也維持緊密聯繫。內戰尾聲，由於中共即將展開肅清政治異己的鎮反運動，中國境內政治立場偏向國民黨的人士，或本身具有軍公教、地主、富農等身分的人們，紛紛逃往香港暫避風頭。而共產黨為了確保清剿南方國民黨勢力的任務能順利進行，也任憑這些人員自由流動。

港英政府為了處理大量湧入香港的難民，在一九四九年開始實施邊境管制，發給當地居民身分證。根據當時留下的殖民政府檔案，英國官方實施邊境管制的目的，是為了限制國民黨敗軍撤退到香港，讓中共有正當入侵香港的理由。對於英國政府而言，能保住香港殖民地比起承認誰能代表中國更顯得重要。因此他們在中華民國與中華人民共和國之間選擇中立的立場，讓香港成為臺灣和中國之間的灰色地帶。

但港英政府也承認，他們在配置到邊界的兵力有限的情況下，只能盡可能阻止來自大陸的難民進入香港市區。因此以各種管道偷渡到香港的華人持續增加。最初，香港實施的邊境管制並沒有被嚴格執行，只有在名義上分隔了中國與香港兩地。後來隨著邊境管制的強度提升，香港與大陸也正式分隔。從一九四九年開始，廣東與中國沿海各地的難民大量湧進香港，致使香港人口從戰後初期的五十萬人，一躍到一九五三年的兩百五十萬人。到了一九六一年，香港只有百分之四十七．七的人是在當地出生。在一九五〇、六〇年代抵達香港的華人中，不乏國民黨的支持者。而同一時期，英國另一個遠東殖民地——馬來亞則因為共產黨暴動，宣布進入緊急狀態。馬來亞的政治局勢使英國對中國共產黨存有疑慮，因此對香港的共產黨活動多採取壓制手段。

一九五〇年韓戰爆發後，中華人民共和國將原先派駐在東南沿海、準備攻打臺灣的部隊派往東北，加入攻打朝鮮半島的志願軍行列。美國有鑑於遠東形式的急遽轉變，以及戰後逐漸成形的冷戰格局，開始改變臺海政策與對中華民國政府的態度。他們除了派遣第七艦隊巡防臺灣海峽，也要求中華民國政府停止對中國東南沿海進行海空騷擾。當一九五三韓戰漸告尾聲，兩岸的政治勢力分布也漸趨穩定。中華民國與中華人民共和國自此展開長久分治，然而，夾處於兩種政體之間受到英國政府統御的香港，卻為兩岸日後的角力埋下變動因子。

*

從二戰開始到國共內戰結束這段期間，原先活躍於香港與上海的中國足球員，如何在國家動盪的局勢中安頓自身、尋找出路？事實上，在二戰之前香港與上海足球界的互動就已相當頻繁。球員除了流動於兩地尋找出賽機會，港滬每年也會一起舉辦埠際賽（埠可解釋為通商口岸、或有都市之意），互相切磋球技。同時，香港與上海足球會在戰前也曾共同組成隊伍，代表中國參與國際賽事。直到一九四一年太平洋戰爭爆發、日軍入侵租借區與殖民地，港滬兩地的交流才被迫中斷。

國共內戰期間，由於港滬足球界對彼此都極為熟悉，許多上海足球人多選擇前往香港，來臺灣的港滬足球人則少之又少，這使戰前中國南方的足球脈絡多由香港承繼。香港與上海足球界的華人在意識形態上更親近中華民國，[1]但由於他們受到國民黨政府長年貪汙、腐敗的形象影響，也對中華民國在內戰中一路雪崩的戰敗情勢感到憂慮，因此多選擇避居香港，靜觀兩岸局勢變動。但隨著一九五〇年韓戰進入尾聲，香港足球人眼看兩岸分治的情形逐漸清晰，逐漸願意表態支持中華民國。此後他們游離於所在社會和兩個中國之間，受到外在政治、經濟環境影響，做出相應的體育決策。

國共內戰結束後，兩岸在國際間為了爭取中國代表權而爭執不休。一九五二年，赫爾辛基奧運發生兩個中國的爭議，兩岸的政治對抗延燒到國際體壇。中華民國為了彰顯自身具有代表中國的正統性，除了選拔來臺的各省運動員，也希望爭取香港華人繼續代表中華民國參與足球賽事。[2]

一九五二年，有一支香港足球隊「光華足球隊」[3]在結束日本訪問之行返回香港途中，「順路」經過臺灣進行勞軍義賽。這支隊伍的隊員由上海的青白足球隊與東華足球隊[4]隊員組成，並受到上海商人王志聖[5]支持。其中，青白隊的多數成員為上海華人警察，東華隊則是李惠堂在一九三一年離開上海後，繼之而起對抗上海洋人球隊的主力，因此匯集許多上海足球菁英。

隔年，光華隊的五名隊員為了爭取參與一九五四年亞運代表資格，選擇移居臺灣。這些成員包含曾經代表中國參加一九四八年倫敦奧運的謝錫川，以及後來代表中華民國參加一九五四年亞運的金祿生、吳棋祥、嚴仕鑫、徐祖國等人，他們加入當時位於三重的中央印刷所足球隊和民航公司足球隊。[6]不過令中華民國政府更感振奮的，是戰前在香港相當活躍的南華足球會，同年也派遣球隊來到臺灣。從一九五三年開始，中華民國與香港足球界的互動愈發緊密。

在一九五三年，負責選拔香港地區中國代表隊選手的華協（香港中華業餘體育協會，前身為中華體育協進會香港分會），雖然在一九四九年後受港英政府施壓，與播遷來臺的中華民國體協切開從屬關

體育小百科

赫爾辛基奧運的兩個中國爭議：一九四九年全國體協隨國民政府遷臺，留在大陸的體協組織被共產中國改組為「中華全國體育總會」（又稱為全國體總）。一九五二年赫爾辛基奧運中，全國體總要求排除與取代全國體協，國際奧運會為此投票，結果為兩方都可參加，中華民國因而選擇退賽。赫爾辛基奧運的爭議讓中華民國決定以體育證明代表中國的正統性，因而認真投入組織一九五四年亞運。

係，但華協在一九五〇年代依然支持中華民國，並出錢出力幫中華民國選拔香港選手。像是擔任光華足球會主席的王志聖以及擔任南華足球會主席的沈瑞慶[7]，就同時兼任中華民國在一九五四年亞運的籌備委員和選拔委員。儘管當時英國政府深知中華民國與香港足球界的互動，然而受到馬來亞共產黨武裝鬥爭影響，英國政府對中共不敢鬆懈，因此也對華協在港活動睜一隻眼、閉一隻眼。

不過影響港臺足球界關係最甚的事件，還是李惠堂在一九五二年的表態。儘管李惠堂在戰後宣布高掛球靴，但此時的他已經是中國足球界公認的第一把交椅。退役後的李惠堂仍活躍於各種足球講評和裁判活動，擁有舉足輕重的影響力。為了得到李惠堂支持，中華人民共和國從一九四九年開始就陸續派人前往香港，邀請李惠堂到新中國參與體育工作。如李惠堂自述，共產黨曾兩度委託他中學時代的國文教師前來遊說，更試圖以重金誘惑未果。[8]但另一方面根據史料記載，當時李惠堂也有和中國立場偏左的報社《大公報》合作，在報紙上連載與足球相關的文章。李惠堂的立場在國共內戰前後，可說一直顯得搖擺不定，直到一九五二年，李惠堂才公開表態支持中華民國。[9]

然而李惠堂一開始來選擇臺灣時，為了避免引起中共注意，是趁香港網球隊訪問臺灣期間隨隊來臺。之後，李惠堂投入參與中華民國亞運足球項目的規畫。當李惠堂二度來臺時，一名從上海移居臺灣的球迷在《中央日報》發表一篇社論。這位以浮生為筆名（本名為李爾康）的球迷，以上海一九三〇年的流行語「京戲要看梅蘭芳、足球要看李惠堂」為引子，評論兩位上海風雲人物相異的政治選擇。浮生評論留在中國的梅蘭芳「甘心附逆，同流合汙」，遠不及來臺灣的李惠堂「赤誠忠心，打破困難，排除險阻」。從此「赤誠忠心」成為李惠堂在臺灣足壇被賦予的基本評價。

由於李惠堂在香港足球界擁有呼風喚雨的聲望，他選擇來臺灣後，大批香港球員也決定代表中華

一九六三年，由香港選手組成的中華隊參與馬來西亞默迪卡盃賽後，返臺接受蔣中正總統召見。李惠堂和蔣中正留下合影，這件事也被李惠堂視為一生最大榮耀之一。（國史館藏）

民國而非香港參與亞運。這批球員在具有指標性的國際賽事中，為中華民國鞏固代表中國的正統性，也開啟往後數十年「港腳」代表臺灣的時代。

迷思浮現：「不踢球的臺灣」v.s.「足球王國的中國」

戰後國民政府為了爭取在國際體壇代表中國的權利，而在國家隊中大量選用外省選手與行政人員。回顧那段時期，中華隊足球選手幾乎都是香港人，難道臺灣都沒有足球員嗎？「臺灣人不踢球」的印象，最早是在一九四七年一篇中國報導中被建立。那年中華民國政府在上海準備舉辦戰後第一屆全國運動會。一群上海的體育記者特別組織訪問團來臺灣，觀察臺灣的體育發展。當這批訪問團離臺時，他們接受臺灣媒體《公論報》訪問，在一篇名為〈滬體訪團臨別贈言〉的報導指出：「臺灣足籃球最為落後」。[10] 臺灣省教育廳長許恪士，在全國運動會結束後也提出：「過去日人只提倡田徑，讓本省運動只在個人技術發展，而團體運動如籃球和足球我們都不如人」，許恪士並期盼未來能在臺灣發展籃球和足球，改善這些運動項目長期在臺灣積弱不振的狀況。從上述的文獻記載，「臺灣人不踢球」、「臺灣足球落後」的形象，似乎並非從客觀數據中統計出來，而是從記者或執政者的報導與評論，形成特定的論述。

然而，臺灣人如何看待自身足球實力？在日治時期，曾經代表臺南市參與全省運動會和日本中學足球大會，戰後並以田徑項目入選中國全國運動會的洪南海，在一九九一年接受長榮中學採訪時曾憶及：當時由於臺灣方的籌備單位考量到上海與香港足球水準比臺灣高，臺灣奪冠的希望渺茫，因此沒有報名參加足球項目。洪南海並且感嘆：「如果大隊部，不計成本，奮勇報名的話，長中校友的選手一定更多！」[11] 洪南海此番話，反映在戰後初期經濟拮据的時代背景下，經費考量左右了特定運動項目參賽與否。執政者由於率先預設臺灣足球實力的水準不足以爭冠，而讓會踢球的臺灣人失去出賽機會。

關於「臺灣人不踢球」的預設，不僅牽涉到實務面的經費問題，更涉及中華民國政府治理臺灣的策略。當中華民國政府統治的疆域逐漸與臺灣地理空間重疊，為了劃分「中華民國」和「臺灣」的差別，與鞏固中華民國在國際間代表中國的正當性，體育項目成為一種區分手段。因此我們會看見與臺灣相關的運動項目，是日治時期臺灣接受日本教育而擅長的田徑和棒球；戰前中國用以建立民族性的籃球、足球，則在戰後持續受到中華民國政府把持。臺灣自此被囊括進中華民國建立的體育結構中。而港腳的存在則可以讓「足球屬於中國」的想像得以被延續。一九五三年，香港的南華足球隊與傑志足球隊在中華民國國慶日時到訪，與臺灣的足球隊進行一場友誼交流賽。在比賽中，這兩支來自香港的隊伍橫掃臺灣各支球隊。這場賽事讓人們自此對「臺灣足球落後」的想像變得更加堅固。

然而，值得注意的是，在這場友誼賽中代表「臺灣」出賽的隊伍，事實上都是由外省人的企業、運動團體組成的球隊。從日治時期開始接觸足球的本省球員，則由於難以進入官方體育行政系統，加上區域性的足球競賽受日本人離開影響幾乎停止舉行，球員無法透過參與競賽被看見，從而沒有真正和香港球隊競賽的機會。

但當一九五三年香港球隊的訪臺之旅結束後，臺灣外省球隊踢輸香港隊伍留下的「臺灣足球落後」印象，往後卻成為臺灣整體足球表現無法撕去的標籤，臺灣本土球員也多半無法獲得代表國家出賽的機會。在此之間唯一的例外，是在臺北縣蘆洲出生的徐徽博。徐徽博在淡水英專唸書時，曾代表學校與香港光華隊交流。由於他擁有出色的守門實力，而被拉入中央印刷所與民航聯隊踢球，並入選一九五四年亞運的中華民國代表隊。徐徽博的個人際遇與日本時代的足球脈絡少有關聯，這一定程度凸顯出戰前到戰後臺灣足球文化的斷裂性。

本文在此指出這點，並非為了比較戰後臺灣外省或本省足球表現孰優孰劣，而是要點出：從一九四〇年代開始，臺灣被貼上的「足球落後」標籤，事實上是由一連串缺少客觀數據統計積累而成的迷思。這樣的迷思一方面讓香港球員擁有代表中華民國的正當性，一方面則壓抑日治時期已然生長出來的足球文化，在戰後臺灣發展的空間。

除了從戰後臺灣足球員缺少出賽機會的角度，探討「臺灣人不踢球」的標籤如何生成，我們也能從國家代表權與體育行政系統兩種面向，觀察戰後中華民國政府對足球事業的掌控。從一九六〇年代開始，中華民國由於被國際奧委會裁定必須以「福爾摩沙」(Formosa)做為代表團名稱，而對在國際上使用臺灣名稱相當敏感。[12]一九六五

一九五四年亞運中華足球隊與蔣中正合影，在該次比賽中，中華隊首次啟用香港華人選手，隊上只有替補守門員徐傚博為土生土長的臺灣人。(國史館藏)

年，臺灣省足球協會（以下簡稱省足協）舉辦第一屆全省青年獅子盃足球錦標賽，在賽事中，省足協提到該組織將選拔參加亞洲青年盃的「臺灣區代表隊」，此話引起全國體協反彈。不僅全國體協抨擊省足協缺乏國家觀念，以臺灣一詞命名代表隊名稱，體育界也批評省足協越俎代庖，擅自選拔臺灣區代表隊足球選手。這起事件反映中華民國政府與臺灣省轄下單位的上下結構，兩者的權力關係可見一斑。[13]

而在行政系統方面，回顧一九五〇、六〇年代臺灣官方足球組織中的職員名單，可發現其中的成員組成幾乎都為外省人。日治時期擁有體育行政資歷的臺籍足球人，幾乎被排除在官方體系之外，負責管理組織的外省職員，則未必有相關體育工作經驗。例如一九六〇年代，從陸軍出身、任職於中華民國足球委員會（以下簡稱足委會）的吳興強就曾回憶道：「我是一個不會踢足球也不太懂足球的人……說來（參與推展臺灣足球）完全是因緣巧合，在偶然的情況下造成的。」而我們從一九五八年一篇刊載於官方體育報紙《偉華體育旬刊》的社論中，則能一窺當時足委會的心態：「我們在臺灣，對於上選（參加亞運）的二十二人技術的認識，都是憑著報紙上的評論，但是這次選拔的過程，我們對於香港足球先進的意見，卻是非常信任的。」

由此可知，在一九五〇與六〇年代，中華民國的足委會在選拔代表隊時，大抵是交給香港足球界自行籌組，組織內部的人員不一定精熟於足球運動。對於當時足委會來說，更重要的目標應該是將中華民國的名號扛上國際舞臺，至於足球運動、抑或是體育的推廣則非第一要務。這種現象在臺灣戰後各項運動的發展中並非特例，也直接導致兩種結果：承襲日治時期足球教育的臺灣足球選手與行政人員，無法進入官方體系、獲得應有關注。同時，「臺灣不踢足球」與「臺灣足球落後」的迷思，在官方政策的推動下被進一步深化。

被製造的足球熱：亞運冠軍和默迪卡盃冠軍

一九五〇年代，隨著兩岸分治局勢漸趨穩定，隸屬於國民政府的中華體育協進會以多數組織委員遷移至臺灣為由，向國際奧委會申請復會。而中華人民共和國則改組中華全國體育總會，在一九五四年以「中國奧運委員會」(Olympic Committee of the Chinese Republic)名義，獲得國際奧委會承認並加入組織。這讓兩個中國在國際體壇的爭議愈演愈烈。

國際奧委會作為一九五〇年代，中華民國與中華人民共和國首度交鋒的國際組織，被中華民國政府視為重要的外交戰場。中華民國政府的首要目標是將中共從國際組織中排除，其次是透過在體育競賽中爭取輸贏，證明自身的國家體制更為進步。有鑑於此，中華民國與中共的競爭關係，在各個國際單項體育賽事不斷上演，兩者經常透過各方管道抵制對方出賽。由於在五〇年代受到冷戰影響，中華人民共和國經常無法參與由歐美國家主導的國際體育組織。其中，中華人民共和國只獲准加入中華民國未參與的國際乒乓總會。[14]一九五八年，中華人民共和國更是全面退出國際奧會。

中共的退出，讓中華民國轉而關注國家代表隊能否在國際賽事中取得勝利，希望能藉此宣揚國威。中華民國的這種期望，一方面延續戰前中國強身救國的身體觀，一方面也反映戰後中華民國在國際間亟欲獲得認可的外交處境。此時港腳便成為國民政府寄託的對象。

在一九五〇年代，香港足球界在亞洲仍處在頂尖水準，香港球員也因身處在特殊的政治地理位置，而擁有多重國族身分的選擇。香港選手既能代表中華民國前往東南亞比賽，也能代表香港。但如同當時一名香港球員張子慧所說，香港選手只要願意代表中華民國，南洋華僑社群就會贊助代表團資金。另一名代表香港的球員高寶強則有截然不同的經歷。他在一九五九年參加一場在南洋舉辦的足球賽，那場賽事是由香港對戰中華民國，由於當時海外僑社普遍支持「中國」隊，代表香港隊出賽的高寶強便被當地華人斥為漢奸。

戰後初期，許多香港選手都是出生於中國，因此最初在選擇代表隊時多半會選擇代表中華民國，而非殖民地香港。洋人主導的香港足球總會主席史堅拿（Jack Skinner）也曾表示，他不會在中華民國委託華協選拔「港腳」時搶人。中華民國與香港在這種心照不宣的默契下，建立起選拔港腳的傳統。每次都會由中華民國率先選人、香港華協再從剩餘人員中挑選球員。直到一九六〇年代，中華民國選用港腳的傳統才因香港左派興起而告終。

有港腳選手助陣，中華民國一如預期在一九五四年和一九五八年摘下兩次亞運金牌。每年夏季香港足球隊前往各國訪問當地僑社，也往往借用「中華民國」、「中國國手」名義動員當地華人。透過這種互惠關係，中華民國的足球名號在海外華人圈大大出名，香港球隊也得以賺取觀眾看比賽的門票。中華民國與香港選手可說是互蒙其利。

但同一段時期，港腳在海外華人社群引發的熱潮卻未進入臺灣。當時臺灣有接觸足球運動的群體，跟代表中華民國的香港選手鮮有交集。在一九五四年亞運前夕，由於香港足球賽季與亞運賽事相互銜接，香港選手無暇來臺灣集訓，在球季結束後，便直接飛往馬尼拉和中華代表團會合。往後港腳集訓也形成相同慣例。香港球員只有在每次奪冠後才會來到臺灣，參加中華民國官方舉辦的冠軍遊行和表演賽。因此多數臺灣人並未親眼見過香港足球員踢球的樣子，這使國家榮譽顯得虛無飄渺。臺灣大眾與國家足球隊有難以跨越的距離，還不如定期觀看在三軍籃球場舉辦的籃球賽。

當港腳球員在海外叱吒風雲，來自臺灣的足球員則只能作為國家隊的零星點綴。臺灣選手在代表隊名單中的象徵性價值遠高於參賽價值，即使入選國家隊伍也沒有出賽機會。像是前述提及的徐徽博即是一例。徐徽博在一九五四年以守門員身分入選亞運代表隊，但他在隊上也只充當替補球員，完全沒有上場機會。儘管如此，徐徽博能入選亞運代表隊，已是臺灣球員中極為稀少的例子。

在一九六〇年代，港腳球員兩度為中華民國摘下當時東亞最大的業餘比賽——馬來西亞默迪卡盃冠軍時，李惠堂注意到官方與民間對足球熟悉度的落差。李惠堂再三向中華民國政府示警，提醒香港球員已後繼無人，教育部和足球協應積極培養球員。因為不只是臺灣，香港的足球水準在亞洲已經開始下滑。李惠堂私底下更認為，雖然中華民國贏得默迪卡盃冠軍，但這種盃賽的重要性並不如一九五〇年代的亞運來的重要。

⚽體育小百科

馬來西亞默迪卡盃（Merdeka Tournament）又名為「獨立盃」，是馬來西亞總理際亞洲足球協會主席東姑拉曼（Tunku Rahman），為了紀念馬來西亞在一九五七年獨立，創設的國際足球賽事，比賽地點在吉隆坡默迪卡體育場。默迪卡盃在一九六〇年代是東亞最重要的國際足球賽事之一。

一九六五年中華民國足球隊奪得默迪卡盃冠軍後，在臺北搭乘軍方的威利吉普車遊行。（國史館藏）

但對中華民國而言，他們在一九六三年獲邀參加馬來西亞默迪卡盃，由於能以中華民國名義出賽，並在非正式外交場合與擔任亞洲足球協會主席的馬來西亞總理東姑拉曼建立關係，因此他們將這場盃賽視為中華民國外交上的重大突破。最終在該年度賽事中，中華隊摘下桂冠成績。勝利的消息轟動港臺兩地，《香港時報》、《星島時報》、《華僑日報》、《工商日報》等報社都以頭版刊載消息。蔣中正也逐一接見比賽過後來訪臺灣的代表隊選手與職員，和他們合影留念。之後，官方在臺北舉行盛大慶祝，讓球員坐在軍車上遊行、接受群眾歡呼。李惠堂先前的警告則被淹沒在國族的喧囂中。

中華民國政府對體育外交的需求，讓他們對「港腳」的依賴一直持續到一九七一年。對於臺灣本地的足球發展，官方則採取放任和漠不關心的態度。相較於扶植國內體育事業，中華民國政府認為運用既有資源獲得最大效益，是更加經濟實惠的策略。這讓臺灣社會一直到全民體育政策開始推行的一九六〇年代，才有較通盤的體育規劃。

1 由於早期參與足球運動的人生活方式更加洋化，家族通常也具備一定經濟基礎，因此容易被中國共產黨貼上資產階級的標籤。

2 從一九四九到一九五二年間，有一群人比香港華人更早開起與中華民國官方的體育交流，那就是東南亞地區的華人社群。一九五〇年代初，由於東南亞各國排華風氣嚴重，當地華人希望透過訴諸中國勢力，牽制東南亞政權對華人的打壓。中華民國與東南亞僑社因此建立緊密的連結網絡。一九五一年，一支由菲律賓華人組成的足球隊——「電光足球隊」來臺，成為戰後首支訪問臺灣的東南亞華僑隊伍。此後，星馬、泰國、緬甸、印尼等地的華人社群也紛紛以勞軍、文化交流等理由，組織球隊來臺，部分球員更參與中華足球代表隊的選拔。

3 光華足球隊：光華康體會是香港在一九三六年成立的一支足球隊，由中華電力公司的文職人員組成。一九三九年光華足球隊進入甲組聯賽。當時參與香港甲組聯賽的球隊，會在每場賽季初期尋找新的贊助者和隊員組隊。從一九五〇年代開始，上海的商人王志聖選擇贊助光華，並在球隊中引入從上海逃難到香港的球員作為主力。

4 青白隊：青白體育會成立於一九四四年的上海，是一九四〇年代上海實力最突出的華人足球隊之一，曾代表上海參與港滬埠際賽，並以三連霸成績獲得保存上海市長盃資格。

5 王志聖：浙江餘姚人。王志聖從上海光華大學畢業後，到法國巴黎大學留學。曾擔任光華體育會主席。從一九五四年到一九六〇年期間擔任香港足球總會主席，一九六〇年更擔任香港代表團副領隊，率隊前往羅馬奧運。然而他在回港後，卻突如其然被港英政府逮捕，並遭驅逐出境。後來王志聖來到臺灣擔任臺灣省體育會足協主席，他以自身在香港經營體育事業的經驗，在臺灣推廣足球。

6 中央印刷所足球隊與民航公司足球隊都是由外省國營企業組成的足球隊，大約在一九五〇年代成立。

7 沈瑞慶：廣東澄海人，有「球國總統」的封號。從五〇年代開始出任香港中華業餘體育協會會長，任期長達二十年，同時他身兼南華足球會的主席。沈瑞慶在一九五〇年代的香港足壇佔有重要地位。

8 李惠堂和國民黨的合作關係，則是從他抗戰以來獲得少將職位，並協助軍方舉辦勞軍足球賽就開始建立。李惠堂來臺灣後，更作為推動中華民國體育外交的重要人物。

9 根據李惠堂本人說法，他選擇支持中華民國政府其中重要的因素可能來自家庭背景。一九六三年，李惠堂被蔣中正總統單獨召見時，曾提及他的母親在中華人民共和國的鎮反運動中，被劃分為富農階級。當時中華人民共和國限制「黑五類」(包含地主、富農、反革命分子、壞分子、右派)不能從廣東前往香港就醫,被劃分為右派的李惠堂一家也受到影響,李惠堂母親因而病情惡化逝世。

10 該篇報導提及:「臺省體育活動尚稱普遍,其所處環境與備具條件,較國內優越;臺灣省國民教育發達,甲於全國,而國民小學體育活動與體育設備,亦為內地各省所罕見,已具此先天條件,所撼者體育師資缺乏;臺灣省社會體育發達,一般運動水準,棒球固為全國翹楚,田徑賽及游泳亦足稱霸全國,足籃球最為落後,此後宜多加提倡。」

11 洪南海,〈足球與我〉,收於《長榮中學百年史》(臺南:臺南市私立長榮中學,一九九一年),頁六七七—六七八。

12 一九六〇年羅馬奧運時,國際奧委會裁定中華民國須使用「福爾摩沙」(Formosa)一詞作為代表團名稱,自此中華民國官方開始推動奧運的正名運動。

13 有關戰後臺灣體育行政體系的分布,詳見本書第十章。

14 中國在一九五三年加入國際乒乓總會後,全力發展國內乒乓球運動,不只鼓勵一般民眾學習乒乓球,也積極培育運動員參與國際乒乓賽事。在一九五九年與一九六一年,中國分別取得男子組與女子組的世界乒乓冠軍。

第九章　各取所需的認同：海外華人足球社群

五〇年代開始，中華民國對香港球員的招募，不僅讓中華民國繼承戰前香港足球的脈絡，也一併觸及香港球員與東南亞華人的關係網絡。東南亞的華人社群主要由廣東與福建籍移民組成，並多與港、粵、閩等原鄉華人有血緣關係。一九二〇年代以來，中國足球隊開始在東南亞巡迴參訪，透過體育建立和東南亞各地的聯繫。這種「南遊」的訪問傳統在戰後被中華民國政府介入，成為中華民國擴張國家影響力、宣示自身正統中國身分的重要管道。

然而值得注意的是，中國與東南亞華人的足球交流並不只是單向的互動關係。即使直到今日臺灣都還沒出現關於二戰以前東南亞華人足球歷史的研究，但我們可以從現有的文獻中得知，在二十世紀初部分東南亞地區已發展出華人的足球社群。

一戰過後，東南亞殖民地的人們受到民族自決風氣影響，開始成立社會性、文化性組織以凝聚民族意識。當時在東南亞，足球是相當風靡的運動。如同殖民時代的臺灣與香港從新式教育中接觸到足球，東南亞地區的華人也受到歐洲殖民母國影響，在當地形成自身的足球社群。以華人人口眾多的荷屬東印度（現在的印尼）為例，一九一四年，歐洲人和其後裔組成的俱樂部，將荷屬東印度各城市間的俱樂部聯合起來，成立了「荷蘭東印度足球錦標賽」。一九一七年，華人球隊依樣畫葫蘆地組織起屬於華人的城際足球比賽。到了一九三〇年代，荷屬東印度的華人、爪哇人也紛紛成立自己的足球協會。除了在族群內部舉辦聯賽，也在跨族群的賽事中相互對抗。其中，在前章有提及的荷屬東印度華人足球會，便做為當地發展興盛的華人足球組織。[1]由於東南亞地區的族群關係比起東亞更顯複雜，因此足球競賽也被賦予更深厚的民族情緒。

除了當地足球賽事，東南亞華人也積極和中國體育界聯繫。透過邀請中國球隊至東南亞進行交流賽，東南亞華人希望能凝聚族群身分意識，也以中國做為後盾對抗東南亞殖民者和當地其他族裔。從當時留下的文獻史料中，我們可以看出在二戰以前，東南亞的華人球員已具備一定足球實力。例如在一九三〇年，李惠堂帶領中國代表隊到東南亞參訪，就曾選拔多名東南亞華人足球員準備赴歐遠征。如余衡之在一九三〇年的《申報》中提及：

> 我們得著南洋各華會的互相扶持、把能請假的上乘好手都盡量借給我們、守門有星洲

埠際代表楊阿九、後方有爪哇選手張緒龍、星洲埠際代表蔡文禮徐阿輝、前線有吉隆坡埠際選手葉松齡、馬來華選手陳美安、和星洲埠際選手馮文勳等君、再加上我們原有的勢力、雖然不敢說可多得勝利、但是最低限度也可給外人一良好印象、據我眼光看起來、香港方面用得著的、也不過在三四之數罷了、所以照實力而而、這番的人材也可算得包含國手十之七八了。（〈此番遠征擱淺的遠因近果（二）〉，余衡之，《申報》，一九三〇年十月十八日，第十二版）

儘管最終李惠堂赴歐的旅程並未成行，但從上述報導我們能看見東南亞的華人足球群體已然成形，並受到上海足球界的重視。海外華人圈與中國體育界緊密的關係，將一路延續到二戰後的臺灣。

遠道而來的「華僑」同胞

「華僑乃革命之母」，這段孫中山在辛亥革命時說過的話，一直被中華民國政府奉為圭梟。透過取得散居於各地的海外華人支持，國民黨政府得以鞏固自身代表中國的正統性；而藉由召喚海內外華人中國革命的記憶，官方則能將臺灣與海外華人聯繫在一起。

如同從事海外華人研究的學者李道緝指出，戰後臺灣形成的「海外華人—國民革命—臺灣」連結，是由中華民國政府刻意形塑的結構。這種結構需依靠共同（卻虛有）的記憶維繫，並且隱含一定脆弱性。當臺灣與海外華人不再有共同記憶時，兩者間虛擬的連結便容易瓦解。因此如何加固這種情感連結，便成為中華民國政府苦心意旨達成的目標。

從遷臺初期以來，中華民國政府就開始重組僑委會以推行僑務政策。每年十月，配合中華民國國慶日與時任總統蔣中正生日，官方投注相當多心力與資源舉辦大型慶典。這段時期，中華民國也會邀請海外華人來臺觀光訪問，希望能藉此加強海外華人與「祖國」的聯繫。在這種時刻，體育競賽成為匯聚各地華人代表、宣揚中華民國國威的展演場域。

五〇年代開始，臺灣體育界最重要的賽事莫過於在每年十月底為了慶祝蔣中正生日而舉行的「介壽盃」。介壽盃在一九五二年成立，當年許多海外華人紛紛表示要在國慶日時來臺灣訪問與勞軍。海外華人並組成多支籃球隊，希望與臺灣的隊伍進行交流。為了統一安排球隊賽事，國軍體育促進會決定與其他單位合作，共同籌畫一場讓海內外華人一起競爭的大型盃。同時主辦方還決定補貼海外華人球隊的食宿交通費用，藉此爭取海外華人踴躍參與。

介壽盃的比賽包含籃球與足球項目，這兩項賽事後來隨著蔣中正年紀增長與逝世，又分別更名為萬壽盃與中正盃。倘若我們觀察過往在介壽盃中安排的各項儀式和隊伍組成形式，我們會發覺其中充滿濃厚的政治意味。例如主辦單位會以海外華人居住地為單位進行組隊，藉以營造海內外華人與中華民國政府一同擁護「自由中國」的理想。於是，當香港、越南、高棉、緬甸、韓國、馬來亞、菲律賓、印尼……這些地域名稱化身為不同代表隊，在媒體宣傳下進入臺灣人視野，「歸國華人」的形象便油然而生，並深深刻印在社會大眾的想像之中。

五〇年代，海外華人之所以組成訪問隊伍來臺參賽，很大原因是為了扭轉自身族群處境。戰後初期，東南亞地區有的國家才剛獨立、有的則還處於被殖民狀態。華人做為東南亞各國少數族裔，與當地族群和歐洲殖民者都存有複雜的關係，彼此時而共處、時而相互對抗，有時甚至發生武力衝突。海外華人不穩固的處境，讓中華民國與中華人民共和國有了介入的空間。透過提供外交上的支援，兩個中國讓東南亞華人能穩固自身地位，也免於其他族群欺壓。海外華人與「中國」（這裡的中國同時涵括中華民過與中華人民共和國）彼此不定期的交心表態，形成冷戰時期亞洲特有的政治現象。但這種特殊的政治外交關係，也引發東南亞鄰國對中華民國或中華人民共和國擴張領土的疑慮。

東南亞華人頻頻來臺參訪的另一項重要原因，則是出於經濟考量。這是一個相當複雜且牽涉到多方參與者的議題。如同在第七章與第八章皆提及，香港與上海球隊的南遊傳統，是建立在經濟利益之上。一九二九年，上海樂華隊受到東南亞華人邀請，前往新加坡、荷屬東印度等地參加表演賽，背後原因即是中國足球隊在遠東運動會中表現傑出。東南亞華人希望透過在當地舉辦比賽，讓來自中國的隊伍與當地居民、歐洲移民共同競賽，藉以凝聚華人的族群意識。在該次訪問中，樂華隊以十八勝一和一敗成績，橫掃新加坡、馬來亞、爪哇等地的歐洲人、馬來人、爪哇人等球隊。中國代表在大勝之餘，更以民族作為號召吸引當地眾多華人購票進場觀看樂華隊比賽。觀眾踴躍參與的盛況讓主辦比賽的各地華人球會獲得不小利潤，而這次巡迴賽事也奠定往後上海樂華、東華，以及香港南華、中華等體育會，前往東南亞地區淘金，與東南亞華人球會互蒙其利的商業網絡。

在戰前，這種中國足球隊與海外華人相互往來的商業網絡的重要性，已經被海內外華人社群發覺並善加利用。例如在一九三〇年，李惠堂率領樂華隊遠征歐洲受挫時，余衡之在上海報紙《申報》中，就解釋了樂華何以在前往歐洲前先赴東南亞比賽。他提及：「我們覺得再游爪哇，一方面可趁這機緣，多得練習和合作；一方面也可以藉收入以鞏固經濟後盾。思想再三，總以為是有益無損。」這段話點出中國球員前往東南亞進行表演賽，有很大的考量是其中的商業利益。

而一九三六年，中國足球隊前往柏林比賽前夕，更是透過中國與東南亞這層經濟互動關係籌措經費。當年與李惠堂關係緊密的記者汪清澄，在《中外雜誌》便提及當時的狀況：「(中國的)足球隊人數眾多，費用龐大，所以採用自食其力的方式，撐著一面國旗，沿途接洽比賽，從球賽門票的收入分成，解決了路費，同時利用比賽又可磨練球技，一舉數得……。一九四八年我國參加倫敦第十四屆奧運會，足球代表隊和籃球代表隊，也是採用這種遊埠磨槍的自助方式，前往與會。」可見得在戰前，由於缺乏前往海外參加奧運的經費，派遣球隊前往東南亞交流，是中國奧運代表團籌措體育事業收入的重要方法。

到了戰後初期，這個由南遊球隊與海外華人社群構成的足球商業網絡，仍延續下去。海外華人組成的主辦單位方，透過在當地舉辦有「中國球隊參與」的比賽為號召，吸引觀眾入場支持，之後主辦單位再與客隊分潤盈利。其中這種合作關係不免出現如何分配收入的爭議。無論是主辦方與南遊球隊、或不同南遊隊伍之間，都會極力爭取自身獲利。

例如在一九四六年，上海青白和香港星東兩支球隊前往澳洲訪問當地華人群前夕，就因為競爭主導權爆發爭執，當時《申報》的報導寫道：

對於整個支配方面，不論比賽與經費，明知道此中大有進出、自然誰亦不想吃虧。雙方既然都是「寡婦養孩子」——「老手」，當然很容易成了僵局。可是事情的進展、亦並不像理想中的那樣就此「拆臺」，到底遠征澳洲去的好事情，大家都感到濃厚興趣。因此最後的談判，就決定以星青大戰，作為分配（球隊）人數的標準。

《申報》這段引文，可說是點出中國足球界其實相當清楚「南遊」能帶來巨大的獲利，各個隊伍因此心照不宣地相互協商、維繫此項傳統。儘管到目前為止，尚未有出土文獻明確記載東南亞（以及東南亞以外其他國家）的華人球會如何分配「南遊」盈餘。但參考戰前到戰後的報章史料以及相關人士的口述訪談，我們得以肯定這樣的互惠網絡持續存在，而且並沒有因第二次世界大戰而消失。根據六〇年代在臺灣紅極一時的「港腳」球員羅北的回憶，戰後在「南遊」活動發展極盛之時，中國的後備球員就時常負責在比賽時到球場入口，監看球迷付費入場情形，以防當地華人主辦方暗地吸收門票錢，繼而影響南遊球員收入。[2]

從戰前到戰後，不同政黨組織建立的「中國」[3]對南遊傳統商業網絡的繼承，有助於我們理解臺灣在其中扮演的角色。一九四九年中華民國政府播遷來臺後，由於亟需獲得海外華人支持，而投入大量資源到僑務政策中。五〇年代開始，香港足球員表態代表中華民國，臺灣自此進入香港與海外華人（主要為東南亞地區）的經濟網絡。

臺灣在經濟網絡中負責的任務，除了定期派遣「港腳」代表的中華民國隊前往東南亞地區進行比賽交流，也透過主辦本地運動賽事邀請海外華人球隊來臺灣，提供海外華人經濟上的回饋。對於中華民國來說，舉辦與參加海內外華人的交流賽事，得以完滿自身代表大一統中國的對外形象。而對海外華人而言，每年組織「僑團」參與介壽盃，除了能獲得回國參與其他比賽的資金，也能藉此機會邀請中華民國球隊到海外交流，從中賺取利潤。

然而，如同戰前在中國會爆發「哪支隊伍代表中國」的爭議，戰後在東南亞各國，也會發生「哪支隊伍代表東南亞前來臺灣參賽」的利益衝突。例如一九五八年，泰南地區在組織參與介壽盃代表隊時，當地兩支球隊就曾為了泰南代表權，鬧進中華民國駐泰國大使館。

當時，性質接近於華人同鄉會的合艾客屬會館，和成員多具有國民黨黨員身分的合艾中華書報社，為了爭取在中華民國出賽的機會而在當地報紙互相攻擊。合艾客屬會館在報導中聲稱：

> 本年度介壽盃賽，仍應依照過去擁護祖國尊崇領袖熱誠，決定參加。及歡迎克難隊來艾比賽，惟球隊收入應請中華書報社特別支持。**要求以所得收入七成撥交回國參加介壽盃球隊，以作補助開拔經費之用，其餘三成仍歸還中華書報社。**

……（中華書報社）反以（合艾客屬會館）未獲邀請資格。隨用無線電話逕向我大使館報名也要參加，企圖排除異己，摒棄已獲邀請本處（合艾客屬會館辦事處）所組織之球隊於千里之外，一切要由他們自己去幹，因此鬧成克難隊欲來又止……。

合艾客屬會館抗議合艾中華書報社獨佔出賽資格，試圖排擠當地想參與中華民國賽事的其他隊伍。這起事件能讓我們知道除了「愛國」的理由，東南亞當地球隊爭取出賽有更多是考量到現實經濟因素。

海內外華人體育交流帶來的經濟收益，除了引發海外華人社群之間的代表權爭議，也衍生出中華民國代表隊與主辦單位搶奪比賽獲利的現象。像是在一九六七年在臺灣舉辦的亞洲盃東區預賽中，就出現「港腳」組成的中華代表隊硬性購票、球員兼任黃牛售票的問題。在當年度檢討報告中，中華足協對此事件有所記錄：

中華隊對其出賽日之球賽，曾大量購買，且有要脅情事，如沈瑞慶先生稱：「如不如數售予，將影響該隊之士氣」，中華隊之幹事葉某，甚或申言：「如不售予將拒絕出賽」，因此增加足籌會甚多困擾，尤以最後中華對韓國一場，該隊一次即行購買一千〇八十四張，影響門售票數匪淺，同時因需索緊急，足籌會特派何榮林上尉，星夜至第一大飯店，送交該隊。而第六分局朱分局長派員排隊，購票不得，而其所屬警員，卻在第一飯店購到西特區球票四張，雖以原價購入，但其中頗耐人尋味。

中華隊對臺灣方主辦單位售票情況的強行介入，顯示「港腳」球員將長期與海外華人足球社群形成的「南遊」互動模式，帶入具有國際性質的亞洲盃賽事中。一九六七年臺灣舉辦的亞洲盃東區預賽由於引發意外熱潮，觀眾一票難求，以香港球員為核心的中華代表隊因此嗅到商機，希望透過買斷門票方式牟取利益。

從上述種種案例，我們能看出從戰前到戰後中國與海外華人的合作，撇除國家榮譽與族群關係等表層因素，經濟同樣扮演重要的角色。戰後中華民國延續香港、上海足球界與東南亞華人社會的體育經濟網絡，透過邀請華人球隊來臺或回訪東南亞華人社會，形塑出一幅海內外華人共同擁護中華民國的圖案。然而，有別於過往人們認為中華民國在這片版圖中扮演主導角色，實際情況卻是中華民國在其中扮演一位具備國家號召力與較厚實經濟資本的參與者。這種互動模式並非單向的、或以中華民國作為中心點；相反地，海外華人也能在每次的參訪交流中獲取經濟利益。同時，中華民國與海外華人的關係，也會隨著中華民國在國際間的影響力與經濟實力增減有所變化。

海外華人所具備的能動性讓他們得以游移在多重地域（包含他們自身所處的當地社會、臺灣與中國），在其中左右逢源。除了受到國家認同影響，海外華人對自身利益的考量，也影響著他們與官方的合作態度。中華民國政府深知此點，因此在邀請華人球隊出賽時，儘管在表面上營造四海一家華人認同的形象，私底下卻仍派遣情治人員緊盯提防，以免東南亞地區的共產勢力透過海外華人滲透進臺灣。

一九五二年訪臺的菲律賓盟友隊和中聲聯隊就是其中一例。盟友隊與中聲聯隊是一九五〇年代菲律賓主要的足球勢力，兩支隊伍都由菲律賓華人組成。菲律賓受到美國殖民影響，以籃球為主要運動，足球則是華人維繫認同的重要工具。在戰後，菲律賓華人與中華民國政府得以建立聯繫，便是透過足球組織居中聯繫。

然而，五〇年代的盟友隊與中聲聯隊，有數名成員曾參與過共產黨活動、或具有共產黨員身分。因此這兩支隊伍來臺參訪時受到臺灣省警務處密切的監視。隊伍所到之處，都有化身為招待員的警務處情治人員撰寫監控報告，經過數十天遊歷後，有關這兩支菲律賓球隊的報告，竟累積了兩百多頁。甚至連球隊職員嫌棄接待小姐長相的事，都被寫進監控報告中，情治單位監視的嚴密程度可見一斑。

儘管從今日看來，戰後中華民國政府與海外華人進行的體育交流是建立在一種虛幻的認同意識之上，但毫無疑問的，這些來臺訪問的華人隊伍仍然將國外的運動風格與技術帶進臺灣，並在觀光和競賽過程，引發臺灣人對運動的關注。社會大眾也許不一定熟悉各項運動，但愛看熱鬧的心卻是每一個人都有的。

歸國留學華人青年與足球校隊

海外華人除了以參訪隊伍形式來臺灣，戰後在臺灣留學的海外華人青年組成的足球隊，也為臺灣足球史寫下特殊的一頁。

戰後中華民國政府為了積蓄下個世代的反共力量，提供海外華人青年來臺升學的管道。當時，東南亞各國華人社群在新舊統治者易位的背景下，原先推廣的華文教育受到巨大衝擊。部分華人甚至因為東南亞當地排華風潮，被迫舉家搬遷。因此在一九五〇年代，大批海外華人選擇來臺灣，透過僑生留學體系完成學業。而這群海外華人青年在留學數年也將家鄉愛好的足球運動帶進臺灣。

當時在臺灣舉辦的各項比賽中都會出現這些華人球員的身影。他們有的加入校隊、有的加入社會隊伍，和臺灣各支球隊一同競爭。身分的游移性讓他們離開臺灣時是海外華人，入境臺灣後則成為自由中國的國民，這讓他們有機會代表臺灣，參與中華民國青年代表隊選拔。

一九五六年，南越頒布國籍法後[4]，大批南越青年學生透過中華民國政府規畫的撤僑方案來到臺灣。官方成立了道南中學、華僑中學等學校，安排這些南越華人青年入學。往後數年，從柬埔寨、印尼、婆羅洲、港澳等地自行「歸國」的華人學生，也一併進入道南中學接受教育。

來臺期間，僑生為了排遣課後閒暇時光開始參與課後活動，也促成「南僑」、「僑豐」等足球隊誕生。在許多由僑生組成的球隊中，一九六一年由越南僑生組成的「威華」足球隊最為重要。當年為了選拔亞青盃國腳，中華足協在臺北辦了一場臺灣區選拔賽，該場賽事最後由建中的越南僑生取得代表權。為了增強實力，隊伍又另外吸納其他隊上實力較突出的選手組成臺灣區代表隊。亞青盃結束後，這批越南僑生沒有就此解散，轉而吸納其他學校僑生組成威華隊，投入當年八月的主席盃，持續參與臺灣各項賽事。

然而，隨著越南僑生完成學業離臺，威華隊逐漸因為兵源不足，在一九六〇年代後趨向凋零。之後另一隊伍，「僑青」足球隊取代威華在僑生足球中扮演的角色。

僑青足球隊發源自一九六七年的政治大學。當時活躍於僑生公共事務的政大僑生金聲白[5]與陳漢碩，向國民黨中央三組的主任李樸生與華僑聯合總會的秘書長梁子衡爭取經費組成球隊。這支球隊取名為「僑青」意指要組織全國華僑青年足球隊，但其後參與球隊的成員也不限於在臺僑生。

僑青足球隊在活躍時主要分成兩期，以創隊元老金聲白創立球隊與離開球隊為區隔，前期的主力為臺大、政大與師大三校的港澳僑生，並與主力隊員親友和幾名前威華隊成員相互搭配。早期僑青曾奪得一九六七年主席盃冠軍，也曾代表臺北縣參加區運會，取得季軍的佳績。之後隨著金聲白與創隊元老球員陸續畢業，球隊運作一度停擺，直到簡明亮[6]接手領隊工作，組織在臺僑生

體育小百科

省運、介壽盃、主席盃：一九七〇年代中華足協推動全國足球聯賽前，主席盃、介壽盃和省運是臺灣足球最重要的三項比賽。省運動會為臺灣最大型綜合運動會，從一九六四年開始在臺灣光復節定期舉辦。介壽盃為一九五五年中華民國為維繫與華僑情感，舉辦的海內外華人足球賽。主席盃為臺灣省足協為推廣足球，在一九六〇年開始舉辦的全省足球賽事。

與外籍學生，僑青隊才再恢復運作。

後期的僑青球隊組成更加多元，不僅有本地生和各地僑生，也有來自美國、德國、日本、韓國等地的外籍生，共同組成一支聯合國隊伍。僑青成員的加入方式主要是透過隊員間相互介紹。從一九七〇年代至一九八〇年代初期，這支隊伍成為北臺灣足球圈一支勁旅。

在回憶留臺參與球隊的經驗時，緬甸僑生簡明亮提到，有多名「僑胞」曾取得代表中華民國參與足球賽的機會。誠然為「國」爭光的經歷讓他們備感光榮，但更重要的是這群學生一起流汗、合作而留下的青春美好記憶。球員之間的感情深厚，甚至有人曾因隊友比賽時發生衝突出面打抱不平，後來因為鬥毆理由遭足協終身禁賽，而留下遺憾。

在臺僑生被選拔到國家代表隊的過程也曾鬧出許多意外。一九七四年，日籍學生佐田繁理來臺灣大學念書。出身於長崎的佐田，在就讀長崎南山高校時，曾代表學校參加九州足球大會。司職左邊路的他擁有精湛球技，在代表僑青隊參加萬壽盃時因表現突出，被中華足協誤認為是取了日本姓名的海外華人。足協因此邀請佐田參加國家代表隊集訓，直到集訓一個月後，才發現是誤會一場。當時僑青隊隊員盧國雄的父親盧鐵珊，正擔任香港甲組聯賽東方足球隊的領隊。盧鐵珊因此邀請佐田繁理以業餘資格，前往剛開始職業化經營的香港足球聯賽參賽。根據史料記載，日本第一名前往德國聯賽踢球的選手奧寺康彥是在一九七七年加盟德國科隆足球隊；而佐田繁裡則是在一九七四年，即加入香港足球聯賽。因此日本國內部分人士認為，佐田繁理才應該是日本第一名職業足球員。

除了海外華人青年組成的足球隊伍，五〇年代開始來自亞洲各地的華人青年，也扮演起中華足協與海外華人足球界、或外國球隊來臺時重要的連結橋梁。例如一九六七年，中華足協邀請印尼來臺參與亞洲盃東區預賽，便是委請印尼僑生組織招待印尼球隊。六〇年代中華隊聘請前「港腳」何應芳[7]當教練時，也請金聲白擔任廣東話翻譯。在一九七五年，中華足協也曾委請僑青足球隊前往香港訪問。而即使僑生畢業離臺，隊員仍然會在僑居地協助接待臺灣的代表隊，彼此之間維持緊密聯繫。

東南亞華人圈的關係網絡從戰前一路延續到戰後。有別於日治時期的臺籍學生透過教育管道前往日本留學，和同屬日本殖民地的韓國建立起交流網絡，東南亞華人圈則是藉由派遣參訪團、在東南亞當地舉辦足球交流賽事，以及前往臺灣留學等方式，保持不同地域華人的互動往來。透過棒球，臺灣人能更加認識日本與美國；而透過籃球與足球，臺灣人則能更加了解東南亞世界，這兩者共同構成臺灣對戰後東亞體育世界的想像。

意外開啟的足球之路：長治鄉足球

相比於只留在臺灣數載的僑生和曇花一現的歸國華人，屏東長治鄉的印尼客籍移民，則在臺灣留下海外華人足球長久的足跡。一九五〇年代印尼排華運動爆發，大批印尼華人被趕出印尼。部分華人選擇來到臺灣這塊新天地，在中華民國政府安排下，許多印尼客籍移民落腳於屏東長治鄉客家庄，與當地人一起生活。

這群印尼華人來到臺灣後，也帶來他們過去喜愛的足球。五〇年代開始，長治中學的操場上不時出現赤腳踢球的學生和教師身影。印尼華裔學生對足球的熱衷吸引長治鄉本地學生的注意。由於六堆地區原先的體育風氣便很興盛，當地人也願意接觸新的運動，長治中學的印尼裔體育老師於是集結起學生，組成早期的足球校隊，在臺灣的最南端留下足球的蹤影。

1 有關印尼華人聯賽相關的歷史資訊，可參見荷屬東印度足球史網站資源：Dutch East Indies - Football History (rsssf.org)。

2 有關羅北的口述訪談，可參見李峻嶸，《足球王國，戰後初期的香港足球》（香港：三聯，二〇二〇年），頁十六。

3 這裡的中國包含戰前的中國，與戰後的中華民國與中華人民共和國。

4 吳廷琰於一九五六年八月二十一日簽署第四十八號諭令，針對南越國籍法第十六條予以修正，他將第十號諭令「父母越生條款」刪修，自此無論父母血緣，子女如果在越南出生即屬越籍。

5 金聲白：香港僑生，一九九六年來臺灣就讀政治大學，畢業後在政大擔任兩年助教。金聲白在校時期常支持僑委會舉辦各項活動，並協助僑生在臺生活。一九八九年，金聲白移民到加拿大，並在二〇一五年獲聘為中華民國僑務顧問，現任華僑總會多倫多分會副會長。

6 簡明亮：緬甸僑生，一九七〇年代在師範大學就讀，身兼僑青足球隊領隊與球員。一九七八年，簡明亮率領僑青參與足協盃。該年度賽事中，由於僑青隊在禁區混戰中被對手進球，在質疑裁判判決過程，場外的簡明亮衝進球場踢倒裁判，被中華足協判處終身禁賽處分。簡明亮離開臺灣後創設緬甸留臺同學會，並擔任該會會長。

7 何應芳：廣東南海人，一九二一年在香港出生長大。早年就讀香港超然學校和喇沙書院，一九四一年加盟香港甲組聖約瑟足球隊，並在一九六五年開始兼任該隊教練職務。何應芳曾獲選為一九四八年倫敦奧運中華民國代表隊足球員，之後他更獲得一九五四年馬尼拉亞運與一九五八年東京亞運足球項目的金牌。

第十章　戰後初期運轉失靈的臺灣體育行政體系

戰後中華民國政府接收日本遺留在臺灣的公營產業，將它們轉換為國營企業。這些國營企業構成統治臺灣的經濟基礎，其中如臺糖、臺鹽、臺灣菸酒公司以及臺鐵等企業的職員，延續他們從日治時期以來培養的運動風氣，和新加入的外省員工一起經營體育事業。

在「反攻大陸」還沒有成為單純口號的年代，強身健國這套運動觀念仍持續影響不同世代的華人。一九五五年，中華民國政府發布公務員參與運動的政令，規定即使不擅長任何運動，公務員也必須至少參與上班前的健身操，希望每一位在公部門、國營企業服務的公務員，都能持續鍛鍊身體。

相較於公部門，軍隊更是認真推廣體育活動。過去曾代表中國參加遠東運動會籃球項目的孫立人將軍，在一九四六年於陸軍司令部訓練新兵時，引入了體育訓練。隨後國防部也建立體育機構，並在各軍總部下設體育組織。[1]從此三軍部隊陸續將體育加入日常訓練中。

公部門投入資源和社會人士運動的習性，奠定戰後初期臺灣熱衷於運動的風氣。但由於公部門以外，政府缺乏對學校體育的經營，使得運動人口漸漸青黃不接，無法進一步延續運動的風氣。

軍中體育的發展

戰後軍中體育在三軍支持下發展得欣欣向榮，不只基層部隊都有屬於自己的田徑隊與球隊，各軍種與軍團也會定期舉行體育比賽。但由於軍隊缺乏足夠的體育經費和人力，軍中體育往往以田徑、游泳、體操等不需複雜設備即能從事的運動項目為主。

一九五〇年，聯勤橡膠廠開始在臺南復廠。工廠除了供應軍需外，更定期供給籃球和排球給各部隊。籃球和排球因此成為基層部隊和軍事學校主要的休閒運動。這段時期，各軍種總部會各自開設體育幹部訓練班，培養速成的種子體育官在基層部隊推廣體育，以鍛鍊士兵體能。而由於較少人熟悉足球這項運動，只有少數體育官會在軍隊教授足球。

一九五四年，國防部總政治部檢討國軍的體育事業推廣，認為「三年以來雖然不無成果，但距離目標仍甚遙遠」。其中總政治部認為最重要的原因，是軍中體育的組織系統與業務系統並不統一。在國防部高層，體育業務是由總政治部掌管；但在各總部下，體育事務則交由各軍隊管理。因此，總政治部提出將體育事務統一交給政戰單位處理的請求，並安排從政工幹校體育系畢業的學生進入基層部隊推廣體育活動。

總政治部與其轄下的政戰單位，是在軍隊內部進行思想教育的單位，負責進行對內與對外的政黨宣傳與文化活動。從民初國民政府北伐開始，國民黨便師承蘇聯軍隊的「政治委員」單位，在黨內設立政治部。然而當時政治部的組織仍然相當鬆散，並因從事工作以監控軍隊內部為主，而受到軍人排斥。例如在對日作戰時期，擔任國民政府軍事委員會第一任政治部長的陳誠，便曾在回憶錄中提到：

當時的政工制度不如現在完密，就已然不大受部隊長的歡迎。從小處說，他們看政工人員「賣膏藥的」，只會耍「嘴把式」，並不能治病；從大處說，他們覺得政工人員如中國古代的「監軍」，或當時俄軍中的「政委」，是不信任部隊長的一種安排，是部隊長的對立物。這兩種看法，都是造成政工人員在部隊中的尷尬地位：認真做一點事，便會製造摩擦；一點事都不做，又會形同贅旒，真是左右為難，進退失據。[2]

一九四九年中華民國政府敗退來臺，國軍的失利讓蔣中正對內部展開檢討。在分析國民黨軍隊敗戰原因時，蔣中正直指軍心的動搖、軍人精神訓練的失敗是國民黨戰敗的重要因素。有鑑於此，蔣中正特別指派曾經留蘇聯數十年的蔣經國，重新整頓軍中政戰體系，加強部隊的心理訓練與對黨的忠誠。政戰體系在經歷重整與擴編後得以直接干預軍事指揮權，黨的權限因而凌駕於軍隊之上，造成軍方和政戰單位的緊張關係。

五〇年代軍中體育管轄權的重新分配，便是反映上述軍隊受到黨控制的現象。從一九五四年四月開始，國防部與總政治部、三軍總司令部針對軍中體育的治理權限進行來回攻防。當時的參謀總長是空軍出身的周至柔[3]。在大陸時期，周至柔就強調體育活動的重要性。他認為航空人員必須擁有良好的身體素質，才能在緊急狀況中即時應對。因此周至柔支持由訓練部門負責軍中體育推廣，這讓軍方與政戰方的爭議暫告一段落。

然而，同年七月周至柔任職到期。之後接任參謀總長、同時也反對政戰體系入駐軍隊的前海軍總司令桂永清，卻在任職一個月後意外過世。周至柔的職位因而由警備總司令部出身、親蔣經國的彭孟緝接任。彭孟緝上任後，軍中體育業務管理權的討論被重新開啟。最終在彭孟緝的主導下，政戰部門成功取得掌管軍中體育的權限。

無獨有偶，當政戰體系被重新整頓之時，一九五一年蔣經國在北投的臺北競馬場舊址設立政工幹校（全名為政治工作幹部學校）訓練政戰軍官，校內也開設體育系培訓正式體育官。這些體育官在完成受訓後，除了被分配到各部隊進行體育教育，也會根據軍種被分派到政府陸續成立的各個單項運動委員會（將於下一節說明組織內容）。體育官會在這些組織中擔任基層體育行政人力，部分體育官退役後，也會進入各級學校擔任體育教師。

受過專業訓練的軍中體育官對運動行政相當嫻熟，舉凡安排各項比賽的賽制、制定比賽規則、從事裁判工作或劃設比賽場地，體育官都有所涉獵。然而在戰後初期，中華民國由於要排除中華人民共和國參加國際各項賽事的資格，成立許多全國單項運動協會。其中有許多種運動是政戰體系出身的體育官過去甚少接觸的，因此體育官必須從無到有、對相關業務進行摸索。這使得戰後初期臺灣不同體育行政組織的發展參差不齊，體育官也會因為個人興趣差異，在職位中投入不均等的經驗與政策規劃。

而在政戰體系介入軍中體育後，國軍體育業務開始朝向資源集中化發展。原先基層的軍隊還能在體育官教學下初步接觸個別運動項目，但後來為了節省人力資源，軍中開始以選拔各軍種體育專才組成代表隊的方式，讓軍中體育朝向菁英化經營。一九五七年，彭孟緝在向蔣中正報告其頒布的兩項軍中體育辦法——包含「現階段國軍體育實施方案」和「各項運動代表隊組訓計畫綱要」——時，就指出這兩項辦法是為了「促進技術水準出席國際體運競賽爭取國家榮譽」。

為了達成爭取國家榮譽的目標，國防部每年將大約一百二十萬的預算，投注在少數軍人組成的運動代表隊上。這些隊員是原先在軍中體育表現優異的軍人，在學生時期普遍就有出色的運動表現，進入軍隊後更延續其體育生涯。國防部透過這種投入最少成本、獲得最大效益的方式，培訓出一批如同儀隊般的運動代表隊，用以對外維繫國家門面。而一般軍人則少有機會接觸到體育活動。

從五〇年代開始，這種不均等的資源分配也讓軍中的足球運動發展相當集中。由於軍隊中必須有熱衷足球的教官，軍人才有機會接觸足球，因此從戰前便開始發展足球文化的空軍，成為管理軍中足球的主要單位。

中華民國的空軍從一九三〇年代就開始發展屬於自身的足球文化。根據文獻記載，戰前位處於杭州的筧橋中央航校，受惠於上海蓬勃的足球風氣，以及航空學校學生普遍的高社經背景，至少在一九三四年就已經有足球校隊。此後，中央航校的學生也曾作為中國足球代表隊的一分子參與國際足球賽，例如一九三六年代表中國出戰柏林奧運的徐亞輝，即為中央航校足球隊的隊員。

一九四九年中華民國撤退來臺後，由於空軍是所有來臺部隊中建制最完整的軍種，空軍的足球文化也得以延續至臺灣。[4]戰後在臺灣各地的空軍基地、高雄鳳山航校、屏東東港的空軍幼校，都設有足球隊伍。[5]空軍足球隊也積極網羅曾效力香港甲組「東方」、「星島」體育會的好手鄭英權加入，並在他退役後邀請他在空軍幼校、航校擔任足球指導，空軍的足球風氣因此持續不墜。

許多基地的足球隊除了化身為各縣市代表，參與臺灣省運動會的足球賽事，在五〇年代空軍的足球隊也孕育出多位重要的國家隊選手，例如亞運的國腳儲晉清。從戰前到戰後空軍盛行的足球風氣，讓空軍在軍隊內部與外部，對足球事業的發展都發揮重大的影響力。

⚽體育小百科

儲晉清：江蘇宜興人，抗戰時期，十二、三歲的儲晉清隨國軍撤退到四川，在當地空軍子弟學校開始接觸足球。一九四九年隨國軍撤退來臺，一九五四年入選亞運足球國腳。比賽後五個月，儲晉清在執行空軍任務時於臺灣海峽失蹤，被判定飛機失事。

戰後初期的臺灣足球行政組織

戰後初期，臺灣的足球運動主要由兩個行政組織分別管理。一個是「中華全國足球委員會」（以下簡稱中華足委會），另一個則是「臺灣省體育會足球協會」（以下簡稱臺灣省足協）。前者由軍方管轄，最早由在臺北市區擁有足球場的空軍負責，後來轉由陸軍、聯勤等軍種派出人力和經費支援。後者的成員主要則為熱衷於足球的遷臺外省社會人士，特別是師範大學體育系的教授與民間的足球愛好者。

1.中華全國足球委員會

中華足委會隸屬於「中華全國體育協進會」（以下簡稱全國體協）。全國體協是戰後臺灣層級最高的體育行政單位。該單位作為與國外組織聯繫的窗口，除負責舉辦全中國的體育賽事，也主導全中國體育代表隊選拔的事務。值得一提的是，臺灣由於戰後特殊的政治與歷史機緣，全國體協涵蓋的行政範圍實際上也包含中華人民共和國所統轄的「淪陷區」，以及香港、澳門與海外華人分布的東南亞地域。因此在全國體協與其轄下單項運動委員會主辦的運動賽事中，時常會出現來自港澳、東南亞的華人與臺灣人共同競賽的場景。

在全國體協轄下，中華足委會最初成立的目標，是負責臺灣本地運動賽事與組織對外競賽。因此舉凡臺灣每年舉辦的萬壽盃、介壽盃、足協盃等足球賽事，或像一九六七年中華民國承辦的亞洲盃東區預賽，都是中華足委會的業務內容。其中，每年在蔣介石總統生日時舉辦的介壽盃，更意外成為臺灣最重要的足球賽事。

如同前一節提及，戰後初期中華民國空軍對軍方足球事務的發展影響深遠。這種影響力也擴展到軍隊以外的行政單位。中華足委會便是受惠於空軍資助的首要體育組織。一九五五年，外號為「王老虎」的空軍總司令王叔銘接任中華足委會的主任委員。王叔銘以今日仁愛路上舊空軍總部對面的足球場作為推行足球事務的根據地。此後，中華足協歷經空軍、陸軍、聯勤、華視[6]等不同單位主導，從五〇年代到八〇年代，足協的組織營運始終與軍方保持密切聯繫。

2. 臺灣省體育會足球協會

臺灣省足協在一九五一年由「臺灣省體育會」（以下簡稱省體育會）擴編成立。省體育會隸屬於全國體協轄下，九〇年代以前當臺灣仍被劃分為中國省分時期，省體育會負責管轄臺灣省的運動事務。因此像是針對臺灣省運動員、教練與裁判舉辦的培訓活動，或舉辦省內的競賽和體育講座等，皆屬於省體育會負責的業務。

臺灣省足協與其隸屬的省體育會同樣將會址設在臺北。在成立最初，臺灣省足協就面臨人力與經費短缺的問題。由於臺灣省足協和省體育會都是由臺籍人士與外省人士共同組成，兩方人馬受到語言和工作資歷影響，在運作組織時面臨諸多障礙。一方面，戰後北部的臺籍體育職員不像南部足球人，在日治時期就有豐富的體育行政經驗，因此對籌辦體育賽事多不熟悉。而具備相關行政經歷的外省體育人，來臺灣後卻又缺乏在地連結，無法有效動員當地人力與物力。另一方面，戰前即具備體育行政資歷的省體育會總幹事林朝權，受到二二八事件和白色恐怖影響選擇離開臺灣，讓外省人與本省人之間失去能協調兩方的人物。種種因素都導致臺灣省足協在創立不久組織運作就近乎停擺，成員只能在數年間零星舉辦幾場球賽，或在省體育會推動綜合運動會時，配合舉辦足球賽事。

戰後初期臺灣本省人能參與的足球賽事，多為青年節舉辦的體育賽事和每年一度的臺灣省運動會。臺灣省運動會是戰後初期臺灣最大型的綜合運動會。最初，省體育會在創立時便立下目標：要舉辦一場讓臺灣人能參與的全島性運動賽事。由於臺灣省運動會是以省分名義舉辦活動，必須由政府和教育機關籌備，因此一開始省體育會推出警備總司令部的少將王成章為代表，運用他在行政長官公署和警備總司令部的職權來催生運動會。

一九四六年臺灣光復周年紀念時，行政長官公署籌備第一屆臺灣省運動會，將「強身救國」的運動賽事列入國家的紀念活動。往後的臺灣省運動會也多在每年的十月二十五日前後舉辦。

臺灣省運動會不僅受到體育界重視，也因為臺灣被賦予「光復」的政治意義，受到政府積極支持。每屆運動會常動輒數千人參與，比賽項目包含田徑、馬拉松、健身操、排球、網球、足球、男子棒球、女子壘球、籃球、桌球、拳擊、柔道、舉重、游泳、自行車比賽、橄欖球等，各地議會也專門撥款給各縣市代表隊製作團服、運動用品或供應旅費，讓選手能心無窒礙地比賽。

除卻臺灣省運動會之外，臺灣省足協也嘗試舉辦其他賽事，然而過程往往不如預期。由於戰後初期的足球賽事多舉辦在臺北地區，賽事地點的集中造成其他縣市球隊參賽的不便。許多遠道而來的球隊除了交通費與住宿費外，時常還須自行攜帶米糧、炊具、碗盤到臺北開伙縮減開支。這在一定程度上影響選手參賽的意願。

同時，運動選手也往往會選擇較大型的比賽參與，除了省體育會舉辦的臺灣省運動會外，選手更傾向於參加以全「國」（而非全省）為範圍的賽事，臺灣省足協辦的競賽因此顯得無足輕重。直到一九六〇年代初主席盃的出現，才一度出現轉機。

*

戰後初期，中華足協與臺灣省足協兩個體育行政組織的設立，原應發揮相互合作推廣體育事業的功能，然而兩者間權責的重疊，卻導致雙方相互制肘的現象。像是包含行政範圍重複、爭奪運動選手，以及資源分配不均等問題，經常讓中華足協的權限凌駕在臺灣省足協之上。

臺灣省足協雖然在成立不久，就因為經費不足而在中央行政會務上陷入停擺，但到一九六〇年代，各地因為喜歡足球而自發成立的縣市足球委員會仍被劃設在省足協轄下。這些委員會缺乏中央支持，往往只能自行尋覓生存之道，而中華足協則也只能從旁輔導。儘管中華足協接納這些基層組織作為團體會員，卻未賦予地方足委會實權，讓地方與中央體育事務實際上難以聯通，行政系統出現畸形的發展。

相較於戰後中華足協與臺灣省足協在推動足球事業時遭遇的阻礙，以及彼此之間產生的扞格，在一九五〇年代臺灣各地的報紙中，卻看見許多由民間自發籌辦的足球賽事報導。臺北市在一九五〇年代就開始舉辦學童盃、市長盃，臺中市持續將足球納入市運的比賽項目。臺南從一九五〇年開始舉辦學童盃，高雄則在一九五二年開始舉辦市長盃。不同縣市都有持續性的區域足球賽事，連潮州地區從一九五四年起，由鎮民代表會組織的國校小型足球賽，也持續舉辦到一九六〇年代。不同縣市的單一比賽時常不乏數十隊共同參與，甚至在一九六七年臺北市成立該市足球委員會時，已經有二十餘支社會球隊存在。顯然中華足委會與臺灣省足協並沒有完全掌握臺灣各地的足球發展實況。

高雄：新興的足球重鎮

在南臺灣的高雄，由於軍方單位林立，加上臺南長榮中學的學生、校友在畢業後留在本地，而意外促成高雄足球運動的迅速散播和扎根，如同經濟蓬勃發展的高雄般成為時代的縮影。

一九四九年，高雄左營首先成立海軍足球隊。由於在國共內戰中，南方的閩系海軍大規模投共，來到臺灣的中華民國海軍主要來自青島、電雷或廣東系海軍。這使得海軍足球隊隊員多為山東、華北籍的選手，代表人物包含曾在遼寧東北風足球隊的夏樹福。高雄左營開啟軍方在臺灣組織足球隊的先河，之後如海軍士官學校、海軍軍官學校，也都各自成立足球隊，退役的海軍隊員轉至學校任教時，也會將足球知識帶入學校之中。

各軍校所處的鳳山、岡山地區，受惠於軍中運動風氣蓬勃之故而球賽繁多。一九四五年後，鳳山地區的足球活動主要由日治時期曾接受中高等教育的學生及其培養出的下一代學子參與。一九五〇年，高雄縣政府為了提倡體育風氣，利用當地既有的足球基礎，在鳳山舉辦全縣足球賽。從一九五三年起，鳳山更經常舉辦國校小型足球賽，讓參與足球的人群有進一步競賽的機會。

戰後初期在臺灣最為重要的兩支國營企業球隊，莫過於三重的中央印刷所及位在高雄、臺南的民航。中央印刷所隊員以外省籍球員為主，曾奪得省運、介壽盃等重要的足球比賽冠軍。一九五二年光華足球隊訪臺，考量到全國體協可能要從臺灣球隊中選拔亞運代表隊選手，故將五位球員留在臺灣。這些球員多加入中央印刷所，使得一九五〇年代前期中央印刷所成為臺灣最重要的球隊。民航隊初期成立於臺北，由於隊伍人數不足而需與中央印刷所合組聯隊。後期民航局則遷往臺南及高雄等地，主要在臺南機場作為活動基地。一九五一年後，由於長榮中學校友不再參與省運，民航時常代表臺南市出賽，並在高雄舉辦民航盃小型足球賽。一九六二年起，民航也在臺南贊助翠華盃足球錦標賽，使南部地區足球風氣更為興盛。

除了民航和中央印刷所，中油高雄煉油廠在一九五五年曾組織球隊參加高雄市足球錦標賽，一九六三年高雄臺鋁則贊助成立臺鋁足球隊，在當地舉辦「臺鋁盃」足球賽事。這些陸續成立的社會球隊和蓬勃發展的地方比賽，在在反映高雄蔚然成風的足球風氣。

---

1 「貴部體育幹部訓練班訓練計劃准予備查由」（一九五六年十月十九日），〈國軍體育訓練與活動案〉，《國軍史政檔案》（臺北：國防部史政編譯局藏），檔案號：40_164.5_6015_1_15_00011706。

2 薛月順編輯，《陳誠先生回憶錄—建設臺灣，上冊》（臺北：國史館，二〇〇五年），頁二六八。轉引自陳鴻獻，〈一九五〇年代初期國軍政工制度的重建〉，《國史館館刊》第四十二期（二〇一四年十二月），頁六五。

3 周至柔：浙江臨海人。周至柔在浙江省立第六中學就讀時，就是學校足球隊的主力。大陸時期他擔任空軍司令，曾親率航校足球隊到昆明與雲南大學，和兩校足球隊競賽。戰後來臺灣，周至柔也積極提倡軍中體育事務。除了成為籃球委員會創辦人，他也積極鼓勵高爾夫球運動，更在一九五六到一九五七年間擔任體育協進會理事長，他一生都相當熱愛與投入推廣體育活動。

4 相較於戰後初期，從渤海灣撤出的海軍官兵組成受並較短的足球隊，中華民國空軍的足球運動則發展更為完整與長久。

5 臺北的空軍總部（此指位於仁愛路三段的舊空總）更直接將對面的空地闢建為足球場。

6 中華電視臺（簡稱華視）是在一九六八年初，由國防部總政治作戰部副主任王昇提議創建，並在一九七一年正式成立，與軍方關係密切。華視在一九八二年接管中華足委會事務，之後在一九九八年退出經營。

第十一章 「全民」體育：業餘運動中的專業運動員

「無論兒童或老年都要有運動，無論男女也都要有運動」

——蔣中正，〈民生、育樂兩篇補述〉

一九六〇年，楊傳廣在羅馬奧運上以「福爾摩沙」名義代表中華民國參賽，並獲得了十項全能項目銀牌。楊傳廣獲獎的消息受到媒體廣泛宣傳，中華民國也視之為國家榮耀。由於此次奧運奪牌的效應超乎國家期待，中華民國政府希望能持續栽培國手，在國際舞臺再次締造佳績。然而四年後，楊傳廣在東京奧運兵敗，無緣奪牌。面對國內不斷萎縮的體育人口，中華民國政府開始將能否培養出下一位奪牌選手視為重要的行政課題。

六〇年代，為了爭取奧運正名與增加中華民國在國際間的能見度，教育部援引蔣中正〈民生、育樂兩篇補述〉，希望實施一系列措施由上而下鼓勵全體國民參與體育運動。這一系列被當時官方稱為「全民體育」的政策，旨在培養一批能為國家爭光的運動明星。在一九六〇年東京奧運結束不久，教育部長黃季陸就在當年度省運中，宣布體育將列入各校考績，也邀請楊傳廣同臺號召：「我們一定要普遍的提倡運動、培養體育人才，才能在全世界的競爭中立足，為國家爭取榮譽。」而民間社會組織也開始投入體育事業、以自身力量響應官方政策。

官方與民間對體育活動的參與，形成一九六〇年代臺灣「全民瘋運動」的盛況。然而政府以競賽成績為重心的功利導向，卻也讓全民體育的政策發展漸趨狹隘。

體育保送制度和優勝劣敗的生存競爭

在一九八〇年代以前，奧運賽事一直存在一條規範運動員身分的「業餘規範」。當時，國際體壇對運動的觀念承襲十九世紀英國公學校傳統，認為運動是紳士且神聖的活動，運動員不應以運動事業作為盈利管道。這種精神被國際奧會認可且落實，因此嚴格要求參與奧運的運動員必須是業餘選手。直到一九八〇年，運動員的業餘規範才在奧林匹克憲章中被移除，並且是到一九八八年的漢城奧運，國際奧會才允許職業網球和足球選手參賽，職業運動員才開始出現在奧運賽場中。

一九六〇年代中華民國實施全民體育政策時，「業餘規則」仍是不可迴避的一道障礙。運動員須擁有其他職業，也不能透過運動直接收受報酬。在這種背景下，中華民國官方於是透過改革教育體制推出體育績優保送制度，嘗試解決運動員業餘規範的問題。

六〇年代臺灣社會升學主義的橫行為推廣運動帶來不利影響。當時九年國民義務教育還未推行，國小以上所有學校活動都被迫向「正課」讓路。而離開學校的人們因為工作與生活需要，如果缺乏進一步支持也很容易就此離開運動舞臺。體保制度的推動除了旨在鼓勵學童運動，也是要解決運動員就業問題，讓運動員能專注在運動技術的磨練。這些有志於發展體育事業或想要以運動升學的學生，只要能在縣市政府舉辦的比賽中取得好成績，就有機會脫離殘酷的升學考試。

除了推行體育保送制度以外，為了持續精進團體運動的默契與解決選手就業問題，政府除了指示國營企業成立體育隊伍，收納各個運動項目的國家代表隊成員，也輔導選手保送至師範大學等學校，讓運動員填補體育師資的空缺。政府實施的種種措施都是為了避開業餘規則，讓運動員能依靠運動謀生，打造如同技職體系般在升學以外的晉升之路。

然而，當體保制度實際推行後，體育成績與升學體制的結合讓運動選手與從事體育教育的人士，開始將焦點集中在個人的運動技能上。體育人對於運動技術的重視，遠高於對體育知識通盤的學習吸收，例如當時擔任師範大學體育系系主任的吳文忠就指出：

過去籃委會曾經聘請過外國名教練開設後習班，可是事後聽到的評論是：我國籃球教練不熱心，沒有幾個人願意學點東西，甚至有的大牌教練根本不去聽講……在這種情形之下，祇有極少數人私下埋頭進修、研究與著述，只是少得不成比例而已。

在教育場所之外，官方也規劃公部門大規模投入運動推廣。例如恢復舉辦一九五八年停辦的公務人員運動會，將之改名為「經濟部暨所屬機構運動會」。一九六七年，行政院也提出如果工商營利單位在盈餘的百分之三十內支付體育事業，則能享有經費免稅的福利。政府也委請各個私人企業贊助或組織球隊接納選手，讓運動員有穩定的工作以投入訓練。例如遠東紡織與亞洲水泥合組的亞東女籃隊就提供東方中學的女籃學生吃住，並保障她們在畢業後有工作機會。

除了政府法令的推動，各地民眾也在楊傳廣鼓舞下紛紛響應運動。從學校到舞廳、從企業到宮廟，只要有餘力支持的社會組織都紛紛組織球隊，或舉行地方性的體育競賽，形成一股全民瘋運動的熱潮。一九六三年，臺南市佛教會組織一支「佛青」足球隊，隊員理著光頭，身穿「半截」僧袍式的天藍色右大襟打赤腳踢球。每逢出賽，佛教會必在球場邊張起佛教大旗迎風招展，形成一道奇異的風景。而高雄、屏東的客家聚落也利用祭祀忠義公的機會，舉辦六堆運動會，希望重新凝聚地方人士的認同。

然而，一窩蜂的運動熱潮很快就遭遇瓶頸。由於體育保送的辦法中只承認縣市運動會、中等學校運動會、省運動會和全國運動會的成績，以體育為志業的人們開始將重心放在特定競賽。同時，在保送名額有限的情況下，運動競

在全民體育時代，有許多熱愛體育的民眾自發性的組隊，創造許多民間的運動隊伍。圖為一九七三年高雄雷鳥足球隊與香港元老足球隊在高雄市政府前體育場的競賽，該場賽事吸引大批觀眾圍觀。

賽的勝負也淪為生存壓力。選手在比賽中被淘汰幾乎等同於運動生涯走到終點，這因此讓獲得冠軍成為參與競技的唯一價值。

當比賽輸贏的重要性凌駕於所有事之上，運動員開始被迫接受沒有終點的無聊訓練，全心投入個人體能與技術的提升，沒辦法享受競技帶來的成就感。有些選手對運動的熱情也因此消散，取而代之的，是將運動視為生計的壓力。

全民體育的案例：臺南五王盃

臺南麻豆代天府的五王盃，是民間響應政府全民體育政策以及推動地方社會團結的鮮明案例。在一九六五年，臺南麻豆舉辦了第一屆五王盃球類競賽，配合在地的觀光與信仰，希望達到吸引外地觀光客的額外目標。其中最特別的一點是

體育小百科

高雄雷鳥足球隊：高雄雷鳥成立於一九六八年，最初由一群喜歡踢足球的國中生，邀請一同踢球的國腳翁俊哲等人擔任教練，隨後開始參與全國各項競賽。一九九〇年代，雷鳥足球隊由於缺乏軍隊、企業與學校支持，經營方式從參與競賽轉為培養青少年，直到今日仍為重要的臺灣本地足球隊。

五王盃在比賽的儀式與項目上，結合了當地民眾熟悉的五王信仰。比如競賽項目為了呼應五位王爺，將當時南臺灣較為流行的軟網、排球、桌球、足球、少棒湊入比賽項目，並結合遶境活動和運動會聖火儀式，在代天府的廟中點燃香火，以聖火傳播形式繞行臺灣一圈推廣五王信仰。

當時為了支持將近兩千名選手和職員以及前來麻豆圍觀的民眾，不只代天府，整個麻豆鎮都組織起來提供食宿。活動期間許多原本和運動沒有直接關係的人們，也都與運動建立實質聯繫。

當時五王盃選手在比賽前都會進行宣誓：「余等謹奉國父提倡體育之精神暨總統勗勉國民強身報國之訓示，以業餘運動員資格參加比賽，願恪遵大會一切規章並服從裁判原之判決。」這段話說明體育選手應當接受國家動員、報效國家，但選手同時必須合乎業餘身分，以取得國際賽事參與資格。五王盃參賽者的宣誓內容，反映當時對於推行全民體育政策的官方而言，一個人出於何種目的投入運動並非重點。能持續參與體育的前提是你必須足夠優秀，你才會是國家要培育的人才。

然而對運動參與者而言，比賽得名只是個人努力的成果，更重要的是在過程中享受和同伴一起奮鬥的經驗和回憶，這是運動本身具備的魅力。運動競賽的不確定性和刺激感，是吸引一般人圍觀和參與的重要因素。透過運動取得就業和升學保障，則不一定作為一般人參與運動的主要動機。

二〇〇七年，曾經參與臺南五王盃足球賽的野馬足球隊成員再次聚首，在回憶當年參賽的經驗時，球員呂明興與陳宜昌提到：「有一次大夥騎著腳踏車到臺南縣麻豆鎮，參加五王盃全國足球賽獲第四名，是野馬隊全國賽最佳戰績。而他們（野馬足球隊中表現優異者）也以足球專長，考上了體專，擔任體育老師，在學校推廣足球運動。」野馬足球隊的成員在五王盃賽事後，除了少數人能夠以足球專長繼續參與體育事業、擔任學校教師，其他人有的轉而從商、有的去做工，最終遠離體育事業。野馬足球隊成員的經歷是六〇到七〇年代臺灣多數運動愛好者的縮影。

當五王盃和其他比賽的規模逐漸擴大、參與運動的人口逐漸增長，賽事的籌辦方與參與方卻不約而同碰到瓶頸。一方面，參賽者在每年比賽中漸漸發現除非自身足夠優秀、能續取得好成績，不然難以僅憑興趣持續投入運動。另一方面，五王盃賽事逐年增加的籌辦經費與選手人數（參與五王盃的選手人數最高曾達到三千人左右），也讓主辦單位不堪負荷。一九七一年開始臺南五王盃停辦三年，之後在一九七四年勉強復辦一屆後仍無以為繼，最終五王盃賽事正式終止。

臺南五王盃是六〇到七〇年代，臺灣民間響應全民體育政策時遭遇到挑戰的鮮明案例。即便民間有許多人與團體願意支持運動賽事，但當地方比賽辦出名氣時，各地球隊往往慕名而來，讓比賽規模逐漸擴大，進而產生區域層級競賽擴大為縣市層級、縣市層級競賽擴大為全國賽事的現象，這往往使主辦單位往往無力負擔。而在參賽隊伍數量逐年增加，但賽事並未依照年齡、技術分級的情況下，無論是以運動升學為目標的年輕選手或將運動當作嗜好的青壯年選手，都會被分配到同一個舞臺競技，久而久之比賽的焦點自然集中在實力頂尖的少數隊伍上。那些視運動為休閒活動的人們，因而失去競爭樂趣，逐漸退出比賽。

從六〇年代開始，儘管政府替運動畫出一條美好的康莊大道，但官方體育政策的功利導向，讓各項民間賽事慢慢失去舉辦運動比賽的動力，民眾投入運動的興致也很快被燃燒殆盡。往往許多社會團體主辦的盃賽在舉行數屆後就不了了之，在民間性質的運動賽事消失後，國內只剩下為了支撐體育保送制度而持續辦理的官方競賽。

「全民體育」政策對基層運動的影響

六〇年代政府推動的全民體育政策，除了引發民間極籌措體育賽事的迴響，也培養出一批能代表國家參加國際競賽的本土運動員。臺灣地方社會既有的運動群體能藉由磨練體育技術，走向更寬廣的世界舞臺，但同時全民體育政策過於關注選手競技成績的功利主義傾向，也剝奪運動在地方縣市向下紮根的空間，並使運動具備的社會機能被排除在國家體制之外。

以六〇年代培養出多名「國腳」選手的臺南為例，我們能看出全民體育政策對地方運動事務帶來的兩面影響。時間回到一九五〇年，當時在省運中獲得季軍的長榮中學校友隊，有感於隊上成員年齡漸增、無法再參加高度對抗性的競賽，選擇不再代表臺南市參加全省運動會。校友隊的領隊黃西喜、隊員洪南海，以及身兼長榮中學體育老師的林榮商和陳坦霖等人，意識到臺南足球面臨後繼無人的困境，開始在當地積極推廣足球運動。

這群長榮中學校友隊的成員去到各所國小教球，其中有「少年足球之父」稱號的洪南海，不僅在國小培養足球選手，也將這批學生引介到長榮中學，讓他們接受在該校擔任體育老師的前隊友林榮商訓練。除此之外，長榮中學的老校友也在臺南舉辦「長榮盃」少年足球賽，並親自扮演裁判與活動籌辦人等角色。第一屆長榮盃比賽在舊市政府（今日建興國中）操場舉行，一共有十八支球隊參與，此後長榮盃更成為臺南地方重要的賽事。

由於參與長榮盃的球員多為臺南市內的國小學生，每場比賽除了有球員的參與，更吸引眾多親友團前來觀賽，觀眾人數時常多達數千人。《長榮中學百年史》中就曾記載：「無論男女老幼，都爭先恐後，想目睹他們的子女究竟是如何參與比賽」。到了第六屆比賽，長榮盃更發展出郊區組與市區組。但當賽事逐漸擴大後，長榮中學校友會漸漸無力負擔，比賽也轉由臺南市政府接辦，轉型成現在的「市長盃」。

受到臺南市政府支持，臺南很快出現國小、青年、教職員組的足球賽事。加上一九六〇年代全民體育政策下各項運動賽事大量舉辦，全臺灣的足球賽逐漸增加，各年齡層的足球社群均有適合的賽事可以與各地球隊交流。足球人口的年輕化，加上足球員可以隨體保制度向更高學歷流動，都讓新的足球人口不斷增加。

當時臺南市內已有國中、高中組足球賽事，全臺灣另外有臺中扶輪盃、萬壽盃、主席盃等足球賽。一九六〇年代的臺南因而呈現出一片欣欣向榮的足球景觀。一九七〇年全省運動會在臺南舉辦時，臺南市更特別修建全臺灣第一座專用足球場（即今日的永華足球場／臺南市立足球場），在賽會後供應臺南各界球隊使用。

在六〇年代，由於臺灣的教練培訓並不普及，球員除了自己鑽研足球技術外，往往都依靠一同踢球的前輩隨興指導。而臺南的足球系統相較於其他縣市顯得較為成熟，這使得臺南的足球人才得以透過運動成績向上升學，最後去到臺北。六〇年代末期，臺南的青年足球選手陸續進入省體專或臺北的大學，許多球員就此離開臺南，入選培訓隊或國家代表隊。中華足協為了增加集訓效率，透過借調選手的方式將球員盡可能留在臺北，這些離開臺南的球員因而能在完成學業後，繼續在北部就業與發展體育事業。

一九七一年中華民國足球代表隊經歷成員換血，香港選手不再代表中華民國，來自臺灣的「國腳」成為國家隊主力。那一年中華民國參與在韓國舉辦的「朴正熙盃」，在代表隊的十八名國腳中，就有十名隊員來自臺南市，可見得臺南在孕育國家隊選手上扮演的重要角色。

然而同時，運動員不斷從地方被抽調往中央、成為國家隊選手的現象，也造成七〇年代的臺南基層失去一整代最熱衷於參與足球的人口。當上一代教練年老退休，而原先能向社會大眾推廣足球的中堅人物則被國家徵召，地方的足球文化便無可避免面臨中斷的命運。

六〇年代的全民體育政策一方面賦予個體實踐自我的機會，另一方面卻也將運動目的限縮於競技成績。在官方注重運動競賽表現的背景下，許多學校選擇挖角全臺各地已具實戰成績的運動選手，提供他們學費住宿等補助，讓優秀選手的行情水漲船高。這些行為使原先屬於地方的運動社群逐漸瓦解，地方的運動人口也隨之萎縮，舉辦運動賽事的功能不再是聯絡街坊鄰居的情感、一群人經營一項共同事業；反而，運動成為一種與在地社會無關、只為追求得勝的封閉系統。我們從上述臺南的例子便可看出，六〇年代原先立意良善的全民體育政策，在國家追求榮譽的集體狂熱中，卻反過來成為瓦解運動文化的因子。只要能不斷產生為國爭光的體育選手，運動與在地聯繫的消解、體育教育的承繼與否，都成為微不足道的小事。

「類」國家培訓隊：莒光隊的誕生

一九六五年，以香港球員為主體的中華民國足球隊，在馬來西亞舉辦的國際賽事默迪卡盃順利奪冠，並按照往例來到臺灣接受總統召見。在訪臺過程，李惠堂在華僑救國聯合總部接受媒體訪問時，公開呼籲臺灣政府應該從國小階段就栽培足球運動員，認為「十年生聚，十年教訓」，如此便可培育出一支有國際競爭力的球隊。

李惠堂的公開演講，反映從一九五〇年代末期開始中華民國代表隊的香港球員逐漸後繼無人的窘境。五〇年代末期，隨著左派勢力在香港漸漸抬頭，香港足球界開始出現要求香港球員代表香港、而非中華民國的聲音。而統治香港的英國政府也認同此種想法，認為最好的香港球員必須代表香港。在香港當地，禁止中華民國選拔「港腳」的呼聲日漸增加。

有鑑於此，一九六六年中華足委著手選拔一支以臺灣各地好手組成的集訓隊「莒光隊」，莒光隊是一支由臺灣北部大專球員組成的足球隊，這支隊伍成員分屬於臺北的威華、孔雀、東南風等青年學生球隊，[1] 其中也不乏曾入選亞青盃的臺灣代表，以及來臺灣就學的海外華人僑生。透過組織莒光隊隊員，中華足協準備漸進替換香港球員，讓莒光隊成為國家培訓隊的雛形。

臺灣足球員到此時終於有正式踏上國際舞臺的機會。一九六六年，韓國足球協會邀請中華民國與日本參加三國的足球交流賽，中華足協也首度派出莒光隊代表臺灣出賽。在經過為期十天的集訓後，莒光隊啟程前往韓國參賽。然而在這場與日本和韓國進行的交流賽事中，莒光隊兩戰皆戰敗。返國後莒光隊再度參與中華民國、香港與韓國的邀請賽，同樣在比賽中被對手痛宰。

儘管莒光隊首度出征的表現差強人意，中華足協卻一改過往賽後解散球隊的慣例，將莒光隊作為培訓單位，並以隔年在韓國舉辦的金鍾沁盃[2]為選拔賽，擴大挑選臺灣本地足球員。在經過四日的鏖戰後，以越南僑生為主的威華隊在十一支隊伍中贏得冠軍，此外臺南聯隊排名第二、陸光和國光人壽足球隊則分居第三與第四名。莒光隊因此從這四支隊伍中挑選球員，再以個人技術、體能和精神為標準，從其他隊伍挑選表現突出的選手。

這支由二十四名成員組成的隊伍，成為代表臺灣的初代國訓隊。之後莒光隊進一步分成「莒光黃」與「莒光藍」兩隊，與菲律賓華僑一起競爭一九六七年金鍾沁盃足球賽的國家隊資格。當「港腳」來臺參與亞洲盃東區預賽時，莒光隊也以國內

一九六六年，由在臺僑生與臺灣人組成的莒光足球隊，準備前往韓國參與中日韓三角足球賽。（國史館藏）

代表身分和他們進行一場友誼賽。為了培養莒光隊技術，足協特地將莒光隊隊員集中在臺北加以培訓，並在隔年將選手交給裕隆集團，希望從足協開始培養一批又一批國腳，之後在企業球隊中發展，擴大社會參與足球的風氣。從莒光隊開始，臺灣開啟由國腳選手代表出賽的年代。

第一位在正式國際賽出場的臺灣球員：陳光雄

來自臺南的陳光雄，是臺灣第一位正式站上國際足球賽舞臺的臺灣球員。陳光雄的父親早年曾赴日本就讀明治藥專，在

一九六七年亞洲盃東區預賽前，代表臺灣的莒光足球隊（左），與代表中華民國的香港「港腳」（右）進行熱身賽。（國史館藏）

日本居住二十餘年。二戰期間，陳光雄的父親返回臺灣，隨後誕下陳光雄。幼年時期陳光雄受到喜愛運動的三哥陳森雄影響，開始接觸足球。當時在臺南足球是相當流行的運動，當地除了定期舉辦長榮盃足球賽，許多學校也創立屬於自己的球隊。

陳光雄的老家與就讀的忠義國小鄰近臺南市政府旁的運動場（今日的建興國中的操場），周末許多在亞航公司任職的球員會在那邊踢球。一九五五年，臺南機場的民航維修部轉型為亞航公司，當時在許多臺南人眼中，能在以美國企業型態經營的亞航任職，可說是獲得高社經地位的象徵。而年少時期便常常看見亞航職員踢球的陳光雄，也因此立志成為一名專業足球員。

憑藉著速度快、爆發力強、球場意識凸出的體育天賦，陳光雄很快嶄露頭角，在長榮盃足球賽締造亮眼成績。在參加數次比賽後，陳光雄被洪南海發掘，與一群實力同樣出色的足球小將被引薦到長榮中學念書，接受洪南海和林榮商指導。

一九五九年，陳光雄的哥哥陳森雄與其同好組成了南友足球隊，並和謝錫川、陸慶祥、徐祖國幾位曾代表中華隊的亞航員工，代表臺南市參加省運。陳光雄也利用假日時間一同參與南友隊練球、砥礪自身球技。長期投入足球讓陳光雄面臨繼續踢球或專心念書的抉擇。由於陳光雄的父親性格保守，並不支持陳光雄以體育為志向，父子倆於是展開漫長談判。最終陳光雄與父親取得共識：陳光雄必須取得體保資格進入師範大學，否則就得放棄足球。也因如此，省運的成績攸關陳光雄能否繼續走上足球之路。

一九六三年，新竹舉辦了第十八屆臺灣省運動會，正值高三的陳光雄即將面對能否繼續踢球的最後一次挑戰。運動會先是進行淘汰賽，最後再由剩下的四支隊伍進行循環賽。當時，代表臺北縣的隊伍是由越南僑生組成的威華隊，隊上有多名球員都曾入選亞青盃臺灣代表，因而被視為奪冠熱門。臺南市的實力則被認為僅僅略勝於基隆市。

沒想到在比賽當天，以哀兵姿態出擊的臺南市卻發生意想不到的奇蹟。如同那一年的報紙記載：「由於人人都肯多跑一步，北縣今天是以〇比四的懸殊比數遭南市所擊敗，南市、北縣及北市等三隊在足球決賽中的戰績，都是二勝一敗。因此，三隊在比較了得球與失球後，南市因負球最少榮獲冠軍」。

陳光雄成功了！憑著獲得省運冠軍的資歷，陳光雄取得前往師大考試的資格。在當時，師範大學除了體育門檻外，還要求體保學生的學科成績必須達到七十五分以上。分數不到的學生只能被保送到一九六一年新成立的體育專科學校。而陳光雄以優異的成績通過師大的學科門檻，如願進入師範大學。

在師大的歲月，陳光雄進一步茁壯，他先是入選莒光隊，隨後在足協培養臺灣國腳的考量下，於一九六八年入選中華足協在亞洲盃的國家隊名單。當時國家隊除了十二位香港球員，還破天荒地挑選了五位臺灣選手，其中一名選手正是陳光雄。陳光雄從此開啟往後數年的國家隊代表歲月。

從一九六八年開始，臺灣選手不斷入選國家隊。陳光雄做為其中資歷最豐富的臺灣國腳，多次成為國家隊隊長，帶領球隊奮戰。一九六八年亞洲盃的決賽在伊朗舉行，參賽隊伍包含伊朗、以色列、香港、緬甸和中華民國等國。在這次比賽中，中華隊以排名第四的成績勝過香港。而這也是陳光雄第一次代表臺灣站上國際舞臺。

一九七〇年，受過師範教育的陳光雄回到家鄉的臺南師專任教，並在足協選拔種子教練時多次出國受訓。隨著年紀漸增，身兼多職的陳光雄漸感不支，終於在一九七八年高掛球鞋專心教書。在教書過程，陳光雄注意到體保生排擠到一般生參與體育活動的情況。由於校際比賽中沒有分級制度，經常是由體保生上場比賽，而使一般生漸漸無法參與足球。陳光雄本身在年輕時也是受到興趣啟發而開始踢球，因此他不願意放棄一般生。除了培訓校隊選手外，他也積極投入校內足球社團的教學。

陳光雄在教學現場觀察到體保生擁有多數體育的現象，一直是全民體育政策下臺灣中小學畸形體育教育發展的縮影。例如陳光雄最初發跡的南友隊，由於參與的隊員一批又一批取得體育保送資格像陳光雄一樣離開臺南、在臺北就學與就業，最終隊伍在人數不足的情況下解散。這是當時許多臺灣社會隊伍的縮影，在缺乏足夠經費和人員支持的情況下，許多隊伍只能化為雲煙。

*

不斷將頂尖選手集中，是保送制度最大的特徵。中央會抽調最核心的運動參與者，用最少的資源投入，以取得最大成果。這種做法雖然在短期容易見效，但往往破壞基層的運動社會網絡，加上體育保送的名額僧多粥少，使得參與競技的門檻提高，民眾與運動員在就學階段就劃下一道清楚的界線。體保生可以依靠制度持續在運動事業中取得穩定工作，但一般大眾卻難以持續投入體育活動，和運動漸行漸遠。

無疑地，全民體育政策掀起民間社會廣泛關注運動的熱潮。隨著紅葉少棒和三級棒球的輝煌完滿中華民國政府需要的成果，中華民國運動員的培訓也朝向專業化。他們在秉持「業餘規則」的國際賽事中面對其他國業餘選手，往往佔據優勢。然而為了迅速培養能參與國際競賽的運動人才，運動技術的鍛鍊和培訓成效不斷被強調。社會大眾對運動的想像逐漸變得貧乏而僵化，更加關注運動勝負，而限縮運動的目的。在全民體育的時代，運動卻令人感慨地變成了一件無趣的苦差事。

1　隊員大多是建中、北商、道南中學畢業的學生，後來進入臺大、政大、師大等學校就讀。

2　金鍾沁杯是韓國舉行的中華民國、日本、韓國三國足球交流賽，透過運動競賽敦睦邦誼。金鍾沁當時為韓國執政黨民主共和黨主席。

第十二章　意料之外的足球熱

一九六七年，中華全國足球委員會為了吸引社會大眾對足球的注意力，決定主辦亞洲盃東區預賽。這是臺灣第一次主辦大型國際足球賽事，比賽不僅有臺灣電視公司的全程轉播，也吸引「久聞海外國腳大名，少見名腳其人踢球」的臺灣人湧入球場看球，在社會大眾間引起轟動。

意料之外的熱潮

中華足委會決定主辦國際足球比賽後，場地、賽務等問題都亟需被解決。當時的亞洲盃以及各地區的預選賽重要性不如亞運、奧運等綜合運動會。但它是單項運動中少數的獨立盃賽，因此被足球委員會挑中，認為很適合累積行政經驗。

在籌備期間足委會相當積極，除了向政府申請經費增設球場照明設備，希望讓觀眾不受工作影響、能在下班時間觀賽，比賽也排除萬難徵召香港球員代表中華民國出賽，並在香港聯賽結束後提供經費讓代表隊集訓一個月。同時，足委會也積極聯絡相關部會與民間團體，不僅委請民間團體接待來訪隊伍，也拜託臺北市政府加開公車專車與實施交通管制，一切都是為了讓觀眾能順利前往球場。

沒想到這場難得在臺灣舉行的國際賽事，隨著中華民國代表隊漸入佳境，竟開始引起臺灣社會看足球的熱潮。在盃賽期間每當國家隊出賽時，僅能容納兩萬五千人的臺北體育場。屢屢吸引三、四萬名的觀眾。廣播電臺與新興的電視公司也投入轉播服務，讓中南部的觀眾能收看足球賽事。

然而熱鬧的氣氛卻也造成不少脫序行為，例如公賣局球場的鐵門被觀眾衝開、現場秩序失控，還有大批球迷因為對判決不滿，而在賽後前往裁判下榻的飯店圍堵裁判。臺北市政府更是從市長以下，出現市府重要人員到球場看比賽，其他行政人員有的到附近冰果店看電視，有的三五成群圍在辦公桌聽電臺轉播的怠忽職守行為，種種現象都反映公眾對球賽的狂熱。

但最嚴重的事件，莫過於大批球迷為了購買中華隊比賽的門票而徹夜排隊，隨後發現主辦單位沒有限制購票張數，而讓門票被售票口相關職員、職業黃牛搶購一空。這引發現場數千名球迷強烈不滿，球迷進而砸毀體育場售票亭玻璃窗來洩憤。即使後來事件平息，仍然有許多觀眾在球場周邊徘迴，不時試圖突破封鎖線進入球場。

亞洲盃的比賽在中華隊順利捧盃後獲得圓滿結束。政府與相關承辦單位均認為此次賽會是相當重要的成就，除了在國際間能進行有效宣傳，在國內更引起空前的足球熱潮。足球委員會在結案報告中聲稱：「國內足球運動從此掀起高潮，為一大收穫，未來也請相關人員繼續戮力提供意見，開拓國內足球光明的前程。」

亞洲盃結束後，足球委員會下定決心推動臺灣足球運動。除了輔導各地足委會，足委會更決定在國內至少要培養兩支足球隊。一支以軍方為主，名為陸光；另一支則以民間球隊為主，名為莒光。足委會希望能藉此培養未來國際賽選拔對象。同時，他們也決定邀請外籍教練、投入培訓球隊隊長，並著手籌組各地足球委員會。

一九六八年，足球委員會聘請在亞洲擔任巡迴教練的德國教練克朗瑪來臺舉辦教練講習班。由於克朗瑪在一九六〇年就在日本足球界邀請下來到亞洲，協助日本國家隊準備一九六四年的東京奧運，因此被足球委員會相中。在十七天的講習中，克朗瑪將當時國際足球的觀念帶入臺灣，特別是將教練和訓練方法傳入，使臺灣開始注意到培養指導者的重要

一九六七年亞洲盃東區預賽開幕式，以香港選手為主的中華民國代表隊持國旗進場。（國史館藏）

中華隊在亞洲盃東區預賽中對抗菲律賓隊的比賽上，滿場觀眾頭戴斗笠、手持雨傘，興致高昂地觀看比賽。這場賽事是臺灣早期少見引爆足球熱潮的一次比賽。（國史館藏）

性，克朗瑪來臺的經驗也促使部分臺灣教練前往日本的國際教練講習班取經，從此開啟臺灣培養專業的足球教練的先河。

此次賽會的成功除了讓臺灣贏得參與亞洲盃的資格，臺灣球迷的熱情更讓主辦單位大感驚喜。對足球界相關人士而言，過去臺灣球迷對國內舉辦的足球賽興趣不大，除了奧運資格賽以外幾乎都興致缺缺，因此中華足協對於票務的安排並未特別處理。沒想到在東區預賽中，滿場的球迷不僅填補此次賽會的赤字，甚至留有結餘供足協日常花費，亞洲盃東區預賽開啟足球委員會往後爭取主辦國際賽的重要動機。

主辦國際賽事與外交宣傳結合

從一九六〇年代開始，中華民國在國際上的處境就愈來愈艱辛。除了聯合國的會籍岌岌可危，自一九五五年的萬隆

體育小百科

克朗瑪（Dettmar Cramer）為一九五〇年代德國國家隊總教練塞普·赫爾貝格（Josef Herberger）的學生。一九六〇年日本為了準備東京奧運，聘請克朗瑪擔任訓練日本國家隊的顧問。此時期克朗瑪以國際足總受聘教練員身分，在全球舉辦講座，他在一九六〇到七〇年代，在世界足球推廣上扮演相當重要的角色。

會議後，中國和印度的不結盟運動更席捲第三世界，讓中華民國難以打入東南亞的政治舞臺。東南亞國家與中華民國對立的立場，從印尼與臺灣的關係可見一斑。一九五五年在奧運外圍賽時，由於印尼主場不懸掛中華民國國旗，而引起中華民國抗議，最終中華民國決定退賽。一九六二年印尼更拒絕發放中華民國亞運代表團前往雅加達亞運的簽證，使得中華民國最後無法出賽。

外交和體育場合的受挫，讓中華民國政府企圖在東南亞尋找突破口。於是中華民國將目光投向當時尚未參與不結盟運動的馬來西亞。亞足協主辦的馬來西亞默迪卡盃，成為重要的外交戰場。出於外交考量，中華民國政府也同意讓印尼參與一九六七年在臺北主辦的亞洲盃東區預賽，官方希望透過接待印尼代表隊，以取得和印尼官員聯繫的管道。這些策略都在在顯示，國際體育競賽不僅包含場內的競賽，場外的賽事安排也是外交角力的場域。

同一段時期，一九六八年掀起的紅葉旋風，讓中華民國政府發現主辦、參與運動賽事隱含重要的外交功能，因此相當支持國內體育組織籌備國際賽事。在中華民國一九七一年退出聯合國後，主辦國際賽事更成為重要的外交發聲管道，挑選適當對手並贏得邀請賽的冠軍，更具備宣揚國威、抒發國民情緒的重要功能。然而，隨著一九七〇年代臺灣國際賽事重要性與受到的關注程度，開始超越本地舉行的比賽，臺灣的國內賽事徹底淪為栽培國手的農場。這種注重國外競賽勝過國內體育發展的現象成為國家體育衰落的指標。

黑沙足球隊來臺

雖然中華足協視亞洲盃東區預賽為臺灣足球發展的契機，一如過去臺灣體育界普遍認為紅葉棒球為臺灣棒球的起源，但在往後數年臺灣足協舉辦的邀請賽始終無法營造出亞洲盃東區預賽的聲勢。同時期三級棒球締造的三冠王偉業，正好契合政府亟須利用體育轉移外交困境的需求，這使其他運動未受到如同棒球般的關注度。

因此，中華足協決定在一九七三年花重金邀請西德的黑沙足球隊（Hertha Zehlendorf）來臺訪問，希望能再次創造一波足球熱潮與製造宣傳機會。

體育小百科

紅葉炫風：一九六八年臺東紅葉少棒隊贏得全國少棒錦標賽冠軍。在政府推行全民體育年代，這支出身貧微、表現卻相當優異的隊伍，受到官方與媒體極大關注。同一年紅葉少棒在臺灣舉辦的中日少棒對抗賽中，以七比〇擊敗日本關西聯隊。中華民國政府因而決定讓紅葉少棒參與世界少棒賽事，開啟往後臺灣三級棒球熱潮。

黑沙足球隊是當時柏林近郊采倫道夫（Zehlendorf）區的一支足球隊，在一九六三年德甲成立後，位居於當時西德聯賽系統第二級的區域聯賽中，長期位處於聯賽中游地位。該隊在一九六〇、七〇年代時常利用休賽季的時間到亞洲巡迴表演，中華足協因此決定邀請該隊測試臺灣足球的水準。

為了迎戰該隊和解決球員集訓的問題，足球委員會將球員分成南北兩地選拔和集訓，再將球員分成中華龍隊和中華虎隊，並邀請當時訪臺的香港元老隊派出數名曾代表中華民國的港腳選手助陣。中華龍隊在全場劣勢的情況下，靠著一次反越位，意外地以一比〇成功擊敗黑沙，隔日

中華龍隊迎戰西德柏林的黑沙足球隊（Hertha Zehlendorf），可以發現場邊的觀眾相當稀疏，未如預期吸引球迷圍觀。（國史館藏）

體育小百科

聯勤飛駝是一九七〇年代由主導中華足協的聯勤總部贊助成立的足球隊。該隊聘僱前「港腳」羅北擔任總教練。聯勤對外代表中華民國參與國際賽事，對內則以甲組足球隊身分，參與臺灣大小賽事累積比賽經驗，是臺灣一九七〇到一九九〇年代重要的足球隊之一。

又以四比〇擊敗香港甲組球隊香港新報隊。這次勝利讓不斷被詬病水準不行的臺灣足球有了再次被認可與發展的動力，足委會也順勢將這批球員吸收進新成立的聯勤飛駝隊，讓聯勤飛駝成為國腳的搖籃。

然而，隨著臺灣在一九七四年退出亞足聯，臺灣足球失去國際賽的舞臺。加上七〇年代木蘭女足的崛起，中華足協的經營重心和群眾的焦點也逐漸轉向女子足球的推動，這使臺灣男子足球的發展，始終未受到臺灣社會的普遍關注。

迎蒞臨參加中華民國七十六年「中華盃」世界女子足球邀請賽
HE WORLD WOMEN'S INVITATIONAL TOURNAMENT CHINESE CUP 19

第三部

內外交迫的七〇年代

臺灣足球的挑戰與突破

第十三章　兩岸在國際足球舞臺戰火再起

一九七〇年代對中華民國或臺灣足球的發展而言，都是相當重要的轉捩點。一九七一年，中華民國在退出聯合國後，為了回應社會上湧動的政治改革訴求與緩和民間不安，除了開始實施一連串中華民國臺灣化的革新政策，也利用體育賽事作為民間抒發情緒的重要管道。

例如在一九七〇年代初，臺灣開始參與威廉波特世界少棒錦標賽，並多次奪下冠軍。臺灣棒球代表隊在國際間優異的成績，讓三級棒球熱潮成為當時重要的社會現象。與此同時，與香港分道揚鑣的中華足協，在認知到臺灣本土足球員實力與國外有所落差的情況下，儘管曾一度寄望徵召菲律賓華裔選手，但最後仍決定以臺籍選手代表中華民國參與國際賽事。中華民國與中華人民共和國在國際運動賽事和體育組織中，對「中國」正統身分和中華民族認同的競爭，成為比足球本身更重要的焦點。

亞足聯會籍保衛戰

在一九五四年的馬尼拉亞運中，亞洲各國足球界人士決定利用這次見面機會，一同創立一個屬於亞洲的足球組織。今日我們熟知的亞洲足球聯合會（下稱亞足聯，Asia Football Confederation）就此誕生。當時曾被譽為「球王」的李惠堂由於擁有良好的英文能力與在東亞累積的聲望，被大會推選為秘書長，負責推動亞洲各國足球交流活動。

一九六〇年代，李惠堂對中華民國在國際體壇的「正名」行動貢獻良多。例如一九六三年，李惠堂將中華足協引薦給馬來西亞足總，讓中華民國有機會以正式國家身分參與馬來西亞舉辦的默迪卡盃。當時這件事被視為重大的外交勝利，而中華隊在該屆盃賽中奪冠的表現，被認為可堪比楊振寧獲得諾貝爾物理獎，或楊傳廣打破世界田徑紀錄等成就。在一九六五年，一手促成中華民國與馬來西亞建立半正式外交關係的李惠堂，也獲得中華體協授予的「中華之光」橫幅。

然而，一九七〇年代國際政治局勢的丕變，卻讓李惠堂先前的努力付之一炬。在中華民國退出聯合國後，中華人民共和國以「正統中國」身分，展開對中華民國在國際體壇中會籍的侵奪。一九七四年六月，中華人民共和國申請加入國際足總與亞足聯，同時透過一九七一年與中共建交的科威特提案排除中華民國在足總的會籍。在國際足總舉辦於法蘭克福的年度大會中，科威特提出排除中華民國會籍的投票。當時根據國際足總規定，如果要開除成員會籍，必須在四分之三會員國的同意下才能達成目標。中共已有蘇聯共產集團和非洲各國的支持，但當時擔任國際足總副會長的李惠堂在國際足壇仍享有一定聲量。李惠堂在投票前夕利用職位試探各國投票動向，並以私人交情拉攏同盟。第一次投票中，中華民國獲得六十七票支持、五十票反對。而第二次投票，中華民國雖然只得到四十七票支持、五十九票反對，但由於整體票數仍未通過四分之三門檻，國際足總仍維持決議，承認中華民國會籍。

然而，同年九月亞足聯在德黑蘭召開的會議卻產生變數。原先計畫以亞足協副會長身分出席大會的李惠堂在準備從香港前往伊朗時，突然被伊朗拒絕發給簽證，無法到場支援。原來當時伊朗也在一九七一年與中共建交，而與中共保持友好的互利關係。除了李惠堂之外，代表中華民國出席的足協代表張金藻和湯紹文，也在德黑蘭大會開幕前夕被請離現場，大會旋即展開決定中華民國去留的投票。

那次會議之前，由於阿拉伯國家受到前年贖罪日戰爭影響與以色列處於緊繃的關係。察覺到中東地區這種微妙政治情勢的中共，因而以支持阿拉伯國家排除以色列為條件，換取阿拉伯國家對排除中華民國的支持。

最後在表決中，亞足聯大會以超過四分之三的票數，完成中共取代中華民國會籍的流程。隨後，中華民國與以色列一同被逐出亞足聯。在這場會議之後直到一九八九年，中華民國都無法參與亞足聯轄下的所有賽事。無法在亞洲地區拓展體育版圖的中華民國，轉而將目標轉向鄰近的大洋洲。

國際足總與大洋洲賽事

七〇年代初期，從政治外交延燒到體壇的國際局勢，讓國際足球總會（Fédération Internationale de Football Association，以下簡稱為國際足總）的新任主席夏維蘭（Jean-Marie Faustin Geodefroid de Havelange），將首要處理任務訂定為平息兩個中國和以色列在國際足總地位的爭議。

儘管在一九七四年九月，亞足聯已投票決議撤銷中華民國會籍，但夏維蘭在上任後立即表態對中華民國在足總合法地位的支持。他提及：

任何地區的協會都不能決定由誰或不由誰參加國際足總主辦的比賽，中共不是國際足球總會的會員，也並未申請入會……因此，國際足球總會認為中華民國是合法的會員，在國際足總在一九七六年在蒙特婁召開大會之前，絕不能加以改變。

夏維蘭的聲明被國際足總落實在一九七四年十二月的羅馬決議中。在會議上，國際足總做出以下四點決議：

一、通知亞洲足球協會，國際足球總會不承認其決定，在中共未成為國際足總的會員之前，亞洲足球協會不得允許中共為會員。
二、維持中華民國為國際足球總會的會員。
三、國際足球總會，目前僅允許會員國申請與中共球隊比賽。
四、有關中共入會問題，須等一九七六年國際足總舉行大會時，才能作最後決定。

上述決議明顯是回應七〇年代在國際場合動作頻頻的中共。一九七四年中華人民共和國成功取得亞足聯會籍後，開始申請加入國際足總。但由於他們希望能仿照亞足聯會議的經驗，提出取消中華民國會籍的要求，而被國際足總禁止參與一九七八年的世界盃。一九七五年五月夏維蘭為了處理兩個中國問題還特地飛來臺灣，與中華足協討論解決方案。

一九七六年，國際足總在布拉格召開的會議上，要求中華人民共和國撤銷排除中華民國的提案，否則將取消中華人民共和國的會員資格。同時，足總也認為亞足聯排除以色列的決議並不符合國際足總的組織章程。因此在布拉格會議過後不久，夏維蘭寫信給亞足聯主席馬來西亞的東姑拉曼，聲明洲際足總必須服從國際足總。東姑拉曼本身其實對中華民國抱持同情立場，但當時影響亞足協的勢力正從東亞轉移到西亞，阿拉伯國家對亞足聯的決策佔有很大主導權，而中華人民共和國正逐一與阿拉伯國家建立邦交關係。在中共和阿拉伯國家聯手的情況下，東姑拉曼也難以影響中華民國受到排擠的情勢。

一九七七年五月，國際足總在摩納哥的蒙地卡羅達成共識，要求亞足聯必須在八月前更改除名以色列與中華民國的決議，否則將停止亞足聯的職權與活動。這道最後通牒迫使亞足聯召開臨時大會，討論兩個中國與以色列的會籍問題。最終亞足聯決議臺灣必須使用中華民國以外的任何名字，才能保持會籍。由於堅持以「中國」的名義出賽，中華民國直到一九八九年，才決定以「中華臺北」之名重新回到亞足聯。以色列更一路從大洋洲輾轉漂流到歐足聯，再也沒有回到亞足聯。

在處理中華民國會籍爭議同時，國際足總為了避免中華民國參與國際足球賽的權利受到影響，而安排中華民國參與大洋洲球賽。臺灣從一九七四年開始與澳洲、紐西蘭等成員國進行交流。一九七六年三月，中華民國在紐西蘭足協安排下，取得大洋洲足協臨時會員資格，正式加入該組織。一九七八年，國際足總則安排中華民國參與世界盃大洋洲區資格賽。

當時中華民國在國際奧會的會籍同樣受到中華人民共和國挑戰，面對加拿大政府向他們提出以「臺灣」名義參加一九七六年蒙特婁奧運的要求時，中華民國選擇拒絕出賽。這一連串受阻的經歷，讓世界盃足球賽成為中華民國少數幾項能以國家之名參與的正式國際體育賽事，更讓臺灣開啟從大洋洲區參與世界盃的意外旅程。

南遊運動經濟網絡瓦解

從戰前到戰後，東南亞僑界一直是中華民國爭取海外華人支持的重要場域。透過推動僑務教育與體育活動交流，中華民國在東南亞華人圈號稱維繫著中國的「法統」。一九四九年後，中華人民共和國也開始以教育、藝文活動、媒體、運動等管道，在東南亞培植親中共的海外團體。中華民國與中共兩方在東南亞各個華人社群持續競爭，既延續國共兩方在內戰中的對立，也形成戰後的冷戰格局。

從一九二三年香港的南華體育會遠征澳洲以來，來自上海、香港的球隊漸漸形成在夏季（香港本地球季外、東南亞的雨季前），定期以中國名義前往東南亞、紐澳訪問的傳統。由於他們前往的地點都是在香港以南，這種傳統又被稱為「南遊」。在南遊交流中，與中國競爭的對手經常是當地其他族裔的球隊，而中國足球隊又多能獲得勝利。因此，這些香港與上海球隊受到東南亞華人社群熱烈歡迎。每次比賽都會有成千上萬名觀眾被吸引到場支持。中國足球隊在東南亞受矚目的程度讓中國在一九三六年與一九四八年奧運前夕，都會安排足球代表隊前往東南亞，替整個奧運代表團募款。

戰後香港足球隊仍延續南遊傳統，然而國共內戰後「兩個中國」的分治，讓香港足球員與南遊傳統的承繼，成為中華民國與中華人民共和國爭奪的對象。最初在一九五〇年代到一九七〇年代，由於李惠堂和香港華人足球界支持中華民國，讓中華民國得到南遊的繼承權。中華民國依靠香港球員贏得兩屆亞運與默迪卡盃冠軍，相對地，香港球隊也打著「中國」名號，為自己的南遊活動掙錢與宣傳賽事。中華民國與香港維持互利共生、各取所需的關係。

然而到了一九七〇年代，中華足協與香港達成中華民國代表隊不再選拔香港球員的協議，從此中華民國足球賽事的成績開始一落千丈。中華隊不僅在東南亞各項邀請賽中表現普通，一九七四年臺灣大同公司組成的企業隊伍前往印尼訪問比賽時，更因為輸得太慘，被華僑認為有損華人心中的民族情感，而被要求：「今後實力不強的球隊，不要去找對方的強隊比賽，以免輸得太難看，使僑胞心裡難過」。這讓之後來自臺灣的足球隊，在參與國際的友誼賽和邀請賽時，出現明顯柿子挑軟得吃的情況。另一方面，從一九七〇年代開始，中華人民共和國陸續加入各項國際運動組織，讓中華人民共和國代表「中國」已成為不爭的事實。認知到國際情勢無可扭轉的中華民國，因此轉而寄望能在國際賽事中獲勝，希望藉由贏球達到宣揚國力與維繫國族自尊的目的。基於中華民國在比賽中只求得勝、重視結果的理由，原先實力不強的足球項目被國家從東南亞地區各種賽事交流中排除。

直到一九七七年木蘭女足訪問東南亞後，中國足球隊的身影才再次進入東南亞華人視野，並受到東南亞華人熱烈歡迎。相較於運動競技的交流，競賽勝利附加價值才是中華民國與海外華人觀眾更想擁有的。至於一九七四年遭到亞足聯除名而無法參與亞洲區比賽的中華男足，則在大洋洲展開為期十幾年的漂流之旅。

第十四章　在臺灣初試啼聲的世界盃

在今日，世界盃已經是國際最大足球賽事。無論是忠實的球迷，或平常不會接觸足球的人們，在四年一度的狂歡中也能享受足球帶來的魅力。然而最早以前，世界盃是怎麼走入臺灣社會，看足球賽又如何漸漸成為社會大眾的日常？這一切要從一九六七年一部有關世界盃的電影說起。

Goal!World Cup：足球紀錄片進入臺灣大眾視野

戰後初期，世界盃賽事遲遲無法在臺灣深入扎根。一九五七年，中華民國、中華人民共和國與印尼在瑞典世界盃資格賽中被分配到同組。中華民國體育協會基於漢賊不兩立的因素，以及從一九五五年開始和印尼的緊張關係，宣布放棄參與該年度的世界盃。然而，這並不代表臺灣社會大眾從此與世界盃擦肩而過。在六〇年代，隨著電視轉播和媒體娛樂的蓬勃發展，千里之外的球賽開始有進入臺灣、被臺灣觀眾觀賞的機會。一九六六年，第八屆世界盃在現代足球發源地英格蘭舉辦。主辦方英格蘭以一句受人矚目的標語：football is coming home，宣示足球在英格蘭源遠流長的足球傳統。足球回家了，世界盃也來到臺灣。

世界盃如何來到臺灣？在六〇年代官方推行全民體育的政策背景下，各項運動在臺灣蓬勃發展。教育部不僅在聯考中首次將體育列入考科，運動賽事、體育節目也開始頻繁出現在人們身邊，促進人們對運動的接觸。

一九六七年五月，英格蘭世界盃結束的次一年，有一天《臺灣民聲日報》悄悄刊登了一則廣告：

體育小百科

一九五五年亞非國家在印尼萬隆會議中，討論亞非地區經濟、文化、民族獨立等議題，印尼政府傾向與共產中國建交、不承認中華民國。一九五六年印尼與中華民國在奧運資格賽交手，印尼拒絕懸掛中華民國國旗與演奏國歌，中華民國決定退賽。一九五七年中華民國、共產中國和印尼在瑞典世界盃中被分在同組，中華民國基於政治考量再度棄權。

世界盃足球大賽
看各國球王腳下神技，盤球團團轉，腳掌如手掌。
十六路國際勁旅大會戰，英倫廝殺天地變色。

這是一部足球紀錄片的廣告，片名為《一九六六世界盃（Goal！World Cup1966）》，由英國廣播公司（BBC）所拍攝。這部紀錄片以一百多個鏡頭捕捉世界盃球賽的樣貌，完整記錄英格蘭隊在前一年奪冠的英勇征途。除此之外，這部紀錄片最引人注目的一點，是它以全彩影像將世界盃的精彩賽事傳遞給臺灣人。當時在臺灣電影的彩色化才剛展開，每家每戶也仍收看著黑白電視。相較於此，《一九六六世界盃》多樣的色彩更加刺激視覺體驗，引發人們對球賽的好奇。但是究竟有多少人明白世界盃是什麼樣的比賽？為了普及世界盃知識與宣傳電影，《臺灣民聲日報》特地向觀眾說明這項賽事由來。

世界盃起源於一九三〇年，最初是由法國人組織的國際足球總會創立。國際足總從一九〇四年成立以來，就一直試圖打破奧運只允許業餘運動員參賽的框架，希望讓實力最好的職業足球員，有機會參與國際足球競賽。在一九二八年的阿姆斯特丹奧運結束後，國際足總主席雷米（Julet Rimet）向組織會員倡議舉辦四年一度的國際足球大賽，並獲得會員一致支持。第一屆世界盃因此被正式敲定在一九三〇年舉辦，地點則選在連獲兩屆奧運足球冠軍的烏拉圭。世界盃每隔四年舉辦一次比賽，其中奪得三次冠軍的國家，可以永久保存冠軍獎盃，也就是今日眾所皆知的雷米金盃。《臺灣民聲日報》同時向讀者介紹來自巴西的足球員「黑珍珠」比利。比利原名為埃德遜·阿蘭德斯·多·納西門托（Edson Arantes do Nascimento），他曾帶領巴西隊在世界盃中獲得三次冠軍，而擁有「球王」的封號。

除了介紹世界盃賽事的歷史，《臺灣民聲日報》也進一步探討《一九九六世界盃》這部影片的價值，特別是向觀眾說明該片幾個關鍵鏡頭：

> 英德決賽時，英隊健將赫斯曾有一只「問題球」，該球被赫斯踢中球門橫木，又彈落地後飛彈而出……西德球員當時輸得很不服氣，這只關係第八屆世界盃冠軍誰屬的「關鍵球」，引起了世界體壇及全球觀眾的爭論，本片特別用「停鏡頭」加以分解，第一幀：球中門柱，第二幀：反彈落地，接著飛彈而出，落地時明白的壓著了白線，已給世界的爭論，獲得明確的答案，這是本片對世界體壇一件附帶的貢獻。

彩色電影帶來的豐富感官經驗，引領臺灣人參與熱門國際議題、認識世界盃這項重要的賽事。當時這部紀錄片在臺中首映，從早到晚每個場次皆人山人海，臺中劇院因而決定加碼抽獎贈送足球給觀眾，鼓勵大家去踢足球。臺中場放映完畢後，這部紀錄片又在彰化、豐原、嘉義等地巡迴，甚至到一九六八年，臺灣還有電影院在持續播放。

影視娛樂與世界職業足球的興起。帶來了嶄新而刺激的體驗，臺灣觀眾由此走進世界盃的入口。

黃武雄：世界盃的引路人

本月十一日，墨西哥以一比〇擊敗比利時，首次在世界盃足球賽中，取得最後八強決賽的資格後，當晚墨西哥市成了一個瘋狂的城市，有幾百萬人在街上遊行，狂歡慶祝，不分男女老幼，在街道上廣場上唱歌跳舞，吹號敲鑼，大聲的叫喊著：「墨西哥！墨西哥！」

——黃武雄，一九七〇年六月從墨西哥的來信一九六七年世界盃紀錄片的上映，只是臺灣社會初探職業足球世界的起點。然而，歐洲職業足球知識在臺灣的普及與深化，卻有賴於對足球懷抱熱情的個人獨自的探索與累積。其中，做為臺灣第一位獲得國際足總認證的國際足球教練黃武雄，便是無法讓人忽視的重要人物。

時間回到一九六八年，中華足協在決定培育臺灣本土國腳後，隨即發現過去臺灣由於鮮少舉辦教練講習，而缺乏對教練人才系統性的培訓。臺灣足球員往往依靠土法煉鋼的方式摸索足球技法，或仰賴一起踢球的前輩隨興指點幾招，因此球員的水準始終維持在「玩球」而非「訓練」的程度。

同時，一九六六年世界盃的盛況，也讓中華足協對對最高水準的國際足球賽事產生興趣，希望能透過觀摩來提升臺灣足球技術。有鑑於此，中華足協特別聘請西德教練克朗瑪來臺灣，進行一場為期一個月的教練講習班。當時克朗瑪負責推動亞洲各地的足球訓練風氣，特別是在一九六四年日本籌備東京奧運時期，克朗瑪提供日本國家隊嶄新的足球訓練法和觀念，最終讓日本在一九六八年贏得奧運的足球銅牌。

原先在教練講習中，中華足協安排二十五名教練、五十名青年培訓隊和莒光隊選手參與，講習地點設在臺北市立田徑場。然而由於當時的講習成員有的在民營機構服務，有的仍在大學念書，真正報到的人除了青年隊正選與候補隊員外，只有少數幾名教練與莒光隊球員，而其中一名教練正是黃武雄。

黃武雄並非正統體保制度出身的足球球員。他畢業於中原理工學院建築系，本身學經歷背景可說與體育事業毫無關聯。他的足球夢與戰後臺南許多喜愛足球的人一樣，發跡於舊臺南市政府操場。從對足球一無所知的生手到一步一步摸索比賽規則，黃武雄迷上足球這項運動。但由於他接觸足球時間較晚、球技也不嫻熟，因此有別於多數人立志成為一名選手，黃武雄則決定走上成為一名足球教練之路。

黃武雄在一九六五年退伍後，輾轉於臺南的中學校擔任教師，期間他也會指導自己的學生踢球。為了精進執教水準，他報名參加一九六六年克朗瑪的教練講習。在接受世界級教練指導的經歷中，黃武雄意識到臺灣足球與世界的落差。例如過往臺灣球員普遍只重視個人球技，然而在國際賽事中，球員在球場上普遍須肩負進攻與防守雙重任務。這種全攻全守的戰術形勢，讓球員的體能遠比個人技術更來的重要。除此之外，國外球隊對選手營養的補給，以及透過科學與數字有系統訓練球員的方式，都引發黃武雄強烈興趣，讓他渴望能接觸更多國外的足球知識。克朗瑪結束短短一個月教練講習後留下數本足球講義，而黃武雄有系統地將這些足球知識整理成冊。這次經驗讓黃武雄的信念變得更加堅定：他想要走出臺灣，去看看世界足球！

一九六九年，國際足總為了推廣亞洲足球的發展，在日本東京大學舉辦第一屆亞洲國際足球教練講座，並再次邀請克朗瑪擔任講師。黃武雄為了參與該場講座，辭去當時在建築事務所的工程師一職，前往日本鑽研四個月的足球知識。隨後他在三十歲這年，成為首位考取國際足總教練證照的臺灣人。

擁有國際足總教練認證的優勢，讓黃武雄得以前往國外進行實地考察。一九七〇年第九屆的世界盃在墨西哥舉行，那時黃武雄剛結束在亞青盃擔任教練的工作，中華足協特地請他擔任代表，前往墨西哥參加國籍足總大會。這趟旅程讓黃武雄有機會親睹世界盃風采。一九七〇年的世界盃是歷史上第一場全球直播、同時以彩色電視轉播的世界盃賽。世界盃的魅力因而從足球場內進入全球的眼界。無論是「轟炸機」蓋德・穆勒連續兩場完成的帽子戲法、義大利與德國在四強賽的世紀之戰，或巴西球王比利擊敗義大利、三度捧起雷米金盃，這些精采畫面都成為令人難忘的歷史時刻。

當時人在現場的黃武雄，也透過回覆給足協的信件，記下一幕幕球賽的場景：

「墨京世界盃大賽的場面非常偉大，能容納十萬七千人的阿茲特卡足球場，是有生以來從未見過的。」

「這次大開眼界，歐洲和南美洲國家對足球的狂熱興趣，令人難以想像，足球技術水準，已發展到合作無間，好到巔毫、無懈可擊的藝術境界，相較之下亞洲目前的足球技術，實在落後了一大段距離。」

「義大利對德國一場準決賽，最緊張刺激，扣人心弦」

「戰略戰術方面，分兩大類型，一為以防守為主的，以義大利、烏拉圭、蘇俄為代表，小心謹慎，穩紮穩打。一類以攻擊為主的，如巴西，德國。論優劣各有千秋，但最後的結果是採取攻勢的球隊，奪得了冠軍。」

黃武雄在字裡行間透露的興奮，反映一位懷抱足球夢的臺灣人，在長年耕耘足球事業後，終於能置身世界盃現場、見證王者對決的驕傲與悸動。然而黃武雄的闖蕩之旅還未完全結束。

一九七一年到一九七三年，黃武雄在聯合國國際文教基金會的獎學金補助下，申請前往義大利米蘭，攻讀地震學和結構工程的博士學位。在公餘時間，黃武雄則到當地球場觀察米蘭的足球風氣。同時，他也前往克朗瑪在德國的足球學校進修，並順道去瑞士的國際足總總部訪問。

在寫給中華足委的信中，黃武雄提到：

米蘭的電視節目裡每晚都有足球比賽實況轉播，在公園裡、空地上、停車場隨時都有人在玩足球，他們一天到晚樂此不疲，對於控球、腳法和第一時間對球的處理都很到家。米蘭現正舉辦聯賽，將於四月初復活節前產生全義大利的冠軍，然後參加歐洲杯的錦標賽。米蘭足球隊，去年曾得到世界性足球俱樂盃賽和歐洲盃賽的雙料冠軍。米蘭隊在歐洲和西德的拜爾、葡萄牙的賓非加、英國的曼聯、西班牙的馬德里等隊，都是人人皆知的一流勁旅。

這趟旅程讓黃武雄見識到足球文化在歐洲發展的興盛，也讓他更積極將國外足球知識介紹進臺灣。他除了在足協的官方刊物中連載當時世界足球的戰術水準，在往後每屆世界盃賽期，也透過報章雜誌向國內觀眾介紹各國隊伍。在臺灣社會普遍仍對世界盃感到不熟悉的七〇年代，黃武雄成為世界盃知識的引路人，以一雙雪亮的眼睛為臺灣人看進世界盃的風采。

華視轉播：世界盃球賽成為日常

早在臺灣電視開始轉播世界盃賽事之前，一九六〇年代的臺灣就已經會陸續轉播國內與國際間零星的足球競賽。國內球賽有像僑生盃、大專盃、足協盃等全國賽事，而最早在電視上轉播的國際比賽，則有一九七〇年代臺視以影集方式錄播的英格蘭甲級聯賽，每周六中午到下午都會固定播放一集。中視則選擇錄播歐洲各大盃賽，搭配歷史運動相關影集，炒熱觀看運動的氣氛。

一九七四年第十屆的世界盃在西德舉行。臺視選擇以錄播方式播放當年由西德的貝肯鮑爾對決荷蘭的克魯伊夫的決賽。雖然那年世界盃轉播只是初試啼聲，但在那個電視轉播以國家隊競賽為主的年代，臺視打破電視只播三級棒球賽的慣例，轉播來自遙遠國度的職業競賽，這是戰後臺灣體育電視史的重大突破。為了吸引觀眾收看賽事，臺視還特別邀請李惠堂進行實況講解，《聯合報》上也記錄在一九七〇年後，全球同步透過電視收看世界盃的新興現象：

> （一九七四年）世界盃足球大賽，除了慕尼黑奧林匹克球場的八萬現場觀眾外，全球估

計有八億電視觀眾，觀賞這場空前的比賽。冠軍爭奪戰的現場入場券，黑市售價高達每張新臺幣二萬餘元。

也許是因為觀眾反應不錯，四年後，臺視決定在一九七八年的世界盃中加播季軍戰。相較華視也在那年將世界盃的小組賽、淘汰賽與決賽畫面，剪輯成一段一小時的精華節目。相較於四年前，這次世界盃臺灣人展現更大關注，也更積極爭取觀看比賽的機會。例如有一位民眾向報社投書，呼籲華視、中視、臺視等三臺一定要轉播球賽，好讓國內觀眾一飽眼福：

編輯先生：

此次世界盃足球大賽，引起國際性的注目，全球四分之一以上的人口所能觀賞到的精采比賽，在我們這裡彩色電視如此普及的地區，卻無福享受高水準的體育節目，不禁令我們懷疑到底電視機是為誰而存在的？體育的社會功能大家都很清楚，而我們的電視臺為何無視其重要性，也沒顧及各層面的需求；而不盡其應盡的社會責任？在此籲請電視臺諸公增加體育性節目，為電視觀眾多做一些服務，不要在綜藝節目及連續劇中打轉。

一讀者謹啟

一九八二年臺灣的世界盃轉播立下重要的里程碑。當年華視繼聯勤之後，成為主管中華足協的主要組織，並在一九八六年正式簽約取得世界盃轉播權。為了推廣足球和增加收視率，華視選擇播出世界盃其中十六場比賽，讓世界盃在臺灣成為亞運、奧運之外最大型的運動賽事轉播。當年西德和義大利的決賽，更首次以實況轉播方式呈現給臺灣觀眾。此後世界盃轉播一直是華視的重大任務，轉播場次也從原先的十六場，一路擴展到後來的全程轉播。

然而，由於世界盃轉播耗費甚鉅，華視不得不另外增加收益以彌平開支。其中廣告商的贊助特別作為球賽能否順利播放的關鍵。一旦節目內容不受廣告商青睞，或比賽隊伍無法拉抬收視率，廣告商就不願意投資。世界盃的商業利益因而成為球賽能否順利呈現給觀眾的決定因素。

受到上述原因影響，華視開始與媒體合作。他們會預先透過報紙宣傳吸引觀眾目光，比如與《民生報》舉辦預測冠軍的抽獎活動，並以一輛轎車為最高獎項。同時，《民生報》也會提供每日賽事資訊與轉播服務等訊息。一九九〇年開始，《聯合晚報》在世界盃舉辦期間定報導相關奇聞軼事，例如埃及有一名公務員因為國家代表隊慘遭淘汰而選擇上吊；義大利在擔任世界盃主辦國那年，電影業的收視率減半，因為觀眾都蜂擁去看球賽；還有鄧小平每天晚上都會熬夜看球等等。新聞媒體透過報導營造大賽的氣氛，讓愈來愈多觀眾感受到球賽的魅力。

當觀看世界盃賽逐漸成為許多臺灣家庭的日常，從一九九〇年的第十四屆世界盃開始，臺灣觀眾除了透過華視看球賽轉播，也開始會在家中偷偷裝設「小耳朵」收看球賽。這種遊走於灰色地帶的觀看球賽行為，是臺灣解嚴前後特殊的社會現象。

從八〇年代末開始，衛星電視悄悄改變臺灣的電視生態。一九八四年，日本ＮＨＫ（又稱為日本放送協會，為日本公共媒體機構）為了服務偏鄉地區的電視轉播，領先全世界地將電視轉播訊號打上衛星。衛星轉播因而成為當代電視科技的主流。

當時臺灣同樣能接受到日本ＮＨＫ部分頻段的衛星訊號，因此被暱稱為「小耳朵」的衛星接受器，開始不斷被走私到一般臺灣家庭。透過小耳朵裝置，臺灣觀眾能收看日本電視臺即時轉播的世界盃足球賽，從當時各家報紙上，我們甚至能看見許多篇報導發布小耳朵播映節目的資訊。例如在一九九〇年六月八日的《聯合晚報》上，便有一篇文章提到：「本報為提供讀者最佳之資訊服務，自今日起將每天在義大利舉行之世界盃會內賽各隊出賽戰況立即向讀者作評論報導，俾便讀者在觀賞小耳朵及華視錄影轉播參考」。

由於八〇年代取得轉播權的華視，只會從八強賽開始進行實況轉播，許多觀眾因此轉而使用小耳朵收看世界盃直播。小耳朵成為媒體與觀眾之間心照不宣的公開秘密。當時甚至發生過一起有趣的事件：一名透過小耳朵收看世界盃轉播的臺灣觀眾，因為聽不懂日本電視臺在比賽過程以日文講解，而投書給華視要求電視臺也跟進球賽的全程直播。

然而臺灣在解嚴後轉播權利金的逐年增加以及有線電視生態的轉變，都讓華視在不堪虧損的情況下逐漸產生交差了事的心態。華視在一九八二年首度轉播世界盃時，斥資約二十萬美金取得轉播權；到了一九九八年時，華視轉播的權利金已高達五千萬新臺幣，且必須靠著廣告填補赤字。另一方面，隨著解嚴以來如雨後春筍般冒出的電視頻道與老三臺競爭觀眾，華視的廣告收益也無可避免地受到影響。

上述種種因素，都讓華視在一九九八年選擇放棄世界盃轉播工作。華視不再轉播世足，可說是宣告一個時代的結束。但是他們十幾年的經營，卻也替臺灣奠定一批關注現代體育文化的觀眾，透過華視收看世界盃足球賽，成為一代球迷的成長記憶。

第十五章　木蘭女足：臺灣足球的下一個希望？

一九六八年，香港女子足球委員會負責人陳瑤琴邀請中華民國足球協會參加第一屆亞洲盃女子足球賽。然而，當時仍在推動男子足球的中華足協認為臺灣足球還在起步階段，並不適宜推動女子足球，因此婉拒了邀請。

儘管如此，中華民國仍答應加入同年於香港創立的亞洲女子足球協會，成為創始會員國之一。亞洲女子足球協會由陳瑤琴擔任會長，婦聯會的皮以書擔任副會長，呂錦花擔任執行委員。陳瑤琴出生於香港，一九六二年加入元朗足球會擔任班主，她長期推動女子足球發展，並創辦第一屆亞洲女子足球錦標賽。皮以書是四川人，畢業於北平中國大學及俄國中山大學，當時擔任立法委員和中華婦女反共聯合會總幹事。呂錦花則是出生於臺北州土城庄的「半山人」，從北一女中畢業，擔任婦聯會的副總幹事。

當時全世界推動女子足球的國家不多，臺灣少有參考對象。在一九七二年，中華足協特別在臺北市重要的國務場所「自由之家」邀請體育界、醫學界、教育界等專家舉行了一場研討會座談，討論女生是否能進行足球這類激烈運動。當時推動女子體育的高梓女士表明，由於她是保守派教育人士，因此不太贊成激烈的女子足球運動，但如果女孩子喜歡踢球，那可以將足球當成一種輕鬆的娛樂，不必大力提倡。同時高梓也說：「教育是幫助女性有幸福的未來，激烈的運動不宜重視，偶爾練習即可。」除了高梓之外，也有「專家」從醫學角度出發，提出女生的身體不適合踢足球的建議。例如一名三軍總醫院的醫生指出：「女性從事運動應注意體能與年齡，不要忽略科學根據，一般說來女性生理比男性還要差」。但其中仍有支持的聲音，例如推動女子足球運動的北商女教員認為：「只要有興趣，就會適合這種運動，勝任這種運動。」

在歷經兩個半小時討論後，各方代表終於達成共識。他們同意中華足協推動女子足球的輔導政策，但國內女子足球員能否參與正式國際比賽，則視球隊本身實力，應該在有獲勝把握的情況下再參加。而女子足球的國內競賽，則須依靠對該項運動有興趣的人們自食其力推廣。女生能否踢球，就這樣被一群人決定下來了——至少不是被全面禁止。

即使全世界都反對，仍然有聲音期待被聽見

綜觀當時世界各國的足球文化，由於人們普遍強調足球陽剛、對抗的運動特質，並不特別受到鼓勵女子足球。尤其英國的公學校是以男性為中心推廣足球教育，自始至終女性能否踏上球場，或陰性特質能否出現在足球場上都一直受到激烈爭辯。在足球的母國英格蘭，社會大眾一直以來也都認為：「不管是男性工人的宗教信仰，還是無產階級社區生活的紐帶，顯而易見，對許多人來說至關重要的一點是，足球就是男子氣概的代名詞」。[1]

英格蘭的女子足球誕生於一八九四年的英國女子足球俱樂部（British Ladies's Football Club）。一名英格蘭女性亞爾佛雷德（Alfred Hewitt Smith）化名為Nettie Honeyball，透過報紙號召喜歡踢球的女性參與足球運動。

⚽體育小百科

英格蘭女子足球：大不列顛最早的女子足球球會是一八八一年在蘇格蘭成立的Mrs. Graham's XI，該球會由海倫·馬修斯（Helen Graham Matthews）化名建立，第一場有紀錄的比賽，是在一八八一年的愛丁堡複活節路體育場舉行。但一周後比賽就因為人群抗議與暴力圍攻而取消。此後類似狀況層出不窮，讓英格蘭子足球發展一直陷入困境。

她在接受《康瓦爾電訊報》的採訪時說：

> 為什麼不行？女性難道不是和男性一樣優秀嗎？我們女性長期以來遭受貶低，被視為劣等的第二性。這個問題縈繞在我腦海許久，既然男性可以踢足球，那麼女性當然也可以。

沒想到亞爾佛雷德的文章被刊載後，竟然有三十多名女性響應她的號召報名參與運動，這一群人促成俱樂部的誕生。儘管當時英格蘭的社會仍有不小質疑聲浪，懷疑女性並不適合男性發明的足球、女性穿著球衣踢球是娛樂性大於競技性。但隨著婦女地位在第一次世界大戰中上升，女子足球有了發展空間。當男性前往戰場時，婦女進入工廠，在組織娛樂活動的背景下開始發展女子足球。到了一九二〇年代，全英國已經出現一百五十家女子足球俱樂部。甚至在一九二〇年，一場在艾佛頓主場古德森公園（Goodison Park）舉辦、由當時英格蘭最頂尖的兩支女子足球隊迪克、克爾女子足球隊（Dick, Kerr Ladies）與聖海倫女子足球隊（St Helens Ladies）相互對戰的比賽，竟然吸引了五萬三千名觀眾進場。這個紀錄直到一九九九年的女子世界盃才被打破。

然而這場比賽也驚動了英格蘭足球協會，在一九二一年十二月，英格蘭足球協會突如其來宣布禁止女性在足協附屬場地比賽。這項禁令基本上等於連在社區小型球場，都不能舉行正式的女子足球比賽。禁賽的背後原因是英格蘭足協理事會議認為：「足球比賽非常不適宜女性，不應該受到鼓勵」。甚至有醫學專家在接受《伯明罕每日公報》訪問時指出：「女性的體格比男性更為圓潤，她們的動作也應更圓潤，少做一些尖銳的運動」。這項禁令一直到一九七一年才被解除。

女子足球在足球母國英格蘭的發展都是如此，更遑論世界其他角落。即使往後數十年無數人們前仆後繼提出挑戰，不同國家的足球協會仍限制女性參與足球，女性因此只能在克難的場地踢球。當時連在臺灣推動足球的德國教練克朗瑪，在接受《中央日報》訪問時也提到：「足球，是男孩子的『愛人』，如影隨形，但它絕對不適合作女性的運動。因為它是激烈的運動，無法與女性連在一起」。儘管如此，不同國家的人們仍嘗試衝破性別的桎梏，例如巴西第一位女性足球裁判蕾亞．坎博斯（Lea Campos），便是因為發現巴西的足球禁令只限制女性踢球，沒限制女性擔任足球裁判，因此以考取裁判證照方式挑戰國家體育制度。這些來自世界各地足球界探討女性能否參與足球運動的聲音，成為七〇年代臺灣發展女子足球時重要的參考指標。

木蘭女足的誕生

香港女子足球會的陳瑤琴在組織第一屆亞洲女子足球大賽時，一共邀請了中華民國、新加坡、馬來西亞、香港等四個國家。當時，臺灣的靜修女中已經成立一支足球隊，也準備好一獲得邀請就前往香港參賽。然而中華足協、教育部等單位以及多數專家，卻認為以一支學校足球隊代表參加國際賽，陣容似乎顯得過於單薄。靜修女中足球隊因此在多數聲音反對下無法前往參賽。

不過由於在同一年，中華民國加入亞洲女子足球協會，中華民國政府在各國沒有太多先例的情況下，仍於一九六八年十

一九六七年的靜修女中足球隊與臺北體育記者進行友誼賽，靜修女中足球隊是臺灣第一支女子足球隊。（國史館藏）

月的萬壽盃舉辦女子組足球賽。為了提倡國內女足，臺灣一共有三支女子足球隊報名參加，分別是岡山農校、嶺東商專和臺北商業。而當年在亞洲較早推動女子足球運動的香港也派出女子足球隊來臺參賽。自此之後，每年萬壽盃臺灣對戰香港女足的比賽成績，成為中華足協評估臺灣女足能否參與國際賽的標準。

從一九七二到一九七三年，來自臺南的曾文家職兩度擊敗來自香港的女足代表隊，在萬壽盃中奪得女子組冠軍。一九七四年香港組織女子明星隊前來臺灣挑戰，卻意外敗給臺中的佩登斯女足隊。佩登斯女足是由臺中大德國中和四育國中的學生組成的隊伍，這群學生在進入國中後才開始踢球，相比起成年的香港明星隊，她們只有一、兩年的球齡，在體型跟技術上也落後不少，然而比賽結果卻以一比〇大爆冷門獲得勝利。這次比賽讓中華足協注意到，能進一步組織臺灣女子足球的時機似乎到了。

佩登斯女足的教練劉潤澤青少年時代在員林實驗中學念書。最初他在學校的僑生隊擔任幫忙撿球的球僮，之後進一步成為足球員，並曾代表彰化參加省運足球賽。一九七一年劉潤澤在省立體專畢業後，與同好在臺中組織「新一點靈足球隊」。退伍後他到臺中大德國中任教，原先他負責訓練男生踢球，然而在考慮到臺中足球環境難以和南部跟北部隊伍對抗後，劉潤澤轉而訓練女子足球。

一九七五年一月，中華民國女子足球隊正式成軍。在選拔出球員後，女足代表隊選擇在臺中省立體專進行集訓。當時擔任足協理事長、同時也是聯勤總司令的鄭維元，特別指示聯勤建華廠提供代表隊必要的物資供應，希望讓球隊能專心訓練。鄭維元並且將球隊命名為「中華木蘭女足球隊」，希望球隊效仿木蘭代父從軍的精神為中華民國爭取榮耀。經歷一個月集訓後，球隊先行解散。鄭維元也承諾為推廣女子足球運動，將會督促足協幫助解決選手學業問題。

同年的五月十日，中華足協為了參與八月在香港舉辦的第一屆亞洲盃女子足球賽，特別利用第二屆全國足協盃，從參賽各隊選拔女足代表球員。經過競賽後，中華足協共選出十五名位正選、兩名候補球員，並由大德國中的劉潤澤擔任代表隊教練。但後來球員因為簽證問題，無法前往香港參與亞洲盃。

在此同時，大德國中和四育國中的選手也漸漸成長，並在官方安排下進入臺中宜寧中學讀書。宜寧中學的前身是一九四八年蔣緯國在南京成立的裝甲兵子弟學校。中華民國政府遷臺後，裝甲兵子弟學校在一九五一年改名為私立宜寧中學。該校與軍方關係良好，為了解決國家代表隊選手的集訓和升學問題，中華民國政府安排足球隊教練和選手一併轉入該校就學。

宜寧中學成為孕育木蘭女足的搖籃。對於在宜寧中學就讀的記憶，木蘭女足前隊員張敏惠曾分享道：「教練當時責任很大，又必須對家長負責，所以對球員生活要求非常嚴格。一年三百六十五天，只有在大年初一那天沒有踢球；隊員們的生活也很單純，只有球場、學校、家裡。」但這群年輕的球員偶爾也有偷閒的時候。每當訓練告一段落，一群人結伴去吃臺中的「豐仁冰」，是在炎熱而艱困的集訓中難得的休閒時光。豐仁冰的滋味也一併成為這群球員最甜的回憶。

一九七六年，宜寧中學足球隊參與第三屆全國足協盃。歷經五天激戰後，

一九七七年木蘭女足前往東南亞進行交流賽時，在臺灣舉行授旗儀式。（國史館藏）

宜寧中學贏得了冠軍。有鑑於此，中華足協決定以宜寧中學為主體，搭配其他學校的學生組成木蘭女子足球隊，準備參與一九七七年在臺北舉辦的第二屆亞洲盃女子足球賽。但是木蘭女足的實力到底如何，足協並沒有一定把握。因此在一九七七年，木蘭女足在亞洲女子足球協會的安排下，率先前往東南亞展開為期三周的訪問。她們志在觀摩，不在爭勝。

一九七〇年代開始，中華民國男子足球在東南亞每況愈下的成績，讓海外華人感到失望與洩氣。因此木蘭女足的到來，讓當地華人抱持著既期待又怕受傷害的心理去觀賽。當時中華足協已經被逐出亞足聯，無法以中華民國名義和亞洲各國進行交流。球隊只能在球衣上繡著大大的「木蘭」兩字作為中華隊的代表。然而在海外華人的心中，這兩個字仍然代表中華民國。木蘭女足彷彿被寄託代父從軍的期許，試圖在艱困的國際局勢中打出一片天。

沒想到，木蘭女足在第一場與泰國國家隊對戰的比賽中，就以三比二獲得勝利。這項驚人的成果讓現場五千名觀眾議論紛紛。要知道，泰國隊可是前一年亞洲盃的亞軍啊！由於木蘭女足在泰國表現優異，做為地陪的僑領、同時也是中華足球協會名譽理事的杜木秋，特別在木蘭隊住宿的大飯店設宴為該隊餞行。杜木秋對木蘭女足的表現可謂相當滿意，這次的友誼交流也讓東南亞各地的華人對中華隊充滿期盼。

此後，木蘭女足繼續在新加坡、印尼等地訪問。在東南亞三國進行的九場賽事中，木蘭女足一共贏得八勝一和的戰績，出色的成績讓體育專家們跌破眼鏡，中華足協也決定爭取第二屆亞洲盃女子足球賽的主辦權。當時前往採訪的《聯合報》記者楊武勳撰文提到：

中華木蘭隊這次遠征東南亞，原是抱著學習觀摩的態度，如今連戰皆捷，國內足球界都有出乎意外的感覺。尤其是木蘭隊在泰國連勝兩場，其中一場擊敗亞洲第二名的泰國代表隊，更難能可貴。

從木蘭隊這次東南亞遠征，可以看出女子足球這項在國內新興的運動項目，已有相當水準，值得更加強推展。也是給我們發展這項運動的鼓勵。

在結束東南亞的訪問回國後，木蘭女足的主要成員宜寧中學足球隊又前往夏威夷，參加國際女子足球邀請賽，並再度以四勝一和的成績拿下冠軍。木蘭女足優異的成績不僅吸引足球相關人士的矚目，也讓臺灣的體育界和媒體開始注意到國內女子足球的發展。

接下來在一九七七年八月，第二屆亞洲盃女子足球賽在臺北體育場正式揭幕。這場賽事共有中華民國、新加坡、香港、泰國、印尼、印度及日本等七隊參加，每支隊伍先進行小組賽，再進入淘汰賽。在開幕戰中，木蘭就以五比〇輕取印尼隊，大大引起臺灣觀眾注目，如同《聯合報》中寫道：「這場是在國內舉行的第一場國際性女子足球賽，中華隊精彩的表現，非但大大提起觀眾對女子足球運動的興趣，熱心提倡女子足球運動的領導單位，也信心倍增」。

獲勝的捷報一傳十、十傳百，隨著木蘭隊在比賽中漸入佳境，越來越多觀眾開始注意到這支球隊。人們對木蘭女足的關注，彷彿重現一九六七年亞洲盃東區預賽的盛況，又好像回到一九六八年紅葉少棒擊敗日本和歌山少棒的景象般，觀眾們期待中華隊再度站上亞洲之巔。

終於，在亞洲盃決賽，木蘭女足面對老對手泰國隊，不負眾望地以一比〇擊敗對手，在第一次參與國際賽中就獲得冠軍。當哨音響起時，全場兩萬五千名觀眾將臺北體育場擠得水泄不通，球迷們高興得跳起來，一再為木蘭歡呼。木蘭的領隊石爾璽也高舉國旗，率領全隊球員繞場一週接受球迷們喝采，享受勝利的榮耀。

此後，木蘭女足儼然成為臺灣媒體、觀眾與海外華人的寵兒，也被派遣到世界各地參與不同足球賽事。其中包含夏威夷國際女子足球賽、芬蘭「赫爾辛基」盃、瑞典「戈夏盃」等。她們所到之處僑胞都爭相邀宴以表達熱烈歡迎。中華足協也讓木蘭女足的選手隨身攜帶國旗小徽章，分送給各地華人，這群球員儼然成為國家的代言人。

而木蘭的成軍故事也引發國內觀眾好奇，開始被塑造成神話。如同在一九七八年十月《聯合報》上一篇報導曾寫道：

五年前，在臺中大德國中光禿禿的操場上，一群女孩子在踢小石子，她們不顧太陽的炙熱，腳指頭發痛，更不在乎別人的批評和譏笑，越踢越有興趣，誰也沒想到，這群當初被大人們認為在胡鬧的女孩子，後來會成為一支揚威國際，為國爭光的國家女子足球隊。

這段對木蘭女足誇大不實的描述，與一九六八年一舉擊敗世界冠軍的紅葉少棒，在報紙上被塑造為「以石頭為球、竹子為棒」的堅忍形象異曲同工。兩者都反映出中華民國政府為了突破國際困頓局勢，透過塑造運動神話以排解社會情緒、渲染國族精神的策略。從六〇年代的紅葉少棒、一九七〇年代的三級棒球到一九八〇年代的木蘭女足，運動員前仆後繼被國家動員，在為國家爭取榮譽之際，也形塑一代臺灣人的國族記憶。

世界女足的推廣中心

一九七一年當中華民國退出聯合國，各項國際運動會籍也逐漸遭到中華人民共和國取代時，中華民國政府為了保持臺灣體育和世界各國的聯繫，開始舉辦各式各樣的邀請賽。當時臺灣正處在經濟起飛年代，國內的財政基底讓官方有舉辦國際賽事的餘裕，因此當木蘭女足在一九七七年奪下亞洲盃冠軍後，中華足協決定：不如我們來辦世界女子足球邀請賽吧！

一九七八年，中華足協在臺北舉辦了史上第一次的世界女子足球大賽。由於當年臺灣沒有專用的足球場，每次重要足球比賽都是在臺北市立體育場舉行，因此臺北市政府特別規畫更新臺北體育場草皮。而足協也積極寄送電報與信件，甚至派遣專人前往世界各國，邀請不同國家派遣隊伍到臺灣參賽。除了非洲以外，中華民國一共邀請了十二支隊伍來臺，包含英國、法國、奧地利、加拿大、丹麥、澳大利亞、芬蘭、瑞典、瑞士、泰國、美國、玻里尼西亞等國。

為了吸引國外隊伍來臺參賽，足協還特別提供機票與住宿免費的優待，降低選手來臺參賽的負擔。同時在比賽以外，主辦單位也委請地陪安排觀光行程，費盡全力讓參賽各國有賓至如歸的感覺。中華足協熱烈的招待甚至引發一件有趣的插曲：一名加拿大隊的選手在接受《民生報》採訪時提到：「對臺灣的香蕉，真是吃怕了，足球協會一箱箱的香蕉猛送到她們下榻的招待所，加拿大隊為了消化這些供過於求的香蕉，前日舉辦了一個吃香蕉比賽，結果布蘭黛爾和卡妮都把肚子漲得像一座小山。」

一九六〇年代歐洲地區已經漸漸開放女性參與足球，過去禁止女性參與足球的法規慢慢被廢止，社會也開始允許女子足球俱樂部的存在。然而，當時許多國家並沒有選拔女子足球國家隊，因此各國派往臺灣的隊伍往往是單一支足球俱樂部的隊伍。例如當年代表法國的漢斯足球隊（Stade de Reims Féminines）是在一九六八年成立，但法國足協直到一九七三年才承認國內女子足球的地位。從一九七五到一九七七年間，漢斯女足隊在剛成立的法國女子足球聯賽中，連續三年奪下全國冠軍。

加拿大的代表則是「跑路者」女子足球隊（IODE Roadrunners），她們的成員主要來自溫哥華，成員身分包含教師、銀行職員、學生、律師與家庭主婦等，已經成軍四年。起初「跑路者」是由一群志同道合的朋友組成，平日會聚在一起練球。後來她們吸引各方好手加入，讓組織逐漸壯大。

這些海外球隊的故事都不是特例。在世界女子足球運動發展初期，由於中華民國亟需國際關注，不同國家的女子足球員則需要發展的舞臺，兩者因而在臺灣意外碰頭。木蘭女足因為戰績的強盛，無意間扮演了連結的角色，臺灣媒體也不禁承認：「我國此次能夠有大魄力舉辦一九七八年世界女子足球大賽，是因為國內有一支威名遠播的宜寧中學女子足球隊」。這群運動員以自身的努力改變女子足球的世界。在短短不到十年前，一群專家學者還煞有介事、正經八百地討論女生是否適合踢足球，如今情況已經被徹底翻轉。

第一屆世界女子足球賽事在一九七八年中華民國國慶日後舉行。在行政院新聞局及美國國家廣播公司的安排下，這項賽事在歐美地區三十餘個國家、四百家電視臺進行實況轉播，在臺灣則由臺視和中國廣播公司播報。同時《民聲報》也逐日報導各項花邊新聞和賽況，這項比賽儼然成為一場名符其實的世界大賽，成為全臺觀眾矚目的焦點。

儘管當時比賽受到婀拉颱風影響被推遲兩日，臺灣球迷觀賽興致卻沒有受到影響。而各國參賽選手也被當成明星追捧，像是瑞典的女子足球隊就應邀至

一九七八年第一屆世界女子足球邀請賽在臺北舉行，木蘭女足用一己之力，改變了女足在臺灣、在世界的地位。（國史館藏）

臺視綜藝節目「錦繡年華」錄影，在現場演唱了一段瑞典民謠。隨著足球賽事白熱化，九天賽程一共進行四十三場比賽，最終法國和芬蘭以五勝三和並列冠軍，木蘭隊則以四勝二和一負排名亞軍。比賽在臺北體育場三萬名觀眾的歡呼喝采中圓滿閉幕。

這次大賽對長年缺乏邦交國的中華民國而言具有相當重要的意義。透過不同國家友誼性的交流，中華民國政府達成國民外交的目的。《聯合報》的一篇報導便提到：

> 她們（參與世界女子足球賽的成員）曾參觀國慶閱兵大典，使她們認識我國的繁榮與進步，及維護民主自由的決心。這種種對國際上的影響力，深入而廣泛的宣傳，其豐碩的收穫，真是難以估量，更非其他方式可能代替，舉辦這次世界女子足球比賽意義的重大，也就不言而喻了。

為了達到政治宣傳目的，中華民國陸續在一九八一、一九八四和一九八七年舉辦三界世界女子足球邀請賽，也提供經費支持世界各國選手來臺參賽，讓運動同時兼顧為國爭光與宣傳國家進步發展的意義。而在一九七七年中華民國首次舉辦世界女足邀請賽後，這項賽事也引起國際足總注意，一九七九年二月《聯合報》的一篇報導就提及：

> 國際足球總會秘書長凱瑟，與技術組長布拉特日前致函全國足協，對於我國去年主辦世界女子足球大賽圓滿成功，以及辦理足球幹部講習的認真，表示讚揚和敬佩。

從七〇年代末到八〇年代，國際間以女子世界盃為號召的比賽，除了有臺灣這項別名為「中華盃」的足球比賽外，還有一九八一年到一九八八年在義大利舉行的「蒙迪艾利托盃」（Mundialito，意為小世界盃）。這兩項比賽都作為日後國際足總籌辦女子世界盃時最重要的參考對象。

事實上，從臺灣舉辦第一次世界女足邀請賽，國際足總就已經開始考慮增設世界性的女足賽事。國際足總於一九七八年獲得臺灣主辦世界女子足球邀請賽的資料後，訂出增設女子組的比賽草案，卻在會員大會中遭到多數國家否決。但是當一九七九年，中華女足隊蟬聯亞洲盃冠軍後，國際足總再次以中華民國成功發展女子足運的案例向委員遊說，終於獲得多數委員同意，也讓女子世界盃變得可行。在一九八四年國際足總正式宣布，第一屆女子世界盃將在一九八七年於日本舉行，雖然這場賽事因故推遲到一九九〇年，但世界女子足球的歷史已經翻開嶄新的一頁。

為了確保世界盃女足賽事順利運行，在一九八八年，國際足總先在中國廣東試辦了一場世界盃女子足球邀請賽，並參考一九八七年臺灣舉辦的女足邀請賽戰績，邀請十二支足球隊參與。當比賽順利完成後，國際足總正式敲定一九九一年的第一屆女子世界盃，也將於廣東舉行。

當女子足球終於在國際體育賽事中變成可見的運動項目時，木蘭女足卻在一九九〇年的亞運中首次掉出前三名。隨後，球隊更因球員人手不足、比賽整體成績下滑以及觀眾減少，讓「木蘭」從此成為歷史名詞。

在木蘭女足全盛時期，這支隊伍除了被賦予為國爭光的榮譽感及使命感，木蘭球員在足球場上更被要求展現強壯、爭勝等陽剛的特質。相反的，如果球員有受傷、畏縮的表現，就等於丟了國家顏面，也等於拋棄同伴。國家對運動員的動員，讓這群女性的身體成為國家宣揚意識形態的場合，她們不得不展現勇敢，卻也失去表達自我話語的空間。儘管在八〇年代，「木蘭」贏得空前的成就，臺灣女足卻也因為政治的需要、官方單位將資源集中投注在同一批選手，讓下個世代的球員遭受忽略，缺少被培訓的空間。最終，七〇、八〇年代的臺灣女足，成為臺灣足球史上曇花一現的身影。

番外篇：一九八一年的臺北奇蹟

二〇二〇年，德國體育紀錄片導演約翰・大衛・塞德勒（Dr. John David Seidler）拍攝的《臺北奇蹟》(*das Wunder von Taipeh*)，述說在一九八一年一支西德的女子足球隊貝爾吉施格拉德巴赫〇九隊（SV 09 Bergisch Gladbach）前來臺灣，參加一場類似世界女子足球的錦標賽。當這支球隊奪得冠軍凱旋歸國後，女足在德國的地位不僅大幅提升，更迫使德國足協（Deutscher Bußball-Bund, DFB）成立國家女足代表隊。

在過去某一段時期，女性在參與踢球上遭受的限制，可說是不分國家共有的「普世現象」。一九五五年，德國足協做出禁止女

一九八一年，抵達中正機場（今日桃園機場）的西德貝爾吉施格拉德巴赫〇九隊。從照片中可以看到隊伍背後，掛有歡迎華僑歸國參與雙十國慶的布條。（國史館藏）

子足球賽的裁決，該項禁令持續了十幾年。直到一九七〇年，德國足協才有條件地取消禁令。女子足球賽被解禁後，德國各地紛紛開始組織女子球隊與足球協會，女性踢球的風氣也漸漸盛行。在一九八一年，臺灣邀請德國派代表來參與世界女足邀請賽時，德國由於尚未成立國家女足代表隊，因此派出當年獲得國家女足甲級聯賽與德國足協女足盃（DFB—Pokal der Frauen）雙重冠軍的隊伍——貝爾吉施格拉德巴赫〇九隊來臺灣。

當時，儘管貝爾吉施格拉德巴赫〇九隊面臨種種不利因素，包含德國國內的不支持以及隻身前往臺灣這個陌生國度參賽的未知性，但德國隊卻在邀請賽中連戰皆捷，最終奪得冠軍。這支隊伍優異的表現讓她們在回國後迫使德國足協派代表接見。其後在一九八二年，德國更正式成立女子國家隊。這一切的起點都源自一九八一年那場前往臺灣的意外旅程。

---

1 Jean Williams, A Game for Rough Girls?: A History of Women's Football in Britain. London,Routledge, 2013, p25.

第十六章　運動是榮譽、生計還是自我實現？

「揠苗助長」也是不容忽視的問題。多數項目的基層教練有急功近利的心態，對少年選手施予超重的訓練，影響他們的身心發展，未成年就因受傷而被迫從運動場上悵然退休。此外，運動員的出路太狹窄，少年成名的選手逐漸長大後，體認「運動是年輕時候的事，飯碗卻得顧一輩子」，於是提早退休，使高中及大專階段的運動人口驟減，影響體育的正常發展。（聯合報，一九八六）

一九七〇年代開始，中華民國的國際地位遭遇嚴峻考驗，除了各項運動組織面臨被中華人民共和國取代的窘境，中共從一九七一年開始更著手推行「小球轉大球」的乒乓外交，試圖改善中美關係。

體育政策的地位在兩岸都上升到國家外交戰略層級，這讓中華民國政府在一九七三年，成立隸屬於教育部的體育司，統一管理國際與國內的體育政策。同時，官方也開始改組全國各個單項運動委員會，將這些原先由體育協會管理的組織轉變成獨立的法人機構。這項決策讓不同協會擁有更大的靈活性，能單獨和國際組織交涉，以擴充參加國際體壇的能量。

在國家力量推動下，臺灣的體育事業在一九七〇年代蓬勃發展。一批又一批選手藉由升學、保送、安排擔任學校教師、加入公營企業球隊等方法，在政府影響力所能及的地方，延續他們的運動生涯。對於官方而言，能持續打造產出運動員的系統，遠比運動員的個人生涯發展來的重要。然而，這種政策安排卻也使無數喜愛運動的人們在國家隊的聚光燈外，黯然地轉身離開。

中華足協與體育協進會改組：一九七〇年代體育外交戰略布局

隨著戰後數十年國際體育賽事蓬勃發展，奧運、亞運等大型國際綜合運動比賽的數量與規模都逐漸增加。不同運動項目開始能獨立主辦世界級、洲際級的國際賽，讓跨國交流機會大幅上升。有鑑於此，一九七二年內政部發布改組體協的通知，讓名義上是獨立社會法人的中華民國體育協進會（以下簡稱全國體協），進行一連串組織分工與權責分布的改革。其中有諸多制度仍沿用至今，形成今日我們對臺灣體育行政組織的認識。

如同前章提及，戰後臺灣的足球體育事務主要由全國體協管轄。而全國體協之下，又分為「省體育會」、「直轄市體育會」與「全國單項委員會」。省體育會和直轄市體育會分別以臺灣省和臺北市作為行政業務範圍，而全國單項委員會則以個別運動項目為單位，負責處理各項體育賽事的推動。然而，長久以來全國體協都面臨組織不健全和缺乏經費的問題。過往各單項運動委員會由於不具備法人身分，因此在與國際組織交流時，往往要透過體協居中聯繫，無法獨立運作。

考量到行政程序上的不便，內政部在一九七二年建議將體育協會與各項運動委員會架構區分開來，以和國際體育組織接軌，並將各項運動委員會改組為協會。[1]除此之外，內政部也認為有必要清楚區分「全國體協」與「國際奧委會」的功能定位。如此一來，成為法人的單項運動協會不僅能獨立運作，全國體協也能更專注在推動國內運動發展。這項改革在國際體育賽事成為國家外交重點戰略的一九七〇年代，不僅必要也刻不容緩。

為了回應內政部的政策，教育部在一九七三年年初將全國體協改組列為重點項目。他們提出健全組織、經費、人事等計畫，作為單項運動協會能獨立運作的基底，同時也規劃舉辦競賽來吸引大眾參與。在改組後，各單項運動協會除了從委員制改制成會員制，讓更多關心運動的人能加入其中，同時也會透過收取會費獲得政府補助外更加穩定的財源。另外，體協會、單項運動協會的理事長和省市體育會的理事長，也共同成為全國體協的理監事。[2]

然而並非所有的體育組織都欣然接受中央的決策。臺灣省體育會與臺北市體育會（一九六七年臺北升格為直轄市）便對改組提出質疑，指出全國體協的改組應該和省、市體育會取得共識，國家應該透過「成立一元化的體育政策與組織，才能達成體育協進會領導全民體育的目標」。

照理來說，全國體協在改組後，各單項協會的會長和省、市體育會理事長，將一併成為全國體協的理監事，此舉應有利於健全省、市體育會的組織。可是省、市體育會所擔心的問題，在於全國體協和單項協會職權的擴大，將讓他們原有的權力被壓縮。在單項協會得以參與國內運動員培訓的情況下，省、市體育會的權責是否會被侵奪？省、市體育會轄下的單項委員會，是否也會被獨立出來？這些問題都引發省體育會和臺北市體育會的焦慮。

針對省、市體育會提出的質疑，國民黨中央黨部社工會主任邱創煥特地召開體育座談會進行協調。該次會議得出以下共識：為了配合國際體育組織，全國體協將依照原先規劃，將三十五個單項運動委員會獨立出來，但對於省、市體育委員會的改組則暫不執行。而隸屬於省、市體育會的各單項委員會，也將維持原有層級關係。但這些地方的單項委員會，可以選擇加入全國單項協會成為團體會員。至於省、市體育會的改組，則在兩個組織進行改選後再另行討論。

對於會議的結果，省體育會的理事長謝國城以及臺北市體育會的理事長陳清汾，都表示滿意與接受。

全國體協改組後，媒體也被分配到各單項協會，協助運動的宣傳與推廣。例如臺視負責橄欖球、中視推廣體操、華視負責角力、聯合報則主持田徑。這次體協改組的重點，是將原先實施委員制的單項協會改成會員制，希望藉此讓更多個人與民間團體參與體育事務，以擺脫派系的權力鬥爭。

原先為中華足委會的中華足協同樣在這波體育改革中受到影響。在一九六九年，陸軍總部退出經營足球後，足球委員會陸續委託臺灣水泥的董事長林登、國民黨的中央評議委員張炎元經營，但成效都不彰。[3]足球界人士因此迫切希望能再次將改組後的足協交由軍方主導，透過軍方領導以健全基層幹事部，並聘請專業人士，避免組織內部的人事任用發生爭議。

省、市體育會雖然第一時間並未改組，但公部門的經費補助經常會選擇直接補助全國單項協會舉辦比賽或訓練選手。省政府撥給省體育會的經費，也僅剩勉強維持辦公的水準。

這使省、市體育會的實際功能被侵奪，往後除了舉辦少數比賽，省、市體育會不再有經費舉辦選手訓練或有計畫推展各項運動，省、市體育會的位置因此逐漸被架空。

不過各縣市體育會作為地方單項運動委員會的主管機構，仍保有任命委員會負責人的人事權。而這些地方單項委員會在全國單項協會中，也做為團體會員代表的一分子，仍然擁有投票權。這也因此形成全國單項協會無權管理地方單項委員會、但地方委員會卻能左右全國協會決策的獨特現象。

黨政軍退場：威權時代體育事業弊病的浮現

一九八七年七月十五日，中華民國宣布終止戒嚴令，臺灣步入民主化時代。解嚴後民間的社會力量蓬勃發展，原先既有的法規也逐步鬆動，轉而回應各單位實際的需求。配合國家培育運動國手的年代結束了，取而代之的是社會和官方體育事業更加明確的權責劃分，以及各單位對於自身經營的考量。然而，在這種將體育「放在自身經營立場考慮」的背景下，隨之曝顯的卻是戒嚴時期由官方樹立的畸形體育制度，在行政體系轉型中面臨的適應陣痛。

黨政軍力量的退場，代表由官方挹注的經費大幅度減少，這大大衝擊各項運動組織的發展。在整體制度沒有顯著改變的情況下，許多運動協會面臨組織縮編、行政效率驟減等問題。而原先軍隊內部經營的球隊也紛紛面臨解散的危機。

一九八九年，國防部修訂了《國軍長期培養人才實施規定》，其中明令規定軍中球隊的人才選拔對象，必須是「現役之官、士、兵、學生，非現役選手則不予訓練經費補助」。這段法規對各軍種球隊而言無疑是重大打擊，因為過往軍中球隊的成員，十之八九都非現役軍人身分。例如在該項指令下，聯勤的籃球隊和足球隊就直接陷入解散危機。聯勤足球隊的二十四名球員中，只有六位是現役軍人，其他選手和教練均為外聘人員。這種情況在各個軍中球隊裡，並非罕見的現象。

而在一九九〇年，多項裁軍和整併案也陸續進行。在一九九九年中華民國政府推動的裁軍法案「精實案」中，[4]國軍決定解散軍中各項運動的培訓隊，轉而由替代役代訓制度，培養年屆兵役年齡的體育選手。這項決策使軍中體育在臺灣逐漸走入歷史。曾經在國軍體育培訓隊最盛期時期，軍中球隊由於肩負外交功能，而一度有多達二十幾支的隊伍。但在解嚴後，軍中的培訓隊卻因為軍隊定位與權責的更替，終於吹了熄燈號。

這種改革風氣不只發生在軍中，也同樣反映在臺灣省政府的改組上。一九九八年，臺灣宣布凍省，省體育會實質停止運作。在省體育會轄下的各項運動協會也被解散或改組。但各縣市體育會下的足球委員會，並沒有被劃分到中華足協之下。

這些縣市足球委員會的成員，多半由一九六〇年代以來一群地方參與足球活動的人士組成。由於足委會隸屬於各縣市體育會，不受到中華足協監督管理，加上足委會本身不具備法人資格，不會在人事任用與組織章程上受到相關法規規範，因此有志於參與地方足球事務的民眾經常不得其門而入，難以加入足委會或更改組織運作發法，這使足委會的運作逐漸朝向封閉。

綜觀一九七三年中華足協的改組，儘管協會歷經組織縮編和公部門的補助減少，但整體的組織架構仍延續至今。由於公部門資源對單項協會和各縣市足委會而言，仍是重要的經費來源，因此能提供經費支援的相關人士往往擁有更多發言權，並且地方足委常向全國足協爭取經費，或邀請政治人物擔任要職以爭取公部門資源。

而雪上加霜的是從六〇年代開始，中華民國政府推動全民體育的政策，讓培養績優運動員的重要性，遠比推廣一般民眾參與運動來得重要。運動技術的優劣成為衡量個人運動愛好高低的指標，比賽成為訓練成果的展示舞臺，也讓運動成為頂尖運動員專屬的事務。運動逐漸與社會網絡失去聯繫，難以爭取外界理解和支持。參與運動的人往往考量到運動提供升學、就業等保障的目標，或出國比賽的機會，一旦缺乏這些目標，運動訓練隨即淪為苦差事。

選手離開學校後的出路

在這次全國中正盃缺席的木蘭或良玉隊好手，絕大部分都是處於無隊可打的情形，尤其那些離開學校踏入社會的女球員，由於遭遇沒有可以讓她們再繼續踢球的環境，走出校門後，很多人便面臨就業困擾，無心再踢球。

——《民生報》，一九八四年十二月二十四日，第二版。

一九六〇年代，臺灣在推出體育保送制度後，運動成為如技職體系一般的職涯之路。體保生為了運動可以放棄學業，造成課業與運動互不相容的環境。同時，由於體保制只規範選手學籍，並未針對賽事參與年齡進行限制，因此當體保制已穩定運作、行之有年，許多選手為了取得保送高中與大學資格，經常選擇留級，以持續參與競賽的方式獲取適當成績，從中換得升學機會。一九七四年《聯合報》一篇報導就曾指出問題：

現行體育保送升學辦法最受人批評處，是已成為若干體育績優中學生升學的捷徑，變成「保障升學制」；而這些所謂體育「績優」學生，也未必皆為可造就的體育人才，但卻由於曾有過某一項體育優良表現的事實，即使學業成績很差，也獲得參加教育部舉辦「甄試」機會，有的甚至在考試時經「護航」而取得升學機會，大專聯招的升學競爭與他們無關。

然而這樣的呼籲，在臺灣不斷量產三級棒球冠軍的時代下卻一再被忽視。當有機會能生產世界級選手時，每一座獎盃、每一面獎牌都成為運動行政單位的免死金牌與政策執行的績效。但當運動選手從大學畢業、體育保送的路走到盡頭時，他們又該如何延續自己的職業生涯？

在討論這個問題前，我們必須先理解臺灣的體育行政制度是如何被規劃的。在中華民國政府遷臺初期，體育行政分別屬於教育部和社會部的業務範圍。這兩個單位針對體育事業，分別推行學校體育和社會體育的政策。然而在政府組織精簡的情況下，社會部在一九四九年遭到裁撤，併入內政部，體育業務也被暫時凍結。因此，往後中央對於體育業務的規劃幾乎都從教育部行政範圍出發，以校園為核心進行考量。例如教育部為了鼓勵民眾參與運動，而規劃開放學校運動設備，以供社區民眾使用。為了增加集訓與統一安排運動選手的課業，學校設立體育班與校隊等。儘管這些安排讓體保生的學習歷程變得齊整化，然而當運動員離開校園，運動行政就成為教育單位鞭長莫及的地方。

一九七八年，當宜寧女足拿下世界女子足球邀請賽亞軍後，旋即遇到升學和就業的問題。當時銘傳商專在校長包德明[5]支持下願意出面承接這批選手，但由於體育保送制度只允許選手進入體育相關科系就讀，宜寧女足一度傳出解散危機，直到中華足協安排畢業球員到聯勤兵工廠工作，問題才暫告一段落。在聯勤解決宜寧女足隊員就業的問題後，銘傳商專順勢在一九七九年成立女子足球隊，吸收各間國中的女足選手，提供升學的保障。

雖然教育系統積極處理選手升學問題，但這種狀況仍然換湯不換藥。在一九七〇年代末、一九八〇年代初，許多運動選手共同面臨職涯的困境。像是曾代表木蘭女足出征的選手馬雄秋在求學階段的遭遇，猶如許多體育人的縮影，在一九七八七年《民生報》一篇針對女足選手生涯發展進行追蹤報導提到：

> 馬雄秋銘傳念了六年被退訓、退學，重考省體限於隊籍還不得代表省體出賽，她今年畢業了，因為工作，她退訓了，被問及是否後悔退出木蘭隊，她搖搖頭：「足球終究不能給

我什麼！」

有鑑於職涯選擇的有限性，許多選手在大學、專科階段開始轉任教練，考取教師資格，準備進入各級學校擔任體育老師。而選擇延續選手生涯的人，則嘗試尋找進入社會球隊的敲門磚。

當時臺灣的社會球隊，少部分是與政府單位關係良好的民間企業協助出資，或透過建教合作[6]方式贊助球隊。其他多數則是由公營企業與軍種球隊配合政府實施的全民體育政策組成。公營企業的球隊為了使選手能專心訓練，時常提供正式職員的待遇，因此比起軍種球隊更加受到選手的歡迎。在一九八四年《民生報》的報導便提到：

在國內想靠踢足球來獲得基本的生活保障，女選手很難，男選手情況稍好些，起碼有兩、三家公、民營機構提供國內男子足球選手踢球環境，不過，那只是國內眾多球隊中的極少數，大多數足球選手仍苦無培養的環境，踢球而要餓肚子的為數不少。

相較於公營企業，軍中球隊不一定能夠提供正職，選手在踢球之餘還要另外尋找其他工作。像是被稱為臺灣男足國腳搖籃的飛駝隊，就只提供選手營養金和訓練津貼補助，無法提供正式職缺，球員因此面臨謀生的困題：

> 社會人士在飛駝隊踢球，聯勤並不代為安排就業機會，球員無法光靠幾千塊錢過活，為生活還需要自行另謀工作多賺點生活費，因此，現有廿六位球員中，大多數在外兼職，只是待遇好壞差別很大，也有部分人苦無正當差事可做。

社會球隊的成立，有些是企業家基於經營理念或對某項運動的愛好而予以支持，有些則是配合政策執行。由於缺乏整體一致的規劃，許多球隊隨著企業經營的人事更迭或政令的轉換，在八〇年代後逐漸消失、退場。選手離開校園後，如果沒有進入受到企業支持或軍方支持的球隊，本身必須直接面對生計的考量，許多人最終選擇另謀出路，漸漸淡出球場。

全國聯賽成立

1. 盃賽制 v.s. 聯賽制

六〇年代臺灣開始實施的體保制和全民體育政策，為體育選手帶來的最直接好處，是在運動技術方面的提升。從一九七一年開始，中華足球委員會（後於一九七三年改組為中華足球協會）就有籌組全國聯賽的想法，希望藉由建立全國聯賽制度，派出實力堅強的隊伍代表國家出賽。這是為了透過「以賽代訓」方式累積比賽經驗，更是為了解決七〇年代後期以來，球員離開學校後職涯發展空間窄小的困境。

盃賽是臺灣從日本時代以來習以為常的比賽運作方式，又被稱為錦標賽。依照賽制的不同，盃賽又有循環賽、單敗淘汰制，先循環後淘汰等不同的競賽方式，但共通點都是將所有參賽球隊集中在一定的時間與地點內，將賽事消化完畢。盃賽同時也是各項國際球類競賽的主流賽制。

七〇年代以來，臺灣的體育行政組織在成本考量下，經常將盃賽賽程壓縮在一周之內，主辦單位僅需於短期內協調場地、賽務安排，就能組織球賽進行，這有利於主辦單位的開支與規劃。對各支球隊而言，這種密集的賽程因為能減少交通與住宿的經費支出和時間成本，而鮮少有隊伍提出反對聲音。即便過度密集的賽程可能會造成選手受傷，都被認為是次要的問題。

然而，這種比賽型態過度壓縮、被暱稱為「大拜拜」的盃賽，卻造成種種負面影響。往往國小、國中、高中與社會組的球隊混雜在同個場地比賽，球場被破壞得寸草不生，連帶影響選手技術發揮。球員在經過數月苦練後，經常得在短短一個禮拜連續參加四、五場比賽。面對劣質的球場環境，球員的體能容易過度消耗，無法發揮最好的實力。而在每次盃賽期間，不同組別、數量猶如大雜燴般的隊伍組成，也讓有心支持的觀眾，失去觀看比賽的焦點。

當時中華足協主辦的全國賽事主要有四個，分別為中正盃、足協盃、青年盃與學童盃。這四項比賽都是在短時間內集中完成競賽的盃賽模式。選手必須在短短七天內，展現一年的訓練成果。對於此種處境，《民生報》訪問一位在足壇服務二、三十年的幹部，寫到：「球員一周連踢六場球，也是不得已，因為各球隊負擔不了更多日的食宿費用。」對於資源普遍有限的各地足球隊伍而言，盃賽被視為不得已的解方，但顯然無助於運動選手的生涯。用更負面的說法來說，盃賽其實只是選手在出國比賽之外的時間，從事一種消磨時間的活動。為了改變這項弊端，七〇年代足協著手推動足球賽制的改革。

2. 臺灣第一個實驗性全國足球聯賽：津津盃

相對於盃賽，起源於歐洲的聯賽制是以球隊的訓練、運作為考量。聯賽的賽事會在每個周末舉行，各支隊伍分成主場與客場進行雙循環競賽，並且以每場比賽結果累計積分，來決定最後的排名。在歐洲職業足球體系中，國內聯賽、盃賽並行是最普遍的賽制安排。參賽球隊可依據每場比賽結果調整球隊的人員、戰術，以及相應的訓練方法。不過對於主辦方而言，聯賽的場地、賽務安排則相對複雜，需耗費的人力與經費成本也可能較高，因此過往聯賽制在臺灣體育界從未被考慮採用。

然而一九七二年，中華足協為了提升國內足球競技水準，成立臺灣第一個具有全國聯賽規模的比賽——津津盃足球賽。津津盃的賽期規劃從每年一月十五日起，每逢星期日或例假日在臺北市跟臺北縣舉行。這場聯賽分成社會組與學校組兩種組別，一共吸引了二十四支社會球隊、四十八支學校球隊來報名。比賽會先進行小組循環，各取出八隊，隊伍在晉級決賽後，再分別進行循環賽，決定社會組與學校組的冠軍。

由於津津盃的參賽沒有資格限制，各隊報名後棄賽的狀況不時發生。因此在進入決賽循環時，主辦單位特別祭出球隊棄權即是放棄資格的規定，並對棄賽球隊的球員施以禁賽一年的嚴厲處分。

在過往臺灣未曾舉辦過體育聯賽的年代，津津盃作為第一個初具聯賽規模的足球賽事，在執行上遭遇頗多困難。對於擔任主辦方的行政單位而言，無論是在人力或賽事安排上，實際執行起來都有諸多不易。因此一九七三年，中華足委改組為中華足協改組後，津津盃就被改成以盃賽方式進行的足協盃。但至少這是臺灣第一次嘗試組織全國性的足球賽事。

3. 臺灣聯賽制度的研擬

有津津盃的先例後，一九七八年中華足協邀請三位外籍足球專家來臺灣，分別針對運動行政、教練養成與裁判養成提供意見。其中一名專家——西德的克勞斯．威廉提出建立球員登記的制度。他認為當時臺灣賽前的選手報名程序過於繁雜，如果讓每位選手有一本附照片的登記證，那只要在賽前填寫報名單、附上登記證，並由兩隊領隊互相檢查、裁判點名辨認，就可以讓選手上場比賽。而若有球員出現明確違規行為，則可在登記證上註記以利裁決。

此外，威廉提出更重要的一點，是臺灣應該建立聯賽制度。他建議將現有球隊分成甲乙組，每組各八隊，以進行為期七個月的比賽。賽期結束後，球員經過一個月休養，再於接下來三個月的盃賽期間充分交流、檢討、訓練與補充人力。這種制度讓選手一整年都有辦法參加足球賽，有利於提高自身水準。同時，威廉也認為盃賽的舉辦時間應該被拉長，讓球隊能因應比賽碰到的問題擬定解決方案。威廉的觀點，正好與當時臺灣以比賽作為訓練成果進行驗收的思維相反。

為了推廣聯賽制度，足球界除了借用外國專家的呼籲，也以史為鑒，援用李惠堂過去在上海參加聯賽的經歷，試圖說明這樣的做法是可行的。當時力主推廣聯賽制度的《民生報》以一系列報導，向讀者介紹世界各國的聯賽制度，藉此將聯賽制和球季觀念帶入臺灣。

由於在七〇年代，各支球隊對聯賽制度最主要的擔憂依然是經費考量，因此《民生報》的記者林將特別以高雄民間球隊雷鳥隊為例，向臺灣大眾說明施行聯賽制的優勢，希望藉此爭取足球界支持，他提及：

以高雄的雷鳥隊為例，一季（一年一個球季）要踢十四場聯賽，其中七場是主場，七場是客場。主場的比賽都在高雄舉行，有一場客場在南部舉行，必須到北部比賽的只有六場……。

一支球隊參加一球季聯賽，負擔六次南北來回車票費及六天的膳費，比目前必須在臺北吃、住八九天，要經濟得多，而且對所有的球隊都比較公平。以往大比賽均集中臺北，須往返奔波的只是南部球隊。

建立聯賽制的說法在足球界漸漸贏得人們共識，幾乎無人不贊成聯賽制度。在一九八二年，從西德受訓回來的教練劉潤澤，更提供一份《足球聯賽制度計畫草案》給新改組的中華足協。該項草案參考西德的足球聯賽體系，除了納入球季概念，也鼓勵在球季外建立各縣市的地方性比賽以減輕小球隊負擔，並讓有餘力的隊伍能選擇參與全國聯賽或地方聯賽。

最終，在一九八二年十二月，劉潤澤提供的草案被中華足協正式通過。聯賽制度的建立，被中華足協視為足球賽事逐漸朝向企業性發展的里程碑。過去，各支球隊參與足協舉辦的比賽時，往往依靠國營企業、軍隊或學校出資；而缺少企業支持的業餘球隊，往往都得靠選手自費參加。在理想上，聯賽制度能讓各球隊以地方代表身分，尋找與當地企業的合作機會，開啟地方產業或社會群體小額贊助球隊的發展。

全國足球聯賽制度建立後隨之傳入的廣告宣傳、商業贊助等合作模式，也讓足球漸漸成為可以賺錢的事業。企業透過資助聯賽與個別隊伍，讓自家產品與公司名稱在球賽中曝光，這在一九八〇年臺灣的體育界是相當前衛的創舉，也連帶使中華棒協在一九八六年發展出全國棒球聯賽制度。

但令人遺憾的是，在實際運作上，第一屆全國足聯的參賽隊伍只有甲組的八支球隊。

由於多數的球隊仍認為國內各大盃賽才是最重要的賽事，選手參與聯賽不僅無法領取「額外」薪水，也無法贏得保送資格，這使球隊沒有明確參賽誘因。[7]全國聯賽因此在各隊缺乏參賽動機情況下，顯得毫無生氣。

在一九九〇年代後，隨著公營企業與軍方球隊解散、華視退出足協經營，聯賽的規模也不斷萎縮。除卻球隊數量減少，聯賽主辦方的經費也難以維持甲、乙二級聯賽的運作規模。從二〇〇一年開始，足球聯賽取消劃分甲乙組，聯賽的名稱也不斷變更。直到近年的企業足球聯賽，才恢復原先二級聯賽的規模。[8]

運動觀念的突破：運動職業化

一九八〇年代初期，臺灣棒球與其他運動一樣面臨球隊萎縮的困境。一九七八年在中華棒協下登記的少棒隊伍，相較於過去三冠王時期數量只剩下一半。許多三級棒球的國家隊選手在進入成棒階段，往往由於顧慮到現實生計，而無法持續受訓。

一九八二年臺灣成棒除了軍中球隊之外，只有與大學建教合作的味全（文化）、葡萄王

（輔仁），以及合庫、臺電、榮工、中油等四隊。許多球員在畢業、退伍後都面臨失業困境，少數表現特優的選手，也僅領取一個月一萬多元的薪水。許多棒球選手開始選擇另謀出路，或前往海外打球。

當一九八二年的世界業餘錦標賽結束後，《民生報》報導四位棒球好手趙士強、林華韋、郭泰源、黃廣琪的出路。為了將來打算，這些選手不約而同考慮去日本或美國打球。《民生報》藉此提出疑問：「對他們個人來說是力爭上游，對國家來說是不是人才外流呢？」該篇報導認為，在運動選手出路無法找到更理想的解答前，國家不應該阻止選手出走，而這也是當時棒球界許多選手的共識。

八〇年代初期，在臺灣作為棒球事業最高組織的中華民國棒球協會，還未考量成立職棒的可能。但由於美國與日本職棒發達，加上與臺灣在殖民背景、戰後國家政體發展或體育制度方面都有若干相似之處的韓國，也在一九八二年成立職棒，而讓職棒成為臺灣棒球界重要的話題。那時任職棒協輔導組長的林敏政認為，以臺灣現狀來說，組織職棒並非短期就能成功的任務。儘管成立職棒將對國家隊戰力產生影響，但旅外選手成功的經歷與較高的薪資待遇，也能激發國內年輕選手的上進心。

棒協面對選手外流現象採取樂觀其成的態度，而這也為往後更多球員的出走埋下伏筆。

除了在一九七八年，高英傑、李來發就加入日本職棒的南海隊（軟銀前身），郭源治在中日龍的成功，更激勵臺灣棒球選手挑戰日本職棒和業餘棒壇。[9]在一九八〇年代後，有越來越多臺灣棒球員在加入國家培訓隊與前往日本打拼之間，選擇後者的道路。從一九八〇年到一九八五年之間，臺灣就有十四名球員陸續加入日本、韓國的職棒和業餘球隊。每逢奧運、世界棒球錦標賽的結束，都代表臺灣球員即將展開旅外的路程。

臺灣選手的外流問題，在一九八八年漢城奧運前達到高峰。一九八七年十二月，呂明賜、黃平洋、謝長亨、康明杉等四位棒球選手決定前往日本。這件事直接衝擊中華隊參與奧運的規劃，也引發相關單位思索應如何留住優秀球員，讓球員能在「榮譽」與「生計」之間取得平衡。於是當年年底，「職棒推動委員會」正式成立。該組織由棒協的理事長唐盼盼擔任主任委員，並在兄弟飯店的董事長洪騰勝奔走下，正式展開臺灣職業棒球的規劃。

成立職棒是為運動員尋找出路的一項嘗試。過去臺灣的體育界受到「業餘規則」影響，會盡力避開運動與金錢的關聯。然而為了避免選手外流與無法加入國家隊，也為了解決運動員的經濟問題，臺灣開始以商業化經營留住國內優秀的體育人才。尤其當鄰近國家的成功案例傳回臺灣，臺灣也開始積極發展職棒，提供選手發揮實力的資源與舞臺。一九九〇年代臺灣掀起了職棒熱潮，棒球也再度回到觀眾的生活之中。

結語

當全民體育的年代逐漸遠去，教育部推行的體保制與多項體育政策，多被詬病為畫蛇添足的措施。體保制度所產生的惡性競爭，以及選手為了參賽而長期被迫接受的枯燥訓練，都讓以運動為志業的人們遭受莫大痛苦，許多體育選手也因此淡出體壇、另謀出路。而隨著一九八七年臺灣戒嚴、黨政軍力量退出，過去球隊和運動員賴以為生的資源都進一步縮減。

一九八二年，華視因為推廣足球轉播的政治需求入主中華足協。但同樣隨著解嚴後政治任務的結束，新聞媒體開始以市場機制與成本考量，決定是否繼續參與推廣足球事業。足協內部也大幅度裁減人力，試圖在制度不變的情況下減少編制。上述種種因素都加劇體育事業發展的困難。

少數運動如棒球，在有心人士奔走下展開職業化的嘗試。臺灣職棒以商業化和提高球員待遇的方式，嘗試解決一九八〇年代球員大量外流到日本與韓國的問題，成功將棒球轉型為大眾熟知的流行文化。

如果我們將臺灣足球與棒球事業在八〇年代經歷的挑戰，放到國際脈絡中觀察，那會發現臺灣體育賽事的轉型與運動全球化、商業化的時代背景有密不可分的關係。從一九八〇年代中葉開始，美國職業籃球聯盟（ＮＢＡ）開始推動職籃全球化。而臺視在一九八四年洛杉磯奧運中取得ＮＢＡ在臺灣的轉播權。在知名球星麥克喬丹（Michael Jordan）與其所屬公牛隊橫掃其他隊伍的年代，臺視培養出一批又一批ＮＢＡ的死忠球迷，也讓籃球場與街頭籃球成為臺灣流行的次文化風景。

從ＮＢＡ與臺灣職棒進駐大眾文化視野的案例，我們能看到九〇年代以後，以商業為導向的運動轉播經營模式已經取代原先只轉播國家隊的政治考量。臺灣對體育的想像不再受制於過往有限的資訊，社會大眾可取得國外第一手體育消息。電視上隨處可見的職棒與籃球賽轉播，也深入日常生活。然而，臺灣的足球卻未搭上這一波全球化的潮流。

1　委員會與協會的差異，主要在於是否做為獨立的法人組織。在一九七三年體育協進會改組前，國內各個單項運動委員會由於不具有獨立法人身分，因此必須透過體育協進會，才能與國際單向運動委員會聯繫，因此在公文往來上往往曠日費時。改組之後，單項協會除了能對外獨立運作，對內的財權與人事權也由體協獨立出來。原先由體協直接任命主委的委員制，也改成吸收外部人士的會員制，並且透過會員大會投票選出理事長。這種組織型態的改變，讓更多個人與團體能成為協會成員。組織並能收取入會費擴充財源以維持運作。

2 一九七三年體育協進會改組後，新的組織章程不再招收個人會員，而以團體會員為主。團體會員主要由各個全國性體育團體、省市等體育團體選舉代表，來參加會員大會。代表並且會互相推舉，產生理事與監事。理事與監事可以推選常務理事、常務監事、副理事長與理事長，藉此影響體育協進會的施政方向。由於過去體育協進會招收個人會員，在投票時往往無法與人數眾多的省體育會會員競爭，形成省體育會由下而上影響體育協進會的現象。因此，一九七三年修改的章程目標，是避免體育協進會的會務持續受到省體育會控制。

3 陸軍在一九六五到一九六九年負責足球協會的經營，民間管理時代則是一九六九到一九七三年。

4 精實案是一九九七年到二〇〇一年間，中華民國政府推動的裁軍法案。以「精簡高層，充實基層」為目標，逐漸將國軍組織、軍官、士兵員額裁撤至四十萬。同時為了解決屆齡役男無法準時入營服役的窘境，而推出替代役代訓制度。

5 包德明，四川人，自中日戰爭以來積極參與教育事業的經營，並加入婦女總會和陪都動員委員會宣傳組長。戰後出任制憲國民大會代表、憲政實施委員會常務委員，對國家政策積極配合。對於體育事業，包德明認為：「學校培訓優秀運動員之目標……要在培育國家級選手，為國爭光。」她對學校體育事業相當支持，也在陳瑤琴的支持下，在一九七七年出任亞洲女子足球協會副會長，促成協助宜寧女足升學的背景。

6 建教合作是指社會企業與學校進行學術、技術的相互交流，在運動團隊中，企業會透過出資、提供營養金等方式贊助學校球隊，換取學校出賽時以企業的名義冠名，本身不一定會直接介入學校球隊的運作。

7 在全民體育培養優秀人才的政策中，體保制除了能確保運動員進入大專院校，教育部也透過舉行盃賽方式，每年補助四支球隊出國交流。這是在一九八七年臺灣解嚴之前，球隊少數能出國的機會。

8 今日的企業足球聯賽始自二〇一七年，總共參賽隊伍有七隊。在二〇二〇年，企業足球聯賽恢復二級聯賽規模，目前兩組共有十五隊。企甲聯賽排名末位的隊伍，必須降級到次級聯賽；倒數第二的隊伍，則必須跟企乙聯賽的亞軍進行兩回合競賽，以決定下一季的參賽資格。而企乙聯賽倒數兩名，必須與聯賽以外的球隊競爭參賽資格。聯賽新制的規劃，讓社會大眾有更多機會進入國家聯賽體制中。

9 郭源治在一九八一年加入中日龍，在歷經第一年的適應後，逐漸在中日站穩腳跟，並在一九九四年於日本職棒第五位完成百勝百救援的紀錄。

第四部

臺灣的世界盃

當代臺灣足球新視野

第十七章　在世界盃中尋找臺灣

二〇〇二年的日韓世界盃，是第一次在亞洲舉辦的世界盃。無時差的觀賽體驗、全球媒體不間斷的報導轟炸，讓這項賽事不僅作為足球迷的饗宴，也成為那一年東亞地區最重要的事件。各地旅遊業者紛紛推出觀賽行程，香港著名影星周星馳也趁著世界盃熱潮，拍攝《少林足球》這部廣受歡迎的電影。臺灣和南韓甚至因為舉辦世界盃的關係，恢復中斷十年的包機。似乎只要提到足球，人與人的距離就能順利拉近。

當年，除了主辦國日本和韓國直接進入決賽圈之外，中國也首次出現在世界盃的舞臺。華人圈對世界盃的關注更加熱絡，然而，當臺灣熟悉的東亞鄰居們都紛紛出現在世界盃的舞臺時，人們不禁問著：臺灣在哪裡呢？

臺灣嘉年華：臺灣看見世界盃

臺灣從一九八〇年代開始，就嘗試在世界盃中尋找自身的定位。時間往前推回十年，一九七〇年代是世界盃真正開始「走向世界」的時刻。相較於今日世界盃的參賽隊伍是來自全球各地的國家，在七〇年代以前，儘管亞洲、非洲、北美等地都有世界盃的晉級名額，但除了一九三〇年的美國、一九三八年的古巴、一九六六年的北韓，與一九七〇年的墨西哥曾成功突破第一輪外圍賽，過往少有歐洲或拉丁美洲以外的球隊，在世界盃中有突出成績。七〇年代以前，世界盃更像是專屬於歐洲與拉丁美洲的區域賽事。

一九七四年，來自巴西的夏維蘭出任國際足總主席，夏維蘭上任後致力於將世界盃借到到全球各地，世界盃足球的版圖因此從原先的歐洲與南美洲，拓展到北美洲與非洲等地區。

夏維蘭推廣世界盃的其中一項重要舉措，是將世界盃與電視轉播結合。透過零時差的實況轉播，不同地區的觀眾都能即時參與足球賽事。一九六六年的英格蘭世界盃被視為足球轉播的重要轉捩點，人們首次能無距離與時間差地享受世界盃比賽畫面，欣賞每一個慢動作鏡頭與精彩重播。而一九七〇年隨著電視轉播的規模擴大，世界盃的指定用球——黑白相間的電視之星（Telstar Elast）更成為如今最經典的足球造型。[1] 除此之外，一九八二年世界盃決賽圈的隊伍，也從十六隊增加為二十四隊，有更多來自非歐洲、拉丁美洲的國家有機會打進世界盃決賽圈，感受晉級世界盃的歷史時刻。

臺灣從六〇年代開始，透過彩色電影打開認識世界盃的大門。然而是到八〇年代後華視取得世界盃轉播權，社會大眾才透過新聞媒體接觸到更多比賽資訊。一九七八年，中華民國開始參與世界盃，電視與報紙上也逐年增加這項四年一度全球盛宴的報導。由於當時中華民國正與國際奧會針對奧運會籍與名稱產生紛爭，媒體將世界盃介紹給臺灣觀眾時，強調奧運是「充滿政治性的國家主義至上的場所，幾無人類之友誼可言」，而世界盃的最大特色則是欣賞，「與奧運會參賽國彼此敵視的心理截然不同」。[2]這也讓原先對奧運較熟悉的觀眾，對世界盃開始產生親切感與初步的認識。

然而在當時，除了老三臺承擔運動轉播的政治任務外，無論是臺灣的閱聽人或贊助廠商，普遍依然比較喜歡觀看中華隊參與各項國際賽事的轉播，世界盃對臺灣人而言吸引力並不高。一九八六年華視在轉播第十三屆世界盃時，甚至認為轉播世界盃是「穩賠不賺」，但為了推廣國內足球運動，只能硬著頭皮虧本播放。只有在像世界盃開幕典禮中，中華民國國旗意外曝光的轉播場景，才有如小石子投入池塘般引起臺灣人短暫的關注。

儘管如此，臺灣媒體對世界盃的報導仍不斷增加。其中報導的內容不只有關球賽賽況，同時也鉅細靡遺描繪世界各地人們對世界盃如癡如醉的情感，讓未曾親眼目睹世界盃的臺灣讀者，彷彿置身在這場國際盛會的現場。例如在一九九〇年，喀麥隆爆冷門地擊敗由馬拉度納（Diego Maradona）帶領、同時也是上一屆冠軍隊的阿根廷時，《聯合報》就報導喀麥隆人欣喜若狂的景象：

喀麥隆人快活地在街頭手舞足蹈，計程車隊則以鳴按喇叭，宣揚喀麥隆人的勝利戰果。八日開幕戰時，喀麥隆兩大城有如荒城。喀麥隆總統比雅宣布是日為假日，以便國人觀賞球賽。比雅本人則在米蘭的球場觀戰。當比賽結束哨音響起的一剎那，雅溫得和杜阿拉兩城的喀麥隆人一片喜氣洋洋。車尾綁著金屬片沿途作響的計程車以車隊的形式行駛於雅溫得市，並鳴按喇叭。球迷則至酒吧狂歡，高唱國歌。

來自地球另一端的遙遠國度獲得勝利的消息，感染臺灣社會的情緒，也引發一些人反思臺灣的體育發展，進而將球隊的強盛與國家形象相互連結。例如同樣刊登在《聯合報》中，一篇以〈足球大賽與國家形象〉為標題的評論，便提到：

由喀麥隆的崛起，震驚體壇，令人聯想到我國體壇的積弱不振，而分外感到惋惜。尤其是近幾年來，我們的體育成績從未對國家形象有過顯著的貢獻，更令人感到焦急。

我們如何從世界盃中看到「世界」，「世界」又如何理解我們？這是臺灣從世界盃中迸發的好奇。這種好奇不只關乎足球本身，更彰顯臺灣在全球最盛大的運動賽事中，試圖找到自身定位的嘗試。像是學者王邦雄在當時就以一九八六年世界盃中，比利時擊敗蘇聯、阿根廷擊敗英格蘭的例子，對中華民國寄予以小搏大的厚望：「小如比利時的我們，能否捧回世界性的榮耀？儒家的人文精神，可以為未來人類文化帶來永不失落的一線曙光，這才是我們當該去爭取的世界盃」。

但先不論國家定位問題，也有球迷對無法觀看現場直播，表達真摯的心聲。像《聯合報》就接到觀眾投書，傳達對沒能即時獲得比賽消息的遺憾：「一個球賽隔兩天才播，失去和全世界同步歡樂的滋味。」一名來自臺中、筆名取為的讀者答夫也提到：「衛星線路必須轉經香港，必須慢兩天，才能看到當天的球賽，由於輸贏已知使得球賽精采程度大打折扣。」

這些言論反映八〇年代開始，臺灣從原先對世界盃感到疏離，慢慢轉變為逐漸培養出一群好奇的觀眾。儘管此時期會看世界盃賽的觀眾仍是少數，然而當見證到遙遠國家對世界盃賽事的癡迷，與邊陲小國在球場上與大國一拚勝負的場面時，臺灣的國際定位與對跟上時代脈動的渴望，都在不知不覺間被點燃。

日韓世界盃：世界盃來到亞洲

在一九九四年，世界盃的熱潮開始與臺灣足球相互連結。九〇年代，隨著運動產業朝向全球化發展，各項國際賽事也尋求拓展海外市場的商機。一九八四年在美國舉辦的洛杉磯奧運與一九九四年的世界盃，首度引入比賽贊助商和轉播權分割的概念。這讓奧運與世界盃從原先虧本的國際賽事，搖身一變成為最熱門的搖錢樹。[3] 國際體育組織與知名商業品牌相互合作，建立一套嶄新的商業模式，而亞洲此一新興市場，成為眾多贊助商鎖定的目標。

例如知名運動品牌愛迪達（Adidas）為了開拓亞洲事業，便透過贊助中華隊球衣打入臺灣足球市場。一九九四年第十五屆世界盃前夕，愛迪達在臺北中山足球場舉行愛迪達盃五人制足球賽，為世界盃賽事預熱，也讓臺灣彷彿與世界盃遙相輝映。而一九八四年在臺北民生東路開業的麥當勞也不落人後。麥當勞在一九九四年成為世界盃重要贊助商後，不只在臺灣推出限量紀念品，也透過推出特殊活動與餐點，讓世界盃熱潮進入臺灣人的日常生活。

國際足總與各家企業的宣傳，讓世界盃的魅力在九〇年代的臺灣已無人質疑。臺灣人對體育的關注目光也隨著中華民國參賽資格的更替，從以中華隊為主的各項賽事，轉移到世界各國的職業競賽。

在八〇年代以前，中華民國多半投入爭取業餘性的國際體育競賽資格。這是因為一九八八年以前，許多大型國際體育賽事（例如奧運或亞運）只開放給業餘選手參賽。由於中華民國期望能在國際間爭取更高能見度，因此將參與運動競賽的重心放在爭取這些還能以「國家」身分參加的業餘競賽上。然而，在一九八一年的洛桑協議[4]後，中華民國開始只能以「中華臺北」名義參與國際體育賽。這讓國家參與運動競賽的策略，從原先的「爭取中華民國正名」，轉變為「爭取國際曝光機會」。而像世界盃這種具全球規模的職業賽事，便成為臺灣關注的焦點。這些競技水準更高、更具觀賞性的比賽，讓臺灣人大大打開眼界。

當世界盃熱潮在亞洲發酵之際，國際足總也開始考慮在亞洲地區舉行世界盃賽。一九九〇年，夏維蘭接受媒體採訪時表示：「在亞洲舉行世界盃比賽是我們最優先的考慮之一。中國、日本、沙烏地阿拉伯、馬來西亞和統一後的韓國，都是可能的主辦國。」之後在一九九四年，國際足總正式敲定這項計畫，預計二〇〇二年的世界盃將於亞洲國家舉行。

在一九九六年國際足總的會員大會上，韓國和日本積極爭取世界盃的主辦資格。日本在一九九三年經歷「杜哈悲劇」衝擊後，痛下決心提升國內足球水平，以爭取在世界盃賽事中的主導權。韓國則集中火力在亞足聯重要職位中卡位，以拓展在國際足球事務的影響力。

日本與韓國兩方在一九九六年國際足總大會的競爭，幾乎可媲美於足球場上的攻防。兩國在大會前夕都積極布局，官方與民間企業紛紛出馬。日本政府撥出五十二億美金，在國內興建十五座世界級的足球場；民間各大企業也在剛成立的J聯賽[5]中聘請世界級選手出賽，並贊助日本足協與國際足總的交際費用。韓國的知名建築廠商則願意與政府共同出資，以十三億美金打造全新球場。兩國都不惜砸下重本，只為了證明自己比對方更愛足球，更有資格辦世界盃。

一九九三年，韓國的足協主席鄭夢準在剛接任韓國足協主席更直言：

我們將為韓國主辦二〇〇二年世界盃竭盡全力。我們韓國已經連續三屆大賽，總計四次進入世界盃決賽圈，向世界充分展示過自己。日本人一次都辦不到的事情我們韓國已經做到四次了。

體育小百科

杜哈悲劇：

杜哈悲劇是在一九九四年美國世界盃亞洲區資格賽中，日本慘遭到淘汰的事件。當年在與伊拉克比賽前，日本以二勝一和一敗的戰績位居亞洲區小組第一，只要最後一場比賽獲勝，日本就能創下史上第一次晉級世界盃的紀錄。開賽五分鐘，球員三浦知良就以頭錘破門率先取得進球，比賽到了八十分鐘時，日本仍然以二比一領先。

當比賽進入九十分鐘，伊拉克以中場斷球方式發動反擊，迅速推進到禁區邊緣進行射門。日本隊的門將松永成立奮力將球撲出底線，伊拉克只獲得一顆角球。但在下一個瞬間，足球被傳給從邊路插上的後衛，這時足球在空中劃起一道高高的弧線，飛向從禁區中跳起的伊拉克選手身上。一瞬間，讓日本主播失去話語、每次日本播放世界盃回顧節目時總會播放的那記頭槌，那場不會醒的惡夢，發生了。

事發將近半分鐘後，當時擔任日本主播的久保田沉默許久，才黯然地說：「這也莫可奈何了啊……」而此時在杜哈球場上，代表日本隊的藍色球衣身影倒滿全場，伴隨著終場哨音響起……。這場日本與伊拉克對抗、悲劇般的第五戰，在日本深夜時段直播，但播放收視率卻達到百分之四十八，相當於有幾千萬日本人目睹到了最後一刻。從杜哈悲劇之後，日本國內為了足球開始動了起來。

當日本與韓國在相互競爭、拉票的最後關頭，北韓甚至拋出願意和韓國一起主辦世界盃的提議，來阻止日本取得主辦權與獲取各國支持。

當時在韓國與日本背後，分別有歐足聯主席約翰森（Lennart Johansson）和國際足總主席夏維蘭的支持。這是因為歐足聯不滿夏維蘭從一九七四年接任國際足總主席以來，長期專斷地推動足球全球化。歐足聯希望能拉高他們在世界盃的轉播權利金，而夏維蘭則想利用日本開發亞洲市場，履行「二〇〇二是日本的」這項承諾。當時在闡述歐洲對世界盃應享有的主導權時，德國拜仁慕尼黑俱樂部的總經理赫內斯（Ulrich Hoeneß）便提到：

歐洲是足球經濟最發達的地區，德國、義大利、法國要是共同行動的話，一定可以推翻夏維蘭。如今的足球界缺乏市場原理，到底誰最會賺錢？誰最會賺錢就應該擁有決定權。巴西人球踢得不錯，足球上理應有一席之地。但從商業角度考慮這一點並不重要。無論如何主導權都應該歸歐洲所有，這一點必須讓夏維蘭明白。

沒想到在大會投票日前夕，卻發生戲劇性的轉折。國際足總的執委會修改章程，准許由兩個國家共同合辦世界盃。在徵求日本與韓國同意後，這項提案最終被通過。國際足總之所以突然做出這項決議，是因為當時日韓雙方的競爭已經變得白熱化，兩國投入的「公關」經費高達六、七千萬美金，甚至在政治與民族意識上都達到國族對抗等級。或許是因為不想得罪任何一方，國際足總想出一個能達成「以足球拉近國家距離」的釜底抽薪的方案。在二〇〇二年賽事過後，國際足總也重新規定，各洲每次只能派出一個國家申請舉辦世界盃。日韓合辦世界盃因此成為目前世界盃史上空前絕後的案例。

缺席與在場：在世界盃中尋找臺灣

在國際足總大會過後，日本與韓國展開一連串東北亞的高峰會議，討論兩國合辦世界盃的細節，並試圖緩和國內緊張的局勢。例如在一九九六年，日本與韓國在濟州島舉辦被稱為「足球高峰會」，在會談中，日本首相橋本龍太郎便公開為慰安婦議題向韓國道歉。雙方代表人更互相交換一顆足球當作紀念，彼此承諾將在國內推動大型公共建設，為六年後的足球盛會做好準備。

當日本與韓國如火如荼地籌備世界盃時，足球在亞洲也成為熱門議題。例如在一九九九年，美國主辦第三屆女子足球世界盃，該屆決賽是由中國對抗美國。那年五月南斯拉夫爆發科索沃戰爭，北約組織由於在轟炸南斯拉夫時，意外炸毀中國駐南斯拉夫大使館，引發中國激烈的反美潮（編按：這起事件又被稱為五八事件）。在當屆女足世界盃決賽中，美中對決因而被中國球迷視為一場復仇之戰。如同《中國時報》以〈大陸民族情緒再被挑起〉的標題，描述中國球迷同仇敵愾的情緒：「不管是不是球迷，大多都期待足球娘子軍替她們好好出口氣，在冠軍決賽裡痛宰美國隊。」比賽當日，中國有將近一億名觀眾守在電視機前，期待國家隊獲勝，而美國總統柯林頓也前往現場觀賽，這場比賽因為政治因素，意外引起臺灣的關注。

在這一波亞洲國家積極投入世界盃賽事的熱潮中，臺灣是否也想過躋身參賽隊伍？事實上，在一九九八年第十七屆世界盃中，當總統李登輝目睹克羅埃西亞以小國之姿奪下世界盃季軍時，就曾詢問過體育官員：「臺灣為什麼沒有參加世界盃？」此後幾年，每任總統都分別提出不同的足球政策，嘗試推動國內足球事務。[6]然而在解嚴前後歷經改組與華視資方退出的足協，在漫長的人事更替中，卻遲遲無法落實推廣足球的政策。二〇〇一年，臺灣的足球代表隊悄悄出征世界盃資格賽。臺灣和烏茲別克、約旦、土庫曼分在亞洲區第七組，最終以六戰盡墨、慘吞二十五球的成績，悄悄告別日韓世界盃。

相對於此，中國的足球隊在該屆世界盃中大放異彩。在經歷連續三屆世界盃都只差臨門一腳就能晉級決賽的慘痛前例，中國在二〇〇一年的資格賽只要擊敗阿曼，就能完成「衝出亞洲，走向世界」的宿願。比賽前夕，中國幾乎所有媒體都不斷預告這場賽事，彷彿深怕錯過歷史性的一刻。而在球賽當日，各大電視臺也都同步直播、不斷更新比分進度。最終，中國以一比〇擊敗阿曼。電視螢幕上打出「我們出線了」五個大字，中國各大城市紛紛湧現大量人潮，光是北京天安門廣場就有五十萬人一同狂歡。這是中國隊史上第一次進入世界盃。

中國贏球的消息，引發臺灣媒體爭相報導。不同家報紙紛紛以〈七度叩關　圓了四十四年夢想〉、〈龍的傳人　沒有遺憾〉、〈華人足球隊　首次踢進世界杯〉、〈天安門夜未眠　五十萬人樂翻天〉等標題，報導中國首度代表華人躋身世界盃決賽的訊息。也有臺灣觀眾藉此反思國內足球水準和世界的差距，像是《聯合報》上的一則社論就提到：

> 足球受到最多人喜愛，最沒有國別畛域，最沒有階級區分，我們不能欣賞足球，等於少了一個和世界對話的機會。帶領大陸隊衝出亞洲的外籍教練米盧，以一句話印在帽子上激勵球員：「態度決定一切。」同樣地，我們如何看待足球，不決定於人口多寡或國力強弱，只決定於態度。

中國、日本、韓國……這些鄰近國家積極世界盃賽事的熱烈氣氛，彷彿也感染到臺灣社會。相較於往年開賽前一個月，新聞上才會出現有關世界盃的報導，這次臺灣媒體則在日韓世界盃舉辦前一年，就開始關注世界盃的消息。例如隊伍分組的抽籤、比賽用球與相關周邊商品。還有報紙在二〇〇一年十二月抽籤完成後分析各組出賽情勢。而新任總統陳水扁在二〇〇一年底為亞洲盃女子足球賽開幕時，更喊出「二〇〇二年是臺灣足球元年」的著名口號。有球迷就投書《聯合報》社論表示：

臺灣雖然無緣參加世足會內賽，但各種大眾傳播媒體依然擴大世界盃足球賽的相關報導，將之視為重大賽事，精心處理，此不啻為球迷提供豐盛的體育饗宴，值得我們大聲叫好！而我們透過電視實況轉播，與全世界超過二十億雙的眼睛，同步欣賞到最高水準的足球美技，不亦快哉！

當二〇〇二年的日韓世界盃正式開打後，儘管臺灣在決賽圈中缺席，民間卻對世界盃展現比往年更多的熱情。整個比賽期間，隨著臺灣友邦塞內加爾晉級八強、日本進入十六強、韓國一路擊敗義大利、西班牙挺進前四強，熱門話題讓觀賽人數不斷增加。各大新聞與綜藝節目將世界盃當成議題炒作，也有愈來愈多觀眾把觀看球賽當成茶餘飯後的娛樂。

在巴西對戰德國的決賽當日，負責轉播的年代電視臺[7]收視率衝高到五．五四，大約等於全臺灣有一百二十萬人同時在收看比賽。這個數字相比於前一年臺灣舉辦世界盃棒球賽，臺韓對戰與臺美對戰的收看人數多了兩倍。而在世界盃比賽落幕之後，臺灣社會也開始對一系列足球球星的名字耳熟能詳，像巴西的外星人羅納度（Ronaldo）、英格蘭足球金童貝克漢（David Beckham）、德國轟炸機克洛澤（Miroslav Klose）等。這些球星代表的當代足球文化，吸引臺灣大批觀眾入場，連帶迷上歐洲的職業足球賽。

在日韓世界盃後，每四年一度的世界盃足球賽

⚽體育小百科

韓國擊敗義大利：在二〇〇二年日韓世界盃中韓國一路晉級，被外界質疑靠裁判護航，引發義大利足球界憤怒。那年義大利被視為奪冠熱門，卻因為裁判哨音，一共吃到一張紅牌、六張黃牌，在十六強就遭淘汰。比賽結束後，在球場上絕殺義大利、效力於義甲佩魯加隊的韓國球員安貞煥在世界杯後立即被解約。在二〇一九年之前，義大利甲級足球聯賽都沒簽下任何一名韓國球員。

成為臺灣重要的次文化。不同球迷在網路或現實世界中串連，相約為支持的隊伍加油打氣。臺灣從原先對世界盃感到陌生的路人，到培養出一批專業而死忠的球迷，臺灣人看見世界盃了，但世界是否也看見了臺灣？

1 一九七〇年的世界盃轉播，由於各個國家仍普遍通行黑白電視，主辦方因而以黑白相間的電視之星（亦即三十二塊黑白球）作為比賽指定球，以便於在電視轉播中，觀眾可以輕易地看到足球的位置、滾動的方向。電視之星後來成為足球的標誌性模樣。

2 孫鍵政，〈世界杯足球賽受普遍重視！十餘億人醉心瘋狂 理由安在？〉，《民生報》，一九八二年一月二十四日，第二版。

3 美系運動文化的特色是重視媒體轉播與商業化經營，以擴大賽事的影響力。透過販售賽事轉播權和爭取贊助商支持。一九九四年的美國世界盃奠定往後世界盃的三級商業贊助模式。這種模式是將贊助廠商分成三種等級，第一級為和國際足總長期合作的戰略夥伴，約有六至八間贊助商；第二級為世界盃的全球贊助商，第三級則是世界盃的區域性贊助商。各級贊助商在媒體曝光與行銷策略上會依其等級遵守不同規定。

4　洛桑協議是中華奧會與國際奧會在一九八一年三月二十三日，於瑞士洛桑簽訂的協議。該項協議確立我國參加奧運會的相關儀程規定，包含我國必須使用「中華臺北」的名稱、會旗與會歌等，換取國際奧會協助「中華臺北奧會」重新參與各項國際賽事。

5　J聯賽：日本甲組職業足球聯賽，為日本頂級職業足球聯賽。J聯賽從一九九三年開始舉辦至今，是日本推廣足球運動和體育事業發展的重要項目。同時，J聯賽也是亞洲最受歡迎與技術水準最高的足球賽事。

6　相關政策包含李登輝任內的「振興足球方案」、陳水扁任內的「臺灣足球年」、馬英九任內的「大足球計畫」，以及目前蔡英文政府推動的「六年足球計畫」。

7　年代電視：一九九八年，年代電視臺在轉播世界盃時，由於在比賽過程進廣告，受到觀眾抗議。因此在二〇〇二年轉播世界盃時，年代電視決定以子母畫面方式，在播放廣告時從子畫面轉播廣告，藉此賺取廣告金。沒想到這一年韓國與波蘭對戰，在進廣告時段韓國進球得分，年代電視未能即時放大韓國隊精彩的進球畫面，引發觀眾激烈抗議。

第十八章　世界盃效應

二〇〇四年五人制世界盃

在日韓世界盃過後，臺灣體育界也開始思索在國內拓展足球運動的可能性。二〇〇二年，中華足協的秘書長張展維率領中華臺北五人制足球隊前往比利時集訓時，碰到國際五人制足球委員會的主席理查多．特謝拉（Ricardo Terra Teixera）。當時，國際足總希望能拓展足球在亞洲的市場，特謝拉因此與張展維討論舉在臺灣辦五人制世界盃的可能性。

五人制室內足球（Fusal）起源自一九三〇年代的南美洲，它的名稱取自葡萄牙文futebol de salão與西班牙文fútbol sala，這兩者都有「房間足球」的意思。最初這種球賽是利用室內或籃球場空間進行，隨後在拉丁美洲廣為流傳。由於五人制足球相較於十一人制足球，在競賽條件上較為容易，每次比賽只需要一片空地、四塊磚頭或者鞋子、衣物堆起的兩座球門，以及一小群喜歡運動的人，就可以隨時開啟一場即興的足球賽。在拉丁美洲，許多國家隊選手最早接觸的足球運動就是五人制足球。這些選手也從這類小型競賽中，培養出花俏而精湛的個人技術。

臺灣對五人制足球的接觸是從八〇年代開始。但早在戰後初期，臺灣就有發展出「小型足球」的運動型態。一般來說，小型足球是指單隊人數未達十一人的足球運動。由於小型足球參與人數少、需要的球場空間也較小，對不曾踢過足球的人來說門檻相對較低，並且能在比賽過程加強基本技術的訓練與培養興趣。在一九八二年，臺北市足球委員會舉辦第一場夏令盃五人制足球賽，首度將這項運動引介到臺灣。而在一九八八年中華足協改選後，更正式將室內五人制足球列為重要推廣項目，鼓勵臺灣大眾多參與這種新興的體育活動。

足協熱衷於發展室內五人制足球，其實也有他們背後特殊的考量。由於國際足總在一九八八年才正式確定五人制足球的統一規則，中華足協因而希望能複製木蘭女足的成功經驗，搶先世界各國率先推動五人制足球，打造下一個世界冠軍。同時，足協認為五人制足球的比賽條件，例如場地空間小、依靠短傳配合、較少爭高空球以及較多跑動等特性，比較適合身高相對西方人較矮小的亞洲人。因此在一九九二年，中華足協選出一支大專五人制足球的代表隊，首次派他們前往西班牙，參加世界大學五人制足球錦標賽。這支代表隊在該屆賽事中取得第六名成績。

隨後在二〇〇一年，亞足聯在伊朗舉辦第三屆亞洲盃五人足球賽。中華足協在推廣五人制足球十年後，首次組織代表隊參與這場賽事。由於足協希望能培育未來的種子選手，以在球隊換血時替補原先球員，因此這批國腳都相當年輕，平均年齡只有十九．九歲。在亞洲盃的賽事中，中華臺北首戰以七比三擊敗新加坡，但之後分別以三比六輸給巴勒斯坦、五比六輸給日本，以及一比十敗給伊朗。成績一勝三負的中華臺北隊，位居分組第四名。

然而中華足協並未放棄推廣五人制足球的目標。隨著二〇〇二年世界盃在臺灣掀起觀賽熱潮，以及五人制足球在國際間興起，中華足協開始向政府爭取舉辦五人制世界盃，希

體育小百科

一九九二年世界大學五人制足球錦標賽：一九九二年中華隊在該屆比賽，以七比四贏美國、二比六負比利時、三比十七負西班牙、五比一贏聖馬利諾的成績，在小組中排名第三，晉級複賽。之後中華隊在前五名資格賽中，以四比十一輸給獨立國協隊，取得總排名第六的成績。

望能藉此延續世界盃的熱潮，讓臺灣觀眾從觀看國外足球賽轉向關注臺灣足球。二〇〇三年三月，足協收到國際足總批准臺灣主辦五人制世足消息，國際足總主席布拉特（Joseph S. Blatter）特別表示，希望臺灣能藉由這次比賽讓足球在當地生根、積累更廣大的支持群體。

一九八九年創立於荷蘭的五人制世界盃足球賽，歷屆分別在香港、西班牙與瓜地馬拉等地舉行。對於國際足總而言，在新興、開發中的國家舉辦五人制世界盃舉辦，將有助於他們在世界各地推廣足球。臺灣正好也符合足總期待主辦地點的條件。這項意外之喜讓臺北市展開舉辦世界級運動賽的積極籌備。中華足協也不忘將這場賽事，與一年前的日韓世界盃相互比擬：「這次世界盃五人制比賽和前年日韓聯合舉辦的世界盃（十一人制）一樣，都是國際足總組織下四年一度的大賽，中華隊首次有機會以『地主隊』參加世界盃。」

足協與臺北市政府等主辦方為了吸引一般民眾進場看球，特別邀請藝人王菲擔任代言人，並將轉播權交給二〇〇二年轉播世界盃的年代電視。然而當比賽開始售票時，觀眾低迷的購票率卻讓主辦方感到憂慮。即便臺北市政府動員各級學校在校內宣傳足球賽事，並在大眾運輸系統、街道看板上大量刊登廣告，但門票的銷售依然不理想。甚至連臺灣媒體熱度都不及國外媒體。另一方面，國際足總對世界盃賽事舉辦流程的強勢主導，也受到不少輿論批評，如同《聯合報》中提及：

國際足總強勢主導，以帝國姿態，入主臺北，反客為主，讓人對國際足總這個足球帝國刮目相看……電視新聞採訪拍攝的監控、媒體人數控管、採訪證確認，都由ＦＩＦＡ一手掌控，舉辦城市臺北市和中華足協、籌備處均無權置喙，顯示其中龐大的商機和行政機制非外界所能看到、猜到，其中牽涉到的利益和權利很複雜。

當臺灣正如火如荼籌備五人制世界盃足球賽時，在地球另一邊前往歐洲移地訓練的臺灣五人制國家隊，卻在友誼交流賽中被匈牙利以〇比十四的比分好好地「教育」一番。臺灣與國外代表隊的實力差距，埋下中華足協主辦世界盃的隱憂。在正式比賽上，中華臺北的表現差強人意，觀眾的焦點也逐漸從能否晉級八強，變成能否贏一場、能否進一顆球。最終中華臺北以兩顆進球、二十三顆失球的成績，遭到淘汰出局。

缺少觀看自己國家比賽的動機讓這場賽事難以吸引到足夠觀眾。除了在開幕前兩天，主辦單位藉由動員學生免費入場達到一定觀賽人數，往後幾天，每場比賽大約都只有數百名觀眾出現在場邊。直到進入決賽，臺大體育館才出現滿場情況。這場五人制世界盃足球賽中，購票入場的觀眾總共只有四萬八千九百二十三人，在歷屆五人制世界盃賽事中創下新低的數字。臺灣首次舉辦的世界級足球賽事就在這種「雷聲大、雨點小」的情況下落幕。

五人制世界盃的案例，反映當時臺灣社會大眾對於足球的熱忱，依然是短暫且有限的。觀眾享受的是在世界盃這種大型國際賽事中與全世界共感悸動的流行文化，以及不同足球明星亮眼的球技。要在臺灣拓展足球版圖，還有很長一段路要走。

走出臺灣，旅外風潮

儘管臺灣舉辦的五人制世界盃並未獲得令人滿意的成果，但在二〇〇二年的日韓世界盃過後，臺灣足球界卻開始湧現一股足球員旅外的風潮。

過去臺灣足球選手的職涯發展之路，可說是相當有限。球員們在離開校園後的第一志願，往往是進入能保障就業出路的公司組成的甲組業餘足球隊。九〇年代開始，由於企業與軍隊支持的臺灣甲組球隊陸續解散，二〇〇〇年時臺灣只剩下高雄臺電和臺北大同兩支企業球隊。足球員如果沒有加入這兩個隊伍，往往只能選擇退役跟轉換跑道這兩條路。然而，當臺灣體育界人士在二〇〇二年日韓世界盃中見證來自世界各地的職業足球員精采的表現，並感受到社會上湧動對觀看球賽的熱忱時，這些參與足球運動的選手與教練們開始思索走出臺灣、接受職業足球訓練與挑戰的可能性。

臺灣足球員的旅外風潮在臺灣的運動史上並非罕見的現象。事實上，早在一九七〇年代，臺灣棒球界就已經出現過大批的球員出走潮。如同前面章節提過，過去臺灣體壇由於業餘規則限制，運動員即使有國手資格，在現實生活中仍必須有正職工作，以維持運動員的「業餘」身分。在一九七〇年代，曾經參與三級棒球的一批年輕球員步入成人年紀在面對未來的生涯選擇時，有些棒球選手開始出走。最早從一九七四年譚信民前往美國職棒開始，有愈來愈多臺灣棒球員前往日本、韓國的業餘與職棒球隊發展。對於臺灣球員來說，外國球隊專業的訓練水準與環境以及相較於臺灣更優渥的薪資待遇，都作為他們旅外的重要動機。

而在臺灣足球界，最早去海外發展的足球員，是木蘭女足的王牌選手周台英。周台英在就讀大德國中時參與手球隊，被劉潤澤挖掘到足球隊擔任替補守門員，並在一九七七年入選為女子亞洲盃的國家代表球員。之後周台英被訓練為球隊前鋒，開始大放異彩。她在亞洲盃、世界女足邀請賽等各項國際賽事中，數度被選為最佳射手。在一九八七年臺灣舉辦的第四屆世界女足邀請賽後，周台英被來臺參賽的西德俱樂部SSG09[1]邀請到科隆，加入西德女足聯賽。周台英成為臺灣第一位旅外足球選手。除了去西德，她也在一九八九年前往日本初創的女子足球聯賽清水ＦＣ[2]，在不同國家留下踢球的身影。

從周台英開始，臺灣許多女足選手都不斷嘗試前往海外，而男足則晚了許多。二〇〇二年日韓世界盃後，臺灣的足球員與教練逐漸將眼界從臺灣擴展到全球。二〇〇四年，曾獲得甲組聯賽的進球王、同時也是帶領五人制國家隊首次踢進亞洲盃八強的選手林家聖，選擇加入第五級英格蘭足球全國聯賽（National League）[3]的隊伍海耶斯（Hayes）的二軍，並在隔年加入英超波爾頓（Bolton Wanderers Football Club）[4]的預備隊，領取約四百英鎊的周薪。[5]

隨後，林家聖前往洛杉磯銀河隊，參與該隊於二〇〇七年首次舉辦的公開選拔。[6]儘管最後他並未通過測試，但由於洛杉磯銀河隊同時也是國際知名球星貝克漢的所屬隊伍，在連續參與公開選拔賽期間，林家聖與貝克漢有短暫的接觸。這件事在臺灣引起一陣騷動。新聞媒體紛紛好奇：這位來自臺灣的足球員為什麼能夠與高人氣的球星交流？林家聖的經歷反映臺灣足球選手已將旅外視為一條可能的職涯路徑。

長久以來，臺灣足球界因為缺少對選手往海外發展的組織性規劃，有志於旅外的球員多半透過所屬隊伍的教練人脈和國外體育組織建立連結，或接受外國球隊邀請前往當地試訓。在二〇〇二年後，旅外足球員呂昆錡與陳柏良便是依循這兩種路徑，展開他們的旅外生涯。

在奧運足球代表隊擔任守門員的呂昆錡，年少時代就開始夢想到海外踢球，他的願望在二〇〇四年出現實現的契機。在二〇〇二年日韓世界盃資格賽中，呂昆錡優異的表現讓他成為臺灣新一代備受矚目的球員。二〇〇五年呂昆錡跟隨國立臺灣體育學院前往日本參加三國五強大學邀請賽。[7]他在球場上亮眼的球技受到日本球隊注意。當時臺體的教練是趙榮瑞，趙榮瑞在一九九〇年代曾以球員身分前往日本中京大學與東京學藝教育大學交流，因此並不排斥選手到海外發展。像在一九八九年，趙榮瑞就曾推薦中華女足的呂桂花和蔡琪華等選手前往日本踢球。在他的安排下，二〇〇五年磐田FC的強化部[8]部長鈴木政一與球團管理部部長井熊雄兒來臺灣舉辦足球講座，順道考察呂昆錡。之後趙榮瑞進一步介紹呂昆錡前往日本乙組職業足球聯賽（簡稱為J2聯賽）的橫濱FC隊接受測試，然後再轉往日本甲組職業足球聯賽（正式名稱為明治安田生命J1聯賽，簡稱為J1聯賽）的古河市原隊。不過呂昆錡在這兩次測驗中，都未獲得日本球隊青睞。

隔年，中華臺北足球代表隊的總教練今井敏明，引薦呂昆錡和隊上同樣表現優異的陳柏良，前往橫濱水手足球俱樂部訓練兩周。雖然兩位選手都未獲得橫濱水手青睞，但與今井敏明關係良好的日本業餘球隊——東北社會人聯盟[9]的盛岡仙鶴足球俱樂部，[10]卻對呂昆錡拋出橄欖枝，讓他在二〇〇七年三月正式加盟球隊。呂昆錡成為第一位旅日的男足選手。[11]

與呂昆錡同期前往日本參加測試的陳柏良，選擇走上另一條不同的路。儘管從十八歲以來陳柏良數次前往日本測試未果，但在二〇〇八年，陳柏良在城市足球聯賽[12]和二〇一〇年龍騰盃[13]中與香港隊對戰的出色表現，讓他贏得前往香港測試和受訓的機會。[14]之後陳柏良加盟為香港天水圍飛馬的選手，成為臺灣第一位職業旅外球員。

陳柏良在天水圍飛馬球隊效力，僅僅作為他旅外生涯的起點。二〇一二年，已從香港返回臺電效力的陳柏良，突如其來接到中國甲級聯賽中的深圳紅鑽隊試訓的邀請。當時深圳紅鑽隊在中國足球超級聯賽（簡稱中超）是一支排名中上游的隊伍。這支隊伍會對陳柏良提出邀請，顯示陳柏良的球技在國際間備受肯定。然而，這也讓這讓陳柏良面臨工作和夢想的抉擇。如果選擇前往中國踢球，那表示他得放棄原先在臺電球隊的選手身分，與臺電所保障的穩固職位。這是選擇安逸穩定或選擇挑戰自我的兩條歧異路徑，而陳柏良最終選擇——走出去。

這並不是一條輕易平坦的生涯之路，然而陳柏良對自己做的決定並不感到後悔。在二〇一五年，陳柏良接受《換日線》媒體採訪時說到：

（年輕球員）最需要有一個勇氣，要敢跨出去這一步。如果真的出來的話就不要想放棄，臺灣真的沒有幾個人能有這個機會，必須要堅持住。一般人來大陸肯定很辛苦，在這裡踢球一開始也真的不容易，但如果你真的有心要讓自己不斷進步的話，肯定可以成功。[15]

陳柏良這一次出走，為臺灣足球員開拓前往中國聯賽的道路。從他開始，臺灣許多選手跟著踏上中超、中甲聯賽的舞臺，有機會去到更大的職業賽場，接受有系統的訓練，並與實力更強勁的選手切磋球技。直到二〇一六年，中國聯賽的參與隊伍簽下大量香港外籍歸化球員，才讓中國足協制定《外援條例》，限制臺港澳的加盟選手人數。[16]然而此時臺灣足球員的眼界已經打開，有愈來愈多選手前往日本、中國、巴西、西班牙等地，追求一場自我試煉的旅程。

海歸世代與臺灣的足球改革

1.意外的旅程：從夏維耶到陳昌源

隨著二〇〇〇年後世界盃熱潮在亞洲國家的發酵，歐洲職業足球完善的訓練體制與球員純熟的技術水平，讓臺灣體育圈開始思索以招募國外華裔球員的方式，提升臺灣在國際競賽上的競爭力。

二〇〇九年，中華足協公關媒體組組長陳嘉銘在遊玩一款名為「足球經理」[17]的線上遊戲時，意外發現一個特別的名字：Xavier Chen，出現在比利時甲級聯賽隊伍的球員名單中。這位有著中文姓氏的 Xavier Chen 正值二十四歲，當時擔任梅勒倫足球隊的主力右後衛。陳嘉銘對這名球員感到十分好奇，在進一步了解後，才發覺 Xavier Chen（以下簡稱為夏維耶），是一位中文名叫陳昌源的中法混血選手。

夏維耶的爺爺陳畊生是中華民國的前外交官，他在一九四九年隨國軍來臺。在擔任外交官期間，陳畊生曾被派遣到美國、非洲、歐洲等數國任職。一九七三年陳畊生被派駐到比利時時，夏維耶的父親陳榮第跟著去魯汶大學念書，之後在比利時定居並生下夏維耶。

出生在布魯塞爾的夏維耶對於臺灣，只有在兒時去探訪過爺爺的記憶。年少時期，夏維耶在比利時俱樂部安德列赫青訓隊中成長。二〇〇三年，他曾入選比利時十九歲以下的青年代表隊，之後加盟比利時甲級聯賽的柯爾特里特隊。在二〇〇七年，夏維耶轉加入皇家梅赫倫俱樂部，在該隊效力長達六年。而截至二〇〇九年為止，夏維耶都還沒進過比利時國家隊名單。

夏維耶特殊的中法混血身分引發臺灣足球界興趣。由於夏維耶擁有華人血統，在選擇效力球隊時，除了比利時以外，還有臺灣與中國國家隊兩種選項。而當陳家銘與夏維耶聯繫時，聽聞中國足壇正試圖聯繫夏維耶。為了讓這位世界級選手能加入臺灣國家隊行列，中華足協著手辦理陳昌源歸化入籍的繁複手續，並在二〇一一年六月正式讓陳昌源加入中華臺北的隊伍。[18]

這是來自歐洲的足球員夏維耶成為臺灣國手陳昌源的奇妙旅程。這段旅程在臺灣足球界激起深廣的漣漪。二〇一一年七月，陳昌源首度代表中華臺北隊參與世足會外賽。[19]為了親睹這位來自歐洲的球星代表臺灣參賽，臺北田徑場湧入一萬五千名觀眾，創下近年來臺灣足球賽事的最高觀眾人數紀錄。如同《聯合報》的報導記載，當天現場有第一次進場的球迷，便對觀眾的熱情大感吃驚，表示：「看到這種場面，你不會相信臺灣只有四年瘋一次（世界盃）足球，這是中華隊的比賽耶。」

由於中華隊在首場比賽以一比二輸給馬來西亞，在次回合與馬來西亞對戰的賽事中，中華隊必須在主場獲勝，才有機會晉級下一輪資格賽。[20]因此從比賽一開始，中華隊就積極搶攻。當球賽進入七十五分鐘時，中華隊與馬來西亞踢成二比二平手，仍需要兩顆進球才能獲勝。此時裁判哨音一響，中華隊得到本場比賽兩顆十二碼碼罰球機會。第一顆球陳柏良罰球失誤，在關鍵時刻教練團當機立斷，指向穿著八號藍色球衣的陳昌源。

陳昌源深呼吸、緩步助跑，接著踢出一道往右上死角的射門。三比二，中華臺北領先。陳昌源辦到了！比賽重新回到一球的差距，中華隊仍有逆轉的機會。

但是到最後，奇蹟並沒有發生，中華隊被淘汰出局。在臺北田徑場上，中華隊的球員和球迷都流下遺憾的淚水。這是過去從來不曾發生的事，沒有一次中華隊輸球這麼讓人不甘心。賽後陳昌源接受《中國時報》採採訪時提到：「我踢了七年職業足球，沒有看過任何職業球員哭過，從來沒有！但昨晚我看到好多人哭，看到隊友在哭、球迷在哭，大家不是為了金錢，純粹是為了足球落淚，這真的讓我非常感動。」比賽尾聲陳昌源走上看臺，將他的球衣送給爺爺。這是他第一次代表中華隊、代表爺爺的國家參加比賽的紀念。

在二〇一二年這場讓人熱血沸騰的世界盃邀請賽後，陳昌源精湛的表現在臺灣足球界與社會大眾之間產生深遠影響。受過職業足球體系訓練的陳昌源向當時的臺灣球員展現歐洲的足球水準。他運用最精簡與省力的技術進行傳球、停球等動作，在球場上快速跑位接應、製造與尋找空間。他純熟的球技衝擊許多選手原先對足球運動的認識，也發覺要達到像陳昌源的水準，好像不是完全做不到的事情。

而在陳昌源之後，臺灣徵召華裔球員的路也重新被打開。往後像是殷亞吉、周定洋、沈子貴這些我們今日耳熟能詳的選手，一個接著一個受到中華足協邀請，回來臺灣踢球。這些海歸球員注入的活力，讓臺灣人的目光從世界盃逐漸轉移到國家隊的比賽。然而，隨著愈來愈多人關注臺灣足球事業的發展，臺灣足球界在專業經驗上的缺乏，也逐漸浮上檯面。

2. 運動員權益與足協改革

二〇一四年十月，陳昌源召開一場記者會，宣布他拒絕出席即將舉行的東亞盃資格賽。陳昌源會做出這項決定，背後原因是中華足協未遵守之前與陳昌源簽訂的合約。二〇一二年，陳昌源在加入國家隊時，前任足協理事長盧崑山曾與他簽署一份備忘錄，承諾陳昌源提出幾項有關選手待遇、出場費、來臺旅費等要求。[21] 然而，當二〇一三年足協改選後，新任理事長卻無意延續備忘錄條約。足協以自身並非營利單位、沒有支付旅外球員出場費預算，並且為了公平起見不能支付單一球員出場費等理由，回絕陳昌源的要求。

由於當時陳昌源在臺灣已累積相當高人氣，他拒絕接受國家徵召的事件引發媒體廣大關注。社會大眾開始檢視臺灣體育界長久以來積累的弊病，當職業足球在國際間已成為相當成熟的運動產業，臺灣足球圈的許多體制與觀念卻是那麼不合時宜，國家選手受到的待遇與培訓環境又是那麼「業餘」。

例如，中華足協為了推廣看球風氣、讓更多觀眾願意入場，而在舉辦足球比賽時不收取門票。然而這項政策卻導致組織內部經費拮据，必須依靠政府補助和募款才能維持基本開銷，對每一筆花費也都錙銖必較。相較於此，代表國家隊的足球選手，每日參與集訓時卻只被支付兩百元補貼，因為中華足協認為讓球員出場比賽是「為國爭光」，球員為國家效力是理所當然的事情。這些逐漸被報導出來的真相，讓臺灣民間出現要求足協改革的聲音。在二〇一四年陳昌源發表聲明後，中華足協在社會輿論壓力下不得不明文規定，提供臺灣或海外國家代表隊選手合理的待遇。

陳昌源事件反映受過歐陸職業足球系統訓練的球員，與臺灣體保制度相遇時發生的碰撞，同時也顯示兩方對運動員權益與定位在觀念上的歧異。過往在威權統治年代，體育作為國家富強與榮譽的象徵，與政治外交策略有著千絲萬縷的關聯。運動員為國家隊效力不僅作為一種義務，同時也被視為莫大的榮譽。然而，隨著戒嚴體制鬆綁、體育從國家體系中逐漸被釋出，近年來有愈來愈多人開始思考：選手代表國家出賽，是否作為他們體育生涯中唯一的目標？球員是否又有權利向國家要求提供合理保障？

二〇一四年發生的陳昌源事件，可說是從根本上撼動中華足協的陳舊體系，並對臺灣體育行政體系慣有從上而下強硬的主導模式提出激烈的挑戰。陳昌源引發的輿論關注，是點燃臺灣體育改革的其中一道星火。

3.國家之外，運動員的職涯規劃之路

從二〇一二年陳昌源加入中華隊以來，臺灣足球界積極發展徵召海外華裔球員加入國家隊的計畫。除了透過球迷將適合的人選推薦給足協，另一種「徵召」選手方式，則是由外國球員自行前來聯繫。對於來自國外的球員而言，晉升為國家隊選手意味有機會去到更大的國際舞臺，與技術更為純熟精良的隊伍競爭，因此華裔足球員與國家隊之間似乎能達到魚幫水、水幫魚的互利關係。

然而，在二〇一八年臺灣另一位海歸華裔選手周定洋（Timothy Chow）的解召事件，卻揭露在這種合作關係底下，國家代表隊、足球協會與球員三者之間難以界定的權責關係，以及運動員在當代的定位問題。

二〇一七年，出生於英國的華裔第三代球員周定洋，依循陳昌源的模式入籍中華民國，在對陣土庫曼的亞洲盃資格賽中首次披上國家隊戰袍。周定洋原先為蘇格蘭超級聯賽效力與負責中場位置的背景，被中華足協視為下一個提振臺灣足球的希望。因此足協以謹慎的態度處理周定洋入籍事宜，訂定選手與國家隊之間的合約以保障雙方權益。

但在二〇一八年，在中華隊對陣新加坡比賽前，周定洋的經紀人陳家銘突然召開記者會，譴責國家代表隊以「逾期報到」理由拒絕徵召周定洋。在記者會上，陳家銘指出國家隊教練事前曾答應周定洋，在三月二十三日才須向代表隊報到，但周定洋在二十號抵達臺灣後，卻被國家隊要求立即前往報到。對於陳家銘的譴責，國家隊總教練蓋瑞．懷特（Gary White）則召開記者會回應，指出代表隊在周定洋抵臺後完全聯絡不到對方，因此決定以有損紀律為由，取消徵召周定洋出場。

這起事件的爭議點，在於周定洋在來臺之前是直接與懷特教練聯繫，兩者並敲定報到時間為三月二十三日。但中華足協與周定洋原先所屬的羅斯郡俱樂部，只談好球員離開球團時間，並未釐清球員若提早抵達臺灣的應對措施。當三月二十日周定洋提早抵達臺灣時，中華足協向周定洋提出當日向國家隊報到的要求，隨即遭到周定洋拒絕。在第一時間得知周定洋拒絕報到的總教練懷特，因此作出撤銷徵召周定洋的決策。[22]

周定洋與代表隊教練間的紛爭，反映作為居中聯絡人的中華足協，因為欠缺與國際職業球團交流的經驗，而未制定出一套徵召海外球員的標準流程。同時，由於中華足協在處理海歸球員的方法態度上，仍按照過往符合國家代表隊權利義務的慣例，因而在運動員的定位與權益上，經常衍生出矛盾與歧異。

儘管周定洋未能順利代表臺灣參與亞洲盃資格賽，但當時他已完成入籍中華民國手續。在二〇一七年，中國足協放寬外援限制，允許各隊能擁有一位來自臺港澳的球員，且不會佔據到球隊外援名額。周定洋因此以臺灣籍身分進入中超的舞台。在加入中超聯賽之前，周定洋曾陸續在英格蘭次級聯賽與塞爾維亞聯賽進行測試並出賽。二〇一九年，周定洋離開塞爾維亞聯賽，當時中國修訂後的外援條例，讓來自臺灣的周定洋不需要跟國外球星競爭外援名額，周定洋因此選擇加盟中超的河南建業。

海歸球員透過加入臺灣代表隊，爭取進入國外更大的足球聯賽，是近年臺灣足球界常有的現象。隨著中國經濟快速發展，中超以鉅額轉會費簽下許多世界知名球員，讓中超成為世界矚目的足球舞臺。對於運動選手而言，由於在中超出賽的曝光度遠高於歐洲的非主流聯賽，眾多球員因此爭取進入中超，以取得進軍歐洲頂級聯賽的入門票。

在二〇一九年，與周定洋同時獲得國家隊邀請的沈子貴（Will Donkin）是另一種典型。原先在英超切爾西與水晶宮青訓隊受訓的沈子貴，與擁有即戰力的周定洋不同。儘管已具備相當水準的球感與技術，但當時年僅十七歲的沈子貴徘徊在成為職業球員的十字路口，必須找到機會證明自己能負荷成年隊等級的足球競賽，而臺灣正是他的機會之地。

二〇一七年，沈子貴在中華足協舉辦的國際足球邀請賽中，以出色的表現受到隊友認可，並且被《英國太陽報》譽為臺灣的梅西[23]。透過代表臺灣比賽，沈子貴一步步證明自己有能力負擔成年隊賽事。在二〇一九年，沈子貴為自己贏得第一份職業球員合約，加盟挪威超級聯賽的史達比克隊，終於達到成為職業選手的夢想。[24]

與世界接軌的瞬間

海歸球員與旅外球員是當代臺灣足球界兩大受到關注的焦點。從二〇〇〇年開始，日韓世界盃帶來的啟發與全球化潮流下愈發流動的運動市場，都讓臺灣足球界開啟面向世界的一扇窗。每段旅外或海歸球員的經歷不僅作為特殊的個案，更反映出臺灣看向世界、與世界面向臺灣，這兩股潮流相互碰撞時，對臺灣體育界帶來的衝擊。

旅外球員在規劃職業生涯的道路時，最先面對的是現實與夢想的兩難。足球究竟能否成為謀生的管道？離開運動後選手又剩下什麼？這是臺灣體保制度在教育體制之外，難以回應球員的問題。然而，當臺灣球員看見來自歐洲的選手近在咫尺地演示職業足球的水準，臺灣選手開始能切身衡量自己與世界的差距，並思考離開臺灣、走向世界的可能。

在二〇一〇年後，有愈來愈多海外華裔球員加入臺灣代表隊的現象，則讓關注臺灣體育發展的球迷，開始檢視長年來臺灣體育行政制度的缺漏。見證到不同海歸選手加入國家代表隊遭遇的挑戰，社會大眾逐漸看見競賽之外，體育選手在選拔與訓練過程遭受的不合時宜對待。運動員是否隸屬於國家、最終目標是否只是為國家贏球？或者一名球員其實能有更多元的選擇，國家代表隊的存在是否只做為其中一種競爭的舞臺？這些問題在二〇一〇年後的臺灣激發深淺不一的討論，也讓我們對「臺灣足球文化是什麼」得以產生更寬闊的思考。

1　SSG09：全名為SV Bergisch Gladbach 09。俱樂部位於德國貝爾吉施-格拉德巴赫市，所屬的女子足球隊曾獲得九次德國女子聯賽冠軍、三次女子德國盃冠軍。

2　鈴與清水FC女子隊：創立於一九八九年，是日本女子足球聯盟的一員。曾獲得一九八九年聯賽冠軍和一九九一年女皇盃冠軍，該隊在一九九九年解散。

3　第五級英格蘭足球全國聯賽：英格蘭足球聯賽共分成十一個等級。第五級別稱為全國聯賽（National League），舊稱英格蘭足球議會聯賽（Football Conferece）。聯賽冠軍和第二至五名附加賽獲勝的隊伍，可以升上英格蘭乙級聯賽，聯賽排名後兩名則降入第六級別聯賽。

4 英超波爾頓：波爾頓是英格蘭聯賽創始俱樂部之一，現在在英格蘭甲級聯賽出賽，二〇〇一年波爾頓成功升上英超，但在二〇一一到二〇一二賽季保級失敗，降入英冠聯賽。

5 有關林家聖是否曾在全國聯賽與英超隊伍擔任正式球員的傳聞，目前仍眾說紛紜。但根據英足總核發非歐盟國家球員GBE（Governing Body Endorsement）的規定，在二〇〇四到二〇〇六年間，非歐盟球員若要取得英國足總外籍球員工作證，必須在世界排名前十的國家出賽佔總出賽次數的達到百分之三十；或者在排名前三十一到五十名的國家，參與百分之七十場次的比賽。在二〇〇四到二〇〇六年間，由於臺灣足球在全世界的成績排名約落在一百五十名左右，因此林家聖不太可能根據非歐盟足球員法規取得英國工作證。另外，參考目前歐洲最大球員轉會網站TransferMarkt的資訊，也無法在其中找到林家聖在波爾頓的出賽紀錄。但根據一篇《中國時報》在二〇〇五年四月二十三日的報導記載，林家聖當時是在英冠聯賽的克魯隊（Crewe）受訓，並領有四百英鎊周薪。因此綜合上述資訊，筆者推論林家聖一開始是以自費方式隨海耶隊出賽，之後與波爾頓簽約，並透過球員租借方式到克魯隊下屬的預備隊聯賽受訓與出賽。儘管我們現在能掌握林家聖在歐洲擔任旅外球員的資訊有限，但林家聖依然作為臺灣近年來第一位敢於挑戰歐洲聯賽的臺灣足球員。有關非歐盟國家球員規定、TransferMarkt網站資訊與林家聖相關報導，請參見以下連結：英國足總法規https://reurl.cc/qNG5g0（最後查詢日期：二〇二二年九月四日）。歐洲球員轉會網：https://reurl.cc/60K006（最後查詢日期：二〇二二年九月四日）。林家聖報導：〈林家聖的英超夢〉，《中國時報》，二〇〇五年四月二十三日，C6版。

6 美足聯創立於一九九三年，並在一九九六年舉行首屆賽事，採取與歐洲不同的聯盟制。各隊可以自行尋找、培育球員。在林家聖報名的洛杉磯銀河隊海選中，球員需要自費一百三十美元（約四千兩百九十台幣）的報名費和兩天一百美元（約三千三百臺幣）的住宿費。由於貝克漢在二〇〇七年加入銀河隊，當年共有一千五人人參與測試。在選拔過程，林家聖進入最後二十三強名單，最後銀河宣布法國球員馬林（L.Merlin）、葡萄牙球員弗堤斯（R.Fortes）兩人入選。

7 日本方面有東京學藝教育大學與明治大學參與。

8 強化部是指負責俱樂部一線隊／預備隊／青訓等戰力規劃，強化部同時下轄青訓規劃、戰力、球探的部門。

9 日本聯賽稱為J聯盟，共分成三級聯賽，為職業足球聯盟。而業餘聯賽的日本足球聯賽（Japan Football League）被分為第四級別聯賽，其下的第五級聯賽為各地區聯賽，東北社會人聯盟為第五級聯賽，共有十支隊伍。

10 今井敏明的恩師八重樫茂生在該隊擔任監督。

11 不過在二〇〇七年年底，呂昆錡因為兵役問題離開盛岡仙鶴，回臺加入臺電足球隊，在球隊待到二〇一八年退役。

12 城市足球聯賽為前章提及的甲組聯賽。全國城市足球聯賽成立於二〇〇七年，為半職業聯賽。二〇一七年城市足球聯賽被臺灣企業甲級聯賽取代，後者為當時臺灣最高等級的足球聯賽。

13 龍騰盃是中華足協舉辦的國際邀請賽。由於主辦地點位於高雄左營的郭家體育場（又名龍騰體育場），

故比賽被命名為龍騰盃。第一屆龍騰盃賽事邀請香港、澳門、菲律賓參賽，並由香港隊獲得冠軍

14 陳柏良在二〇〇八年的城市甲組聯賽中，以十二顆進球奪下金靴獎，並在隔年以二十一歲之齡成為國家隊史上最年輕的隊長。

15 〈中華男足隊長陳伯良：要在臺灣成為「職業」球員，得先拒絕安逸、忍受寂寞〉，文章連結：https://crossing.cw.com.tw/article/5267，最後閱覽日期：二〇二三年九月五日。

16 在二〇一六年，中國足協修訂「外援政策」，規定中超和中甲每隊最多只能註冊五名外籍球員（四位外援、一位亞洲外援）。此前在二〇〇九年五月，中華人民共和國政府修訂「外援政策」時，將臺灣視為與香港、澳門同等的特別行政區，因此原先臺灣選手在中國並不佔有「洋將」名額限制。但在二〇一六年修法後，臺港澳的球員均被視為亞洲外援名額。

17 足球經理（Football manager）為一款在多種平臺上發售的足球模擬經營類遊戲，其中的球員是以最新的歐洲聯賽球員名單作為資料庫。

18 陳昌源加入臺灣代表隊的流程相當複雜，也反映臺灣足壇長期與國際足壇少有聯繫的問題。從二〇一〇年開始，為了趕在世界盃資格賽前完成入籍，陳昌源不僅要取得中華民國國民身分，同時還須符合國際足總對選手轉籍的要求。由於陳昌源曾踢過比利時青年隊，因此，國際足總規定比利時足協須協助提供球員未代表成人國家隊，參加A級國際比賽的證明文件，並將該份證明文件交給亞足聯核備。如此一來，陳昌源的轉籍作業才算完備。在辦理夏維耶入籍時，中華足協由於對外國陌生的行政流程不熟悉，而一再出現疏漏。這是臺灣從二〇〇四年籌辦五人制世界盃足球賽以來，少數

和國際足壇接觸的機會，因此連帶衍生許多陌生的體驗。

19 儘管在二〇一一年六月，陳昌源已正式入籍中華民國，但由於中華足協向比利時足協申請的證明文件有所延誤，夏維耶所屬的梅赫倫俱樂部拒絕放夏維耶離開球團。夏維耶因此錯過中華隊第一場世界盃資格賽。這份攸關陳昌源能否參賽的證明文件，直到六月二十九日才抵達臺北。夏維耶因而趕上七月三日在臺北舉行的第二場資格賽。

20 臺灣與馬來西亞的世界盃決賽，採主客兩回合制賽事，兩場比賽進球數較多者晉級下一輪，若兩者進球數相等，則依照客場進球制，由客場進球較多的隊伍晉級。由於臺灣與馬來西亞兩回合的總比分以四比四戰成平手，但馬來西亞以兩顆客場進球優於臺灣的一顆客場進球，故由馬來西亞晉級。

21 備忘錄內容包含(1)球員將以參加國際A級賽事為主(2)中華足協將提供優於經濟艙的任何艙等來回機票(3)由於語言溝通問題，在住宿上希望能安排單人房(4)每場球賽將提供球員一千歐元出場費。

22 在此次周定洋事件中，另一個關鍵人物是擔任球員經紀人的陳家銘。陳家銘為中華足協公關媒體組組長，同時兼任中華男足的球探。陳家銘在歷經二〇一二年陳昌源拒絕徵召事件後，開始將海外球員的相關法律、合約事務交由律師協助處理，以保障球員權益。因此海外球員與臺灣國家隊的溝通往來，牽涉到職業球團（周定洋原屬的羅斯郡俱樂部）、球員（以經紀人和律師做為聯絡窗口）還有協會（協會內部又分為代表隊教練與協會行政人員）三方的聯繫，其中選手與教練又可能有私下的聯繫管道，多方人馬缺乏統一的聯絡管道，也是造成訊息誤解與詮釋多義的原因之一。

23 利昂內爾·梅西（Lionel Messi），阿根廷知名足球員，曾被球王馬拉杜納視為他的「完美接班人」

24 在二〇一〇年代，中國財團大肆搜購、贊助歐洲各國職業球隊，許多隊伍因而具備中資背景，史達比克也包含其中。這讓代表臺灣出賽的沈子貴，有機會被這些小型俱樂部發現，進而被延攬入隊。

第十九章　世界足球在地化

臺灣足球與世界的相遇，不只發生在世界盃和國家隊的球場，同時也隱藏在社會各個角落、那些看得見與看不見的地方。從十九世紀英國長老教會的傳教士萬榮華帶著現代足球文明來到臺灣，到當代移工與新住民帶來家鄉的足球文化，百年來全球歷史的脈動，在臺灣留下不一樣的足球風景。

一九八〇年代臺灣正值經濟起飛，社會產生龐大的勞動力需求，讓政府開始考慮引進外籍勞工。從一九八九年開始，臺灣初步引進移工參與公共工程，此後外籍移工的身影開始出現在社會各個角落。根據勞動部統計，現今臺灣的外籍移工數量已達到六十七萬五千六百七十二人左右，而這個數字還不包括入籍與未入籍的外籍配偶。[1]隨著這群人在臺灣輾轉遷徙，原先屬於他們家鄉的足球文化也在臺灣開花結果，形成千禧年後臺灣多元的運動景觀。

海外移工與足球

對於來自泰國、越南、印尼等國家的移工群體而言，足球幾乎可說是在母國人人熟知的全民運動。在成長過程與三五好友結伴去田野空地踢球，是在異國打拼的移工最懷念的家鄉記憶之一。因此當他們來到臺灣後也積極透過社群平臺相互串連，尋找能一起踢球的夥伴。然而現實中隱含的種種挑戰，卻讓移工足球成為社會上經常被遺忘或忽視的景觀。

在臺灣，移工的足球文化有如一條伏流在島嶼靜靜流淌，只有偶爾才會浮出表面。這其中的關鍵因素，在於驅散和游移作為移工足球普遍的特徵。如同印度政治學與人類學家帕塔·查特吉（Partha Chatterjee）在探討公共政策的制定時，指出治理活動事實上受到階級、社會地位，以及特權的分層社會結構等因素影響，掌管愈多權力與知識的群體，愈能制訂出有利於自身的規則，進而對公眾發揮影響力。[2]查特吉的觀點與長久以來在臺灣的移工群體，在尋找運動空間時碰到的阻礙正好相互呼應。

臺灣的運動事務主要由教育部和體育署管轄。社會上現有的運動空間——包含各地的學校、河濱公園或體育場等——多半由學校或縣市體育局負責管理。然而，這些空間設施在最初的設計上，主要是提供給臺灣在地民眾使用，並未將外來的移工放入考量。這因此讓不同群體對使用空間的方法產生一定歧異。

如同臺灣外籍工作者發展協會的理事長徐瑞希在接受《人間福報》採訪時提及，臺灣踢足球的空間少，外來的移工又因為語言不通與不熟悉行政程序，而在嘗試租借場地時，屢屢遭到諸多體育單位的疑慮與歧視。有的體育場館以高額租金試圖讓移工知難而退，有的則直接拒絕出租。[3]這些舉措讓移工群體相較於臺灣人組成的足球社群，更常面臨找不到場地的困境。因此移工有時會利用公園草皮或學校空地踢球，但又可能遭到前來散步與休息的在地民眾驅趕。

為了避免和臺灣人因為公共空間的使用造成衝突，進而引發不必要的法律問題，移工多半會避開人潮尖峰時段，在比較冷門的時間踢球。研究生張瑞貞曾經針對在中壢文化公園活動的越南移工進行田野調查，他觀察到這群移工在選擇踢球時段上的顧慮：「太早來也不好，沒辦法踢，臺灣人比較多，怕踢到人，也怕被趕」。考量到加班因素，移工通常會約在比較晚的時間踢球，同時也會避開寒冷的冬天夜晚，以免踢球時著涼感冒，影響到隔日的工作表現。由於移工的足球活動長久受制於環境，因此本身具有很大的機動性，並且常在臺灣人視野以外的地方進行。

受到工作影響，平日移工能自由活動的時間相對有限，因此另一種群體——外籍配偶——便會負責協助移工租借場地、購買球衣與球鞋等大小事務。[4]外籍配偶們甚至會在移工因為踢球受傷時，幫忙前往工廠和雇主解釋道歉。[5]這種社群連結讓移工在臺灣的足球網絡，不僅包含參與踢球的人口，同時也擴及與移工熟識的同鄉親友與社群。由於在工作地點缺乏休閒活動，有些移工也會相約去看認識的朋友踢球，順便幫他們照顧貴重物品。[6]上述這些從足球活動開展出來的生活氛圍，都讓這群移工彷彿回到家鄉。

＊

在臺灣移工群體中，足球的重要性不僅在作為一種日常消遣，更牽涉到對國家與族群的認同。二〇一五年在臺北舉行的世界盃資格賽中，臺灣與越南被分配到同一場比賽，兩國代表隊準備在臺北田徑場交戰。比賽前夕，中華足協由於已預料到當天到會有大批移工進場支援，因此除了透過媒體動員臺灣支持者去看球賽，也特地將球場看臺分為北中南東四區，並將球門後方的南區看臺專門保留給越南觀眾。

比賽當日，原定七點才會開賽的臺北田徑場，在大約下午三點已經聚集大批群眾。一輛輛載滿來自臺灣各地的越南移工的遊覽車陸續開到田徑場周邊。眾多越南球迷興奮地互相寒暄、交換生活近況，並為即將開始的比賽準備應援工程，如同「報導者」的文章記載：

武德成回憶，當時越南國家隊要來臺灣比賽的事情早就在社群中傳得沸沸揚揚，社群中有不少「揪團共乘」的訊息，也有提醒要到現場看球要穿什麼樣的服裝、帶什麼樣的道具。許多越南移工甚至想盡辦法請假，只為了進場為國家隊加油。[7]

而等待這些遊覽車的人們，是居住在北部的移工和外籍配偶。當各地球迷在球場入口聚集排時，這群來自北部的移工與外籍配偶有效率地分成兩個小組，向排隊的球迷發送紅底黃星的加油T恤和門票。這項盛大的工程本身就需要長久籌備的時間，包含印製大量的國旗樣式衣服，還有在便利商店購票機印下一張一張的球賽預售票。這些門票是由越籍配偶們在比賽開始一個月前負責購買的——他們比起移工，在平日有較多空閒的時段。

比賽當晚，臺北田徑場坐滿了一萬八千多名觀眾，其中有將近八千名觀眾是來自越南的球迷。這些越南球迷身穿紅衣、大聲唱歌呼喊，為自己的國家加油打氣。而越南代表隊彷彿受到球迷熱情的鼓舞，當晚以二比一的分數贏過臺灣，讓現場的越南球迷陷入激動的情緒。當時也在現場觀看球賽、來臺工作快十年的黎俊龍分享道：「那天看到國家隊來臺灣的比賽，我很感動。所以我也想要好好工作，讓越南、還有我的家人以我為榮，因為我們在臺灣工作的越南人也是另一支『國家隊』。」[8]黎俊龍一席話反映散落在臺灣各地的移工的心聲。對於他們而言，世界盃不僅是一場球賽，也是召喚自己與國家連結的重要場域。也因如此，以移工足球為中心輻射出去所觸及到的人們，便不只包含實際在球場的球員。同時，前來看比賽的觀眾、組織球隊與籌備支援工作的人們，都與足球文化有著密不可分的關係。這些人共同織就移工在臺灣的足球風景。

*

從二〇一〇年開始，臺灣陸續出現許多由在地社群組成的運動聯盟，提供臺灣的移工較正式與完備的足球空間。二〇一五年，臺灣的印尼足球聯盟在臺灣外籍工作者發展協會和印尼駐臺辦事處支持下，舉辦了第一屆臺灣印尼足球聯賽（TISL，Taiwan Indonesia Super League）。當初印尼足球聯盟創立背景，肇始於移工尋找足球場地的不易。由於遭遇和本地社會語言不通的問題，移工必須尋求較早來臺灣的同鄉，或致力於協助移工的非營利組織協助，才能找到能固定使用的運動空間。當這群喜愛足球的移工與非營利組織成員的人數逐漸壯大，他們開始思索舉辦大型足球賽的可能性。於是，印尼足球聯賽在這種機緣下誕生。

臺灣印尼足球聯盟在成立初始底下已經有二十支球隊，其中成員多半由南臺灣的印尼籍移工、學生與外籍配偶組成。到了二〇一九年，該聯盟發展出四十多支球隊，並分成北中南三個區域進行賽事。臺灣印尼足球聯賽從原先一小群同鄉親友在周末舉行的交流賽，發展成後來具正式規模的聯賽，它成功鏈結了不同地區的移工群體，讓他們透過運動凝聚在地認同與抒發思鄉情感。

除了印尼足球聯盟，臺灣的越籍移工也在工作之外的休閒時間，組織一支支足球隊。由於越南本地足球風氣興盛，由越南人組成的足球隊伍，除了包含工廠內的球隊，也包括越南各省在臺同鄉會所組織的隊伍。有的隊伍會將家鄉元素加入球隊，例如義安號稱為越南的足球首都，來自義安的人組成的球隊就叫做「Chao 37」，三七這個數字是義安省的車牌號碼。另外一個有趣的現象是，有些移工甚至因為能在臺灣踢球而選擇來臺工作。例如在桃園國際足球聯盟的吉瓦（Daeugkliang Jirawat，泰國人），在大學時曾參與泰國五人制職業足球聯賽。由於他在決定未來就職地點時聽說在臺灣工作能參加足球隊，因此便來到臺灣、加入桃園立青五人制足球隊。吉瓦後來在球隊教練的介紹下，加入桃園國際俱樂部。[9]

臺灣的足球環境對這些外來的移工而言，可說是與故鄉大相逕庭。在家鄉隨處都能展開一場球賽，但在異國工作卻須面對重重法規與觀念限制。但正因如此，能克服種種困難在臺灣大街小巷舉辦球賽，這不僅成為移工與家鄉記憶的重要連結，也讓他們進一步與臺灣在地生活產生情感聯繫。這些經歷都讓臺灣的草根足球文化更加繽紛。

更多外國人士在臺灣的足球組織與聯賽

二〇一一年，居住在臺南的法國人楊飛幻（Florian Wrisez），從自身接觸的足球經驗出發，組織了具規模性的臺南足球聯賽（從二〇一一年到二〇一四年共舉辦過三屆）。楊飛幻本身領有歐足聯B級教練證照，成長過程就對足球運動充滿熱忱。二〇〇八年，楊飛幻來臺灣的臺南大學念體育管理，課堂空餘時間也去國小兼任社團教練。由於隻身一人來到臺灣，希望在異國找到能一起交流的足球同好，在二〇一一年，楊飛幻索性自發籌辦臺南足球聯賽，並進一步發展出南部足球年賽、高雄足球聯賽等賽事。這一系列的比賽同時開放給外籍與臺灣本地球隊參與，全盛時期曾有高達三百多人參賽。楊飛幻舉辦的臺南足球聯賽，讓南臺灣球隊擁有了交流平臺。而在二〇一四年聯賽停辦後，楊飛幻在臺南當地成立Tainan Eagles俱樂部，投入當地兒童與青少年的足球教育。楊飛幻的經歷可說是外國足球文化進入臺灣、在本地生根的絕佳範例。

除卻楊飛幻，由外籍工作者在臺灣發起的足球聯賽，又以臺灣國際足球聯盟（Taiwan International Football League, TIFL）最為出名。TIFL聯賽成立於二〇一六年，最初的名稱為臺灣島嶼巡迴賽（Taiwan Island Tournament），後來更名為OTPL（On Tap Premier League，以臺北的英式運動酒吧On Tap命名）。該聯賽利用臺北世大運新修建的人工草皮足球場作為聯賽使用場地，每周會在粉絲專業預告賽事與競賽成績。TIFL的參與隊伍，主要為在臺北工作的外籍人士組成的足球俱樂部，包含八〇年代開始成立的臺北紅獅（Taipei Red Lions）、臺北日本FC（Taipei Japanese FC）、皇家蔚藍[10]等。現在的臺灣國際足球聯賽，可說是在臺灣最大規模的外國人業餘足球聯賽。

此外，在臺灣還有一支特殊的球隊——甘比亞聯隊。這支隊伍是由一群在臺灣讀書與就業的甘比亞人組成。從一九九五年到二〇一三年間，臺灣與甘比亞曾經有正式的外交關係。許多甘比亞人在這段時期來臺攻讀建築、土木、電機等科系。後來雖然兩國政府斷交，但一些當時仍在臺灣的甘比亞人選擇完成學業，在臺灣就業定居。由於在臺灣的甘比亞人散居各地，這支甘比亞聯隊成為「盃賽型、活動型」的機動性球隊，只有在參與比賽時會集結起來。這支球隊成為甘比亞人與家鄉記憶的情感紐帶。

在聯賽之外，從二〇一四年起臺北輔仁大學也會定期舉辦「拉丁美洲足球節」（Copa

America Taiwan），透過舉辦足球賽聚集在臺灣工作與就學的拉丁美洲國家人們。臺灣與許多拉丁美洲國家有建立外交關係，這些國家在臺灣的外交大使因此將該活動視為推銷本國文化的平臺。「拉丁美洲足球節」除了會舉辦足球賽，同時在球場周邊也會擺設攤位，介紹拉丁美洲的美食文化與音樂舞蹈。在這樣一場猶如狂歡節的足球賽中，外國人與臺灣人或者出於對足球的喜愛、或者出於對異國文化的好奇，都聚集在一起。這些外籍工作者在臺灣舉辦足球比賽或相關體育活動的案例，揭示臺灣作為開放的島國，從過往至今都持續接收不同文化的洗禮，使得臺灣足球景觀充滿異國的色彩。

百花齊放的足球俱樂部

1.國外俱樂部文化扎根

二〇〇〇年以來，一種新興的足球文化在臺灣民間蓬勃發展，那是由長期居住在臺灣的外籍人士帶來的足球俱樂部文化。二〇〇三年，有一群來自臺北美國學校、對足球痴狂的學生開始自發性組織起球隊。這群學生多半是在臺灣工作的外籍人士的子女，父母從事包含外商、教育、研究、工程等職業，因為工作關係長期定居在臺灣。

這些外籍人士的子女，受到父母家鄉文化背景與家庭教育影響，從小便會參與足球活動，將踢球視為日常重要的娛樂消遣。由於期望在新的定居地找到足球同好，彼此聚集起來切磋精進球技，他們開始尋找專業的教練帶領他們練球。在連結足球社群與尋找適合教練人選的過程，他們發覺在臺灣其實不分國籍，有很多對足球懷抱熱忱，卻不得其門而入的中小學生存在。這些學生不曾受過國家培訓、也沒有以成為職業運動員為生涯目標，僅僅是抱持一顆喜歡踢球的心，希望在成長過程持續投入足球活動。觀察到此種現象，外籍人士組成的社群有意識引進他們在家鄉所熟悉的「俱樂部文化」，開始互相串聯、自發籌組臺灣在地的足球俱樂部。

俱樂部文化是指一種具草根性與開放性的文化精神。它重視由下而上的發展，透過不同社群的募資與招募人力，組成獨立運行的團體組織。這種精神源自十九世紀的英國。隨著工業革命帶來經濟發展，原先專屬於貴族階層的俱樂部概念逐漸流傳到社會大眾之間。相較於貴族俱樂部的封閉性，中產階級與工人階級組成的俱樂部更重視公民自治的精神，致力於在教會、貴族、政府的治理空間外，發展屬於自身地域、職業、族裔認同的俱樂部文化。這種俱樂部根據不同團員組成，呈現出百花齊放的文化樣貌。

十九世紀隨著英國公學校推廣足球運動，在英國民間也開始有專屬於足球的俱樂部。最早出現在歐洲的足球俱樂部，是一八五五年在英格蘭成立的謝菲爾德FC（Sheffield FC），往後許多家足球俱樂部也陸續成立。這些俱樂部之間沒有官方認定的組織形式或章程，有的俱樂部甚至會創立自己的運動規則，例如規定足球參與人數為十八人、或能用手來進行足球遊戲等。由於俱樂部擁有的高度自治性，這種組織伴隨公民社會發展到當代，成為社區居民休閒社交的重要場所。而一些擁有雄厚人力與資源的俱樂部，也會組織起自己的球隊參與各項重要的足球比賽。例如在歐洲聯賽中許多知名的足球隊伍，如利物浦（Liverpool）、曼聯（Manchester United）、埃佛頓（Everton）、兵工廠（Arsenal）等，都是來自這種歷史悠久的俱樂部組織。

臺灣初次接觸到足球俱樂部的概念，是在一九七八年的世界女足球邀請賽中。由於各國當時普遍還沒發展國家女足代表隊，因此來臺灣參賽的隊伍多半是以俱樂部為單位。這些歐式的運動俱樂部多由地方熱心人士發起，組織經費主要有四種，包含：俱樂部幹部籌募、地方公司行號捐助、比賽門票收入以及會員繳費。而俱樂部招收新會員的方式通常是在報上刊登啟事，開放給任何對足球有興趣的人參加。

當時俱樂部的組織形式對臺灣來說，可說是相當另類的概念。相較於臺灣的體育保送制度偏重對運動專才的教育，藉由投入最少資源獲取最大效果，並以「為國爭光」為終極目標，俱樂部則強調多元的參與。俱樂部組成成員不僅有選手，也包含選手家屬、朋友、俱樂部的工作人員等。同時由於俱樂部不以成敗論英雄，不同技術水平的人都能在俱樂部中找到自身的定位，因此更願意在運動中投入更多時間、資源，追求自我實踐的價值。

臺灣民間從一九五〇年代以來，也存在這種類似足球同好會的團體，然而都未發展成如歐洲俱樂部般長久運作的組織。民間參與足球活動的人往往因為同學、同鄉或同事的關係組成球隊，進而參與比賽。這種團體多半沒有發展出一套固定的制度維持球隊經營，隨著團隊成員年紀增長或生活與工作關係改變，球隊也自然因為成員離開而解散。少數如一九六九年在臺南組成的佳里足球俱樂部，是因為依靠多所學校支持，才有穩定的選手來源。但該俱樂部的運作方式仍是以體保制度為主，相當重視競技的成績。

在八〇年代全球化潮流下，臺灣開始有外籍人士組成不同規模的足球俱樂部，像是一九八三年在天母成立的臺北紅獅（Taipei Red Lions）、臺北日本ＦＣ（Taipei Japanese ＦＣ），或一九九一年在高雄成立、以英語系國家移民為主要成員的高雄百步蛇（Kaohsiung 100 Pacers）。然而，當時這些俱樂部的成員還是以成年選手為主，並未針對兒童、青少年選手進行培訓；同時，這種類型的俱樂部也只開放給外籍人士，因此與臺灣社會還未產生強烈連結。

有鑑於此，二〇〇〇年後臺灣開始出現的足球俱樂部，可說是徹底翻新過往人們將運動視為少數菁英從事活動的舊有思維。二〇〇三年，兩名分別來自荷蘭與英國的教練決定創立「國際足球俱樂部」，招募對足球有興趣的各國青少年加入學習。隨後在二〇〇六年，來自牙買加、擁有豐富足球教學經驗的奧利佛・哈利（Oliver Lazarus Harley）也加入俱樂部的教練團對。國際足球俱樂部運用的訓練模式、球場戰略、球員思考等，與一般大專院校體制的球隊截然不同。他們不在乎球員是否有正式足球訓練經驗，而是強調每一個選手都有自身特質，彼此需要協調找出團隊共同價值與比賽技術。加入俱樂部的選手，是因為喜歡足球而參與其中，而不是要透過足球尋找未來出來。這種在乎過程勝過於成果的差異性，讓俱樂部成員有動機接受更為艱困的訓練。

最初，臺灣國際足球俱樂部的成員主要以在臺灣的外籍人士子女為主，但隨著俱樂部的規模擴大，有愈來愈多臺灣學員年加入，在專業教練帶領下，學習足球的技術與培養運動嗜好。在俱樂部經營中，青少年選手的培養是經營的重點，因此俱樂部招收會員多以國小學生為對象。國際俱樂部以參與作為經營理念，雖然學員不一定在球技上能超越球隊，但在俱樂部與同儕一起學習、良性競爭的氛圍，卻讓許多喜歡學員在離開學校後，願意繼續參與運動。

青少年對足球的興趣，進而吸引學生家長一起加入。有些家長原先只是陪同參加，後來竟然也產生好奇心、跟著下場踢球。這種風氣在二〇一〇年後逐漸盛行，許多家長透過社群軟體組織「足球爸媽聯合應援團」，互相交流孩子在學習踢球過程遭遇的挑戰和經驗。透過在網路上分享彼此經驗，其他對足球教育有興趣的家長也能循著類似管道加入俱樂部。青少年與家長對運動的喜好，讓他們願意消費、支持運動產業的發展。這些都讓足球的風氣從球員本身，深入到社會網絡關係的經營。在二〇〇三年後成立的國際足球俱樂部，為臺灣當代足球文化的形成帶來深遠影響。

2. 本土足球俱樂部崛起

除了外國人士將俱樂部文化引進臺灣外，二〇〇〇年後臺灣也開始出現本土的足球俱樂部。這些俱樂部的成立，反映出舊有國家體育制度與組織的轉型。由於過往臺灣體保制度為運動員規劃的職業路線相當狹隘，足球員離開學校後，若非進入企業組成的隊伍、成為公司正規職員，就是成為各級學校的教練和體育老師。然而從八〇年代以來，各校體育教職職缺已達到飽和，部分領有教練證照的年輕教練，在無法進入體制內教育單位就職的處境下開始另闢蹊徑，思索如何以新興的經營模式推廣運動教育，也為自身的職涯尋求新的出路。

例如在二〇〇六年成立的萬華晨光足球會，就是舊有競技型足球隊的轉型。晨光足球隊大約在一九七〇年代成立，初期以參與臺灣各項足球賽事為目標。然而隨著當代體育觀念的轉變，在二〇〇〇年後球隊嘗試改變成會員制，以推廣足球運動為目標，期望能吸引對足球有興趣的人參與。

為了提供球隊訓練、交流的場地，萬華晨光足球會認養華中橋下的草皮，將草皮慢慢改造為適合踢球的足球場，並且對外招募成員。當時這種運作模式對臺灣足球界的人們而言可說相當陌生[11]，是以一種實驗性的方法推行俱樂部制度。沒想到後來一傳十、十傳百，許多在大學畢業後仍想踢球的人，陸續加入晨光足球會。這群人不像過往臺灣運動同好會的成員，以同學、親友或同事等關係組織隊伍，而是出於對足球的興趣而聚集在一起。有鑑於推廣成人足球的成功經驗，晨光足球會進一步將他們的招募對象，拓展到不同年齡層，也透過定期舉辦「晨光足球聯賽」提供會員相互切磋球技的場合。

萬華晨光足球會成功的案例，讓許多臺灣足球人注意到會員制足球俱樂部產業化的可能。於是，一個個擁有教練資格的球員開始嘗試組織足球俱樂部。在最初，許多俱樂部經營的重點仍是聚焦在培養學齡前與少年足球的技術訓練，以利球員銜接後續成為選手的專業化訓練。相比之下，初期本土俱樂部對國中以上與成人的足球推廣，則顯得較不熱衷。僅有少數俱樂部開設成人課程，提供初學者接觸足球運動。

然而在二〇〇九年，隨著臉書的興起，社群軟體以史無前例的速度進駐到日常生活，也改變原先足球社群相互串聯的管道。臉書的即時性，讓新興的足球俱樂部有了極佳的宣傳管道。透過粉絲專頁宣傳與建立社團，足球教練能用比起以前更為便利的方法，觸及對足球有興趣的群體，並從中設計特殊的足球訓練課。多種類型的足球俱樂部應運而生。有些足球俱樂部像才藝班，讓幼稚園與國小學生玩樂與摸索興趣，甚至兼顧輔導與陪伴功能；而專業一點的俱樂部則聚集數名教練，依照不同時段與年齡層，開設各式各樣的訓練課程。

為了鼓勵過去未曾接觸足球的人對這項運動產生興趣，足球俱樂部的課程往往以推廣樂趣為主，而非以嚴苛的訓練為目標，因此更能贏得家長支持。假日孩子在公園、學校綠地恣意奔跑，「一人踢球，全家到場」的畫面成為當今常見的都市風景，足球從單一個體刻苦訓練的人生目標，成為親子共樂的休閒活動。

足球俱樂部參與人口的多元化，也讓以俱樂部為主的競賽蓬勃成長。例如從二〇〇九年開始舉辦的 Yamaha 盃、二〇一四年舉辦的安連小小世界盃，或者二〇二二年由臺南東門城俱樂部舉辦的 Smile Cup 足球賽。[12] 這些以兒童、青少年為主要參與成員的球賽，報名隊伍常常成千上百。十二歲以下的青年隊伍數量，多到必須在各地先舉行分區預賽，而近年來，俱樂部的比賽類型更逐漸擴展到十五歲以下與十八歲以下的青年隊層級。

而在臺北林立的俱樂部常會舉辦聯合錦標賽，吸引中大型企業投入支持，例如從二〇一九年來，Top five足球俱樂部、松山足球俱樂部、磐石足球俱樂部與新北銀河足球俱樂部，便聯合主辦「ANGO俱樂部聯合錦標賽」，並得到ANGO與信義房屋等企業的支持。這些由俱樂部主辦的足球賽事，讓足球在臺灣各界曝光率愈來愈高，逐漸成為臺灣人熟悉的日常風景。

從二〇一八年開始，為了促進亞洲各國的運動俱樂部發展，亞足聯開始推動運動俱樂部執照與認證。各家俱樂部必須符合特定的運動環境、礎設施施、人員行政、法規制度與財政措施等五大條件，才能合法營運。同時，亞足聯也規範俱樂部除了成年隊以外，必須培養各年齡層的青年代表隊，形成選手能交替的良性循環。臺灣為了與國際接軌，過去國內的各支球隊逐漸在制度面上朝向俱樂部轉型，臺灣的足球俱樂部因此在規模與數量上都逐漸增加。

從目前足協的註冊系統來看，臺灣已註冊的俱樂部已超過一百六十隊、學校足球隊則有一百七十一隊，兩者的數量其實已經十分接近。但在這些數字之外，尚未註冊但已開始運作的球隊可能還有更多。從公園到學校，天氣好的周末下午，我們常常能看到小朋友追逐皮球的身影，他們或者也是臺灣足球隊的一員。

因為足球的存在，來自不同國家的運動系統得以被介紹進臺灣，進而逐漸內化成臺灣運動文化的一部分。在千禧年後臺灣足球界經歷的改變，是過去循著體保體制向上爬升、以成為國手為終極目標的足球界人士所無法想像的，卻也彷彿在告訴所有喜歡運動、熱愛足球的人：有另一條可能的路。

1〈產業與社福移工人數〉，「勞動部勞動統計查詢網」網站，下載日期：二〇二二年一月三日，網址：

2 帕塔．查特吉（Partha Chatterjee），《被治理者的政治：思索大部分世界的大眾政治》（廣西：廣西師範大學出版社，二〇〇七年），頁七七—七八。

3〈外籍移工　臺灣築足球夢〉，《人間福報》，閱覽日期：https://www.merit-times.com/NewsPage.aspx?unid=423794。

4 吳柏緯，〈我們的荒漠、他們的綠洲：遍地開花的移工足球〉，「報導者」網站，下載日期：二〇二二年一月四日，網址：https://www.twreporter.org/a/2018-fifa-world-cup-football-migrants。

5 蘇瑋璇，〈外籍移工在臺組成的固定足球隊超過五十隊。空間禁錮，外勞連找場地踢球都好難。〉，

《聯合電子報》網站，下載日期：二〇二二年一月四日，網址：https://udn.com/upf/newmedia/2015_vist/12/20151207_soccer_04/index.html。

6 張瑞貞，〈越南移工在公共空間的文化實踐：以文化公園中足球運動為例〉，頁六四。

7 吳柏緯，〈我們的荒漠、他們的綠洲：遍地開花的移工足球〉，「報導者」網站，下載日期：二〇二二年一月四日，網址：https://www.twreporter.org/a/2018-fifa-world-cup-football-migrants。

8 吳柏緯，〈我們的荒漠、他們的綠洲：遍地開花的移工足球〉，「報導者」網站，下載日期：二〇二二年一月四日，網址：https://www.twreporter.org/a/2018-fifa-world-cup-football-migrants。

9 更多有關移工群體的足球故事，可參考臺灣外籍工作者發展協會編，《野地求生：臺灣移民工足球紀事》（臺北：社團法人臺灣外籍工作者發展協會，二〇二〇年）。

10 皇家蔚藍：周緣德（Oliver Gerbig）生於慕尼黑，在香港成長，五歲時移居臺灣，在臺北歐洲學校和美國學校就讀，二〇〇八年加入國際ＦＣ，隨後加入皇家蔚藍參與甲級聯賽。二〇一七年前往德國參與德國聯賽系統，並在往後數年入選香港Ｕ20青年隊、Ｕ23代表隊，今年剛離開美國ＮＣＡＡ體系。https://statfy.mol.gov.tw/index12.aspx。

11 在一九九〇年代，高雄的雷鳥足球俱樂部因為選手年齡增長，漸漸無力參與甲組足球賽事，而選擇進入基層推廣足球。雖然當時雷鳥就以「俱樂部」作為單位名稱，但其組織內部的訓練模式仍與臺南的佳里足球俱樂部相仿。是建立在學校校隊基礎之上，從瑞豐國小、瑞祥國中以至中正高工，拉出一條以培育足球競技選手為目標的生產線。

12 臺南東門城俱樂部舉辦的Smile Cup足球賽，本身即是足球社群隨俱樂部組織而擴大網絡的範例之一。臺南瓜瓜園企業的總經理邱鈺翔，受到自己在臺南東門城俱樂部踢球的孩子影響，而加入俱樂部舉辦的成人足球盃，進而願意出資贊助俱樂部所舉辦的足球盃賽。

第二十章　足球沙漠？臺灣足球揮之不去的詛咒

經歷一百多年發展，臺灣曾經參與過世界足球發展，民間社會也會為四年一度的世界盃瘋狂，但何以臺灣仍被視為足球沙漠？究竟這件事何以會變成臺灣人的集體記憶？

喬治．維加黑洛（Georges Vigarello）在談論環法自行車賽時，認為環法自行車賽不只展現運動興趣，更牽涉到法國人民的集體意識與社群共有的常識典故。環法自行車畫定的疆域本身即做為國家展示空間的舞臺，土地記憶因而與國家空間交會。[1]這項從一九〇三年以來舉辦的比賽，源自環行法國的歷史傳統。參賽者透過實際騎車的身體經驗（而非抽象的地圖上），去感受法國的領土、體會「法國最美的風景」。這項運動賽事彰顯十九世紀以來，法國民族主義宣稱的天然疆界：「一邊是萊茵河、一邊是大西洋，一邊是庇里牛斯山、一邊是阿爾卑斯山，這些便是法國的疆界線。」環法自行車賽因此透過運動，型塑「何謂法國」的公眾記憶。

運動社會學者政治經濟學者劉昌德認為，臺灣的體育運動在不同時期，受到皇民化、文明性、現代化與大中國等意識影響。特別是在一九七〇年代後，臺灣由於被孤立在國際政治體系之外，少數能在世界賽場展露頭角的棒球運動，成為本地社會投射集體焦慮意識的最重要載體。棒球因而成為讓人熟悉的「國球」。另一方面，棒球來自外國的文化形象，包含使用西方球具、遵守西式的競賽規則，都讓現代文明變得觸手可及。民眾因而能輕易形成「棒球（運動）＝美國（世界）＝現代（進步）」的理解。[2]

我們從這些對運動的研究中能發現，運動不僅涉及競賽本身，同時也是在地社會的一面鏡子。它反射不同時期社會大眾的集體心理，我們因此能從觀眾對運動的想像，來觀察與認識公眾的記憶。

回到足球本身，澳洲的足球史學者伊恩．希森（Ian Syson）在談論澳洲足球歷史的著作《不曾存在的比賽》（*The Game That Never Happened*）中提及，雖然英式的「協會足球」在澳洲發展很早，一戰之前就已有眾多參與人口，但因為一戰後澳洲國族主義興起，讓協會足球不再被視為澳洲本土運動。

在第一次世界大戰時，英國人徵召澳紐兵團參與對抗土耳其的戰爭，澳紐兵團並投入一九一五年四月二十五日血腥的加里波利戰役。當時戰場的殘酷讓澳洲人與紐西蘭人開始思考自己為何離鄉千里而戰，這場戰役也成為澳洲國族主義的起源。此後，四月二十五日被紐西蘭與澳洲訂定為澳紐兵團日，這個紀念日在後來也成為澳洲的國定假日。

從一九一六年後，澳洲人年年都會紀念澳紐兵團日，邀請退伍軍人參加遊行與各項儀式，紀念他們對澳洲的貢獻與同袍的犧牲。這些儀式在澳洲各種球賽前也會一併舉行。然而諷刺的是，在一戰期間由於協會足球聯盟球員的國家認同較偏向英國，在一戰中響應英國徵召，參戰人口比例高於另一種盛行的運動——澳式足球聯盟的球員。這些協會足球聯盟成員在戰爭中的死傷，讓協會足球聯盟在一次世界大戰後逐漸衰退。反而是已本土化的澳式足球聯盟透過強調澳式足球為澳洲在地運動，而逐漸成為澳洲人心目中的「足球」(football)。

正是這個原因，澳洲的協會足球即使在當地存在百年以上，但一直以來都被澳洲視為英國的、外來的運動。它可以存在於個人或球隊的記憶中，但在公眾記憶中，協會足球仍然是不是自己家鄉的運動，形成陌生又熟悉的存在。

這些例子，正說明了運動作為公眾記憶，記憶建構的過程影響人們對它的認知。回到臺灣足球上，足球在臺灣正是不斷受到國家、政治、社會需要所建構。中華民國在戰後重新領有臺灣，為了區分臺灣與中華民國的差異，將「中華民國是足球王國、臺灣是足球落後之地」、「中國沒有棒球、臺灣風行棒球」的運動形象先行建構，使得足球在戰後初期的臺灣必須作為一個落後、不存在的運動。

六〇年代，隨著香港球員被徵召代表中華民國，「臺灣足球落後」的形象在戰後一次又一次被強調，臺灣人對足球也漸漸產生疏離感。足球是來自世界的、是來自香港的、是屬於移民的，但足球不會屬於臺灣。這樣的迷思深深刻印在人們的記憶中，透過一次又一次的討論、一次又一次對足球的（重新）認識被當成公眾普遍的認知，也使臺灣今天被稱為「足球沙漠」。

「足球沙漠」迷思的產生

在探討到臺灣足球長久被賦予的印象時，體育研究學者姜穎指出：「臺灣與足球的關係，存在著一個集體的『足球沙漠』自我認同形式。」但人們對這樣的形象是否曾有過精準的定義？究竟在什麼情況下，我們會稱呼臺灣為足球沙漠？是競技水準不夠？觀眾人數不足？還是參與競賽的足球人口不多？還是以上皆是？

有趣的是，每個人都有一種對「足球沙漠」的詮釋，但這樣的詮釋卻沒有被明確定義過、也未曾有人仔細探討這種迷思從何而來。因此若要了解「足球沙漠」的由來，我們還是必須回到歷史中尋找線索。

如同我在本書提及過，一九四七年十一月，上海體育記者團為了隔年在上海舉行的第七屆中華民國全國運動會，特別組團來到臺灣，考察臺灣的體育環境與設備。在離開時，這群來自上海的記者得出「臺灣足籃球最為落後」的觀點。媒體建立的這種觀點加上戰後通貨膨脹影響，致使臺灣在選拔代表隊參加全國運動會時，未曾考量組織足球與籃球的代表隊。一九四〇年曾兩度代表長榮中學前往日本參與足球賽、戰後亦年年參與全省運動會足球競賽的洪南海，是以田徑選手身分入選臺灣省代表隊，前往參與一九四八年的全國運動會。在憶及臺灣省政府當年做出的決策時，洪南海認為如果臺灣人能參與足球項目，成績應不至於太差，但由於省政府不夠了解臺灣足球，以為臺灣無法爭取錦標，因此才放棄組隊參賽。

一九四九年後國民政府播遷來臺，為了延續中華民國法統與主張中華民國的體育行政疆界不僅限於臺灣，中華體育協進會因而選拔許多外省與海外華人運動員，並從一九五四年開始就在足球項目上徵召香港球員，直到一九七一年為止。在這段時期，臺灣與香港的足球隊，只有在一九五四亞運前短暫交手，[3]此後臺港兩邊從來沒有舉辦過任何一場選拔國家代表的預選賽，這也讓雙方的差異缺少客觀衡量的標準。港腳比臺灣腳表現更優異僅止於虛構的想像。

在反攻大陸的年代，做為亞洲足球王國的中華民國與足球落後的臺灣，兩者必須有明確的區別，才能彰顯彼此的不同。但在一九七一年，中華民國退出聯合國並停止徵召香港球員的背景下，臺灣選手開始大量入選國家代表隊，中華民國與臺灣的界線開始模糊，官方對過去不徵召臺灣選手的說法因此變成：因為臺灣選手過去實力較落後，得依靠香港球員代表中華民國參賽……。在一九七〇年的亞運，由於香港甲組聯賽已經職業化，中華民國足球項目只能選拔臺灣選手參賽，最後籌備會與中華足球委員會乾脆決定棄權。當時《聯合報》報導就曾提及：

海外足球隊自六月雖接獲該委會發出的徵召信函，但反應並不熱烈並未回國參加選拔，而六月底邀請的印尼冠軍柏迪斯及香港南華隊，只在臺北作兩場對抗賽，國內產生的代表隊（編按：大同）並沒有與這兩支勁旅交手過，到底我國內的最佳球隊與實力很強的印尼冠軍隊相差多遠呢？南華隊日前僅能在香港排名甲組五名之外，但國內的冠軍隊與香港的水準又是相距多少呢？

全國足委會放棄了這個考驗的機會，而一再認為國內球隊水準尚差他國或香港一大截，連已選拔出的國內代表隊產生後一直未加以集訓，領導單位的不熱心，使國內熱心足運人士更為之心灰意懶，而獲選為國內代表隊的球員更要自暴自棄。

《聯合報》所刊登的評論，事實上反映出七〇年代中華民國政府與民間對臺灣足球發展認知的落差。對於國內足壇而言，一九六〇年代臺灣開始推動「全民體育」，足球運動正開始進入一波高潮。然而，「臺灣足球落後」的形象卻仍不時被官方召喚出來。例如在一九六七年，臺灣舉辦的亞洲盃東區預賽掀起一波足球熱潮，全場爆滿的觀眾數量讓中華足協始料未及，也對賽事的規劃應接不暇。在當年的檢討報告中，中華足協就指出：

足籌會判斷錯誤：足球賽在臺灣，並不如籃球賽之盛，又以市立體育場交通不便，足籌會判斷，根據過去足賽經驗，觀眾興趣不大，上座情形不曾踴躍……不料此次比賽正值暑假，學生特多，愛國球迷亦復不少，公車處亦於比賽之當日加開班車，初期又不限購票數，因此形成大量觀眾，造成搶購現象……。

同樣的，這種對足球落後的想像，在一九六六年中華民國徵召香港選手遭遇困難時，也被召喚出來。如同《聯合報》以香港是足球先進地區、臺灣則是落後地區，因此臺灣足球必須努力發展作為論述觀點，提及：

> 我們國內的足球水準太差，歷來參加國際足球賽，都到香港選球員，但這居亞運卻在香港碰壁了，這是參加亞運當局一直未能肯定我們是否參加本屆亞運足球賽的苦衷。……當局似乎還在做最後一分鐘的努力，但要從香港選出中華足球隊，看樣子這條路已經走不通了！

但若回顧那段歷史，在一九六〇年代的體育環境中，各項運動均的發展均被認為陷入瓶頸或逐漸衰退，省政府在一九六五年頒布《臺灣省發展國民體育實施方案》時，就提到：「自光復以來，對於國民體育之推行雖甚努力，乃因體育設施未普及，體育工作難於展開，以致國民體育成績不彰，每於參加國際體育競技，均落人後。」[4]足球在其中並不是特例。另一方面，儘管當時省政府認為臺灣是足球落後地區，但從一九六七年臺灣足球熱的經驗中，我們能看出官方與民間對足球發展的實況有很大落差。

相較於一九六〇年代臺灣各項體育發展碰到瓶頸，一九七〇年代，中華足協則投入資源經營臺灣足球。這段時期臺灣足球開始有了長遠發展。不僅聯賽制度被建立、女足成功在亞洲、世界掙得一席之地，國內的足球隊伍數量更大幅增長，一切業務都蒸蒸日上。一九七〇年臺灣勝利國小遠征日本大阪參加友宜交流賽，贏得全勝成績；而以青年學生為主組成的幼獅隊，在臺灣舉行的中華民國、越南、香港足球邀請賽中，則擊敗數支香港球隊，其中被擊敗的隊伍包含有六名香港甲組選手的瑞聯隊。這些比賽結果讓《聯合報》的報導對臺灣足球的發展有了更多的期盼：

> 由此我們可看出國內的學童到初中、高中這段的足球運動水準，並不比他國相差很遠，雖然目前的成人球員差人一大截，但並非表示國內的足球運動水準永遠無抬頭的日子。

追求國際賽輝煌的陰影，消失的足球運動

隨著「為國爭光」、「體育保送升學」這兩項目標成為七〇年代中華民國國際與國內的發展重點後，國內的體育競賽成為運動選手養成的一環。負責參賽的選手與不具有選手身分的社會大眾因而開始被明顯區隔。在國家資源挹注下國內的足球水準逐漸提高，以臺灣選手為

主體的國家隊開始出戰奧運資格賽，世界盃等賽事。

由於中華足委會沒有把握臺灣的足球員能贏得國際賽，從一九七〇年代初期以來，中華足委會陸續放棄參與亞洲盃與亞運的參賽機會。但由於中華足委必須盡亞足聯會員的義務，否則會員權利將受到影響，因此才勉強派隊參加一九七一年的亞青盃。同樣地，中華民國身為國際足總的會員，至少必須參與奧運或世界盃資格賽，才能免除罰款或被除名的懲戒，因此在一九七一年的奧運資格賽中首次選拔了臺灣本土的球員參與國際賽。中華足協一方面在亞洲盃與亞運中選擇棄權，缺乏平日對球員的培育和訓練，一方面又寄望臺灣足球隊能在奧運這種全球賽事中一步登天、打出成績，當然更難達成目標。

在此之前，依靠香港選手的中華隊，在一九三六年和一九四八年曾兩次進入奧運的會內賽，但在中華民國政府遷臺後也只有在一九六〇年進入會內賽。在一九七一年舉行的慕尼黑奧運足球項目資格賽中，中華隊以〇勝四敗、進一球失十九球的成績墊底出局，而一九七五年的蒙特婁奧運足球項目資格賽中，中華隊則以〇比二、〇比三的比數輸給南韓，遭到淘汰出局。

此後，中華足協在一九七四年被趕出亞足聯，加上一九七六年蒙特婁奧運因奧運會名爭議退賽，世界盃資格賽這項職業選手也能參與的比賽，成為中華民國除了業餘的邀請賽外，唯一能參與的正式國際賽。

由於日本與韓國足球崛起，加上一九七四年以後中華足協被逐出亞足聯，在一九七〇年代後臺灣有資格參與的國際賽，對手技術水準都比過去還高，臺灣選手即使實力相比過去大幅成長，也難以反映在國際賽之上。當時臺灣透過國家挹注資源創立了體育保送制度和培訓國際級教練，培養出一批菁英足球員，提高了國家隊的技術水準。同時國內也在一九八二年引進了聯賽制度，讓臺灣足球的發展比一九七〇年代以前有了明顯的進展。在一九八四年的奧運資格賽中，臺灣更以〇勝四和二負，進五球失九球的表現，創下歷來最佳的成績。

然而這樣的投入卻無法像過去香港球員代表中華民國，[5]或者像同個時代的紅葉少棒隊遠征威廉波特一般，替國家捧回冠軍。在政府與公眾眼中，棒球與足球成為鮮明的對照組。「中華民國是亞洲足球王國」的形象遭到動搖。而同期起步的女足冠上「木蘭」的名號，暗示著木蘭代父從軍的意象代替男子足球重振聲勢。

一九七八年《民生報》提及臺灣足球逐漸拓展的時候，首次將「足球沙漠」的意象形容臺灣的足球環境，並期許在有心人的推動之下，能夠一步一步成長茁壯，該文提到：

新竹的建功國小以前也是『足球沙漠』，但經過陳茂森等幾位老師苦心灌溉下，建功國小成了欣欣向榮的足球園地，建功隊在學童足壇也逐漸嶄露頭角。……像前述推展足球運動的例子很多，終歸一句話是有心人不斷努力的過程。關心足運的人都希望這股熱忱能夠擴大，擴大到所有的國校……。

在中華民國退出聯合國的時刻，棒球隊伍頻頻參與國際賽事獲得勝利，替中華民國在國際爭取曝光、轉移社會焦慮，使得棒球運動就此奠定了國球的地位。與之相對，未能繼承「亞洲足球王國」招牌的臺灣，讓戰後「亞洲足球王國的中華民國」與「足球落後之地的臺灣」的空間對比，在七〇年代轉變為「亞洲足球王國的香港」與「足球落後之地的臺灣」的對照。

對於臺灣足球而言，「亞洲足球王國」和「足球沙漠」是一體兩面的現象，這兩者源自戰後臺灣繼承中華民國對競技成績的想像，並且和二十世紀以來足球在中華民國承載的國族主義有著密不可分的關係，反而無關乎在臺灣實際參與足球運動的人口和觀眾的多寡。一旦臺灣足球的國際賽成績突出，臺灣便是「亞洲足球王國」，反之即是「足球沙漠」。如二〇一四年足球中程計畫，即因為國際排名不佳，被指出「長久以來臺灣被視為足球沙漠，一直被屏除於世界盃足球賽門外。」[6]

有趣的是，即使一九七八年以後，棒球運動同樣面臨衰退的困境。除了當時向中華棒協登記的少棒隊從兩百多隊萎縮到只有三十二隊，青棒也只剩榮工、美和、華興三支主要球隊。[7]但在公眾的記憶之中，棒球仍然是蒸蒸日上的「國球」，進而在日後促成職棒的誕生。

「足球沙漠」成為足球社群與社會大眾的最大公約數

當體保制度逐漸成為專門培育運動員的封閉生產線，被排除出體育保送制度的人們也同樣從國內比賽賽場消失，漸漸失去對國內比賽關注的焦點。國際賽事成為運動選手成果發表的場域，民眾參與各項運動競賽的管道也從運動場轉移到客廳、從運動場內移到觀眾席，離賽場內越來越遠。

一九七〇年代臺灣老三臺電視媒體開始轉播時，是以國族為號召轉播體育賽事，並結合國外足球賽事影集呈現。進入一九八〇年代後，結合軍方、媒體、體育的華視接掌足協，華視除了轉播國家隊競賽，更因為加入商業考量，開始轉播世界盃足球賽。

八〇年代世界盃在臺灣的轉播，正好是運動商業化與國族主義結合的最佳例證，臺灣轉播世界盃是以錄播的方式呈現，除卻會內賽外，也曾轉播過國家隊參與資格賽的賽事，加上當時為了推廣體育，會轉播歐洲的職業球賽、盃賽，形成職業聯賽、世界盃的完整賽期轉播。

透過電視轉播，臺灣雖然因此培養出一批又一批新球迷，但這些觀看運動賽事的球迷，卻也因為當時電視上沒有轉播臺灣足球賽事，而對臺灣足球顯得陌生。從七〇年代開始，臺灣被逐出亞足聯，也暫時退出國際奧委會，可參與的國際賽僅剩世界盃。一九七八年臺灣參與世界盃資格賽，是臺灣觀眾第一次看見世界盃資格賽和世界盃會內賽。但隨著華視考慮到轉播臺灣足球賽的利潤降低，進而將轉播運動賽事的興趣放到新興的職棒、ＮＢＡ等海外賽事，壓縮到臺灣足球的轉播，社會大眾觀看臺灣足球的機會逐漸下降，甚至因為世界盃沒有臺灣參與而認為臺灣沒有人在踢足球。

隨著臺灣經濟起飛，客廳中開始擁有電視的一席之地，茶餘飯後收看運動賽事成為生活的調劑，但在無法觀賞國家隊的比賽後，一般人只能欣賞歐洲的職業球賽和世界盃。二〇〇二年韓日世界盃第一次在臺灣無時差轉播，臺灣大眾第一次深深感受到足球的魅力，締造出百分之四十一．二的收視率。二〇一八年的世界盃，ＭＯＤ更統計出觀看人數到五千萬人的驚人數字。臺灣人對足球運動的認識，可說是由世界盃足球賽帶起。相對於此，臺灣國家隊或國內足球賽事的轉播卻因為缺乏商業利益而乏人問津。這讓會定期收看足球賽，但卻鮮少看見臺灣足球賽的觀眾，將臺灣足球解讀為「足球沙漠」。《工商日報》即指出臺灣對於足球的興趣，主要是受到世界盃的影響：

> 最近，全世界都在瘋世界盃足球賽，長期以來一直是足球沙漠的臺灣民眾在媒體的促銷下，也跟著起舞。不過如果從球迷過去的收視情形來看，這股熱潮恐怕只是一時興起而已。

有些關注世界盃的觀眾，時常認為這樣的熱潮僅只是曇花一現，認為「世足賽一落幕，過不了幾個月，要是有人再在網路上貼足球文章，可能會被視為異類，那時，臺灣又將回復足球沙漠的原貌。」[8]

對於臺灣是足球沙漠的想像，與臺灣缺席於世界盃有密切關聯，這種現象導致人們對臺灣足球產生疏離感。「足球沙漠」的標籤因此被人們廣為接受，並出現在各項有關足球的報導、甚至在學術研究中。[9]最諷刺的是，從來沒有一個單位統計過，究竟全臺灣有多少人參與足球運動，少數能量化的指標只有一年又一年國家代表隊在國際賽中差勁的成績轉化成的國際排名，[10]以及參與各項盃賽、聯賽的競技球隊總數。直到二〇二〇年中華足協開始經營註冊系統後，才有更為客觀的數字統計。

臺灣足球參與人口和關注足球的媒體，除了將臺灣足球缺乏關注的成因，歸因於早年的「港腳」政策外，也樂於將「足球沙漠」的迷思化為爭取資源的理由，將它當作足球與社會連結的共同語言，尋求更多的關注。於是，這種迷思反而成為足球社群和社會大眾最大的公約數，人人都能依照有利於自己的概念進行解釋或補充。

凡是在爭取政策補助和宣傳時，擺脫「足球沙漠」都是一個易於理解和操作的符號。但反過來說，這也是形塑出一種只有小圈子不斷在努力的苦行者形象，難以引發外界人士共鳴。世界盃觀眾、臺灣球迷、歐洲職業聯賽球迷、足球社群、休閒運動者、移工足球，這些群體一再被劃分和區隔，即便有這麼多人都在踢足球，卻難以被聯繫起來。

從二〇二一年體育署的運動現況調查報告可以發現，棒球僅占當今臺灣運動人口調查比例的百分之〇・七，而足球約占百分之〇・三，與柔道、跆拳道等技擊類的比例相當，且均大幅少於籃球的百分之七・三、網球的百分之六・三。[11]雖然足球與棒球的差距並不大，但是，不會有人質疑棒球作為臺灣指標性運動的地位。

「足球沙漠」成為臺灣社會的集體迷思。凡是在公共空間討論臺灣足球時，都必須先接受或反駁這樣的命題，這形成臺灣足球有別於其他運動獨有的現象。

而這種影響帶來最直接的現象，是臺灣足球發展的成果無法被有效累積，當國內足球成績偶有斬獲時會被解釋成曇花一現，當成績跌落低谷時則會被認為是理所當然，甚至被認為是「天命不可違」[12]，當努力與熱情缺乏成果時，參與其中的人便容易選擇淡出，臺灣足球的集體認同感因此難以被建構、集體記憶也難以形成，流於不同派系間各自表述、互相指責的惡性循環。

我們的足球夢

可以說，從一九六〇年代以來推動的體育保送制度，和追求國際賽錦標的預設目標，是臺灣體育運動長久以來的糖衣毒藥。這一方面促進官方對運動資源的投入，同時卻又將運動侷限在少數運動選手。因此在過往業餘規則限制的時空背景，臺灣一直無法建立運動產業化的概念，而到今天我們對運動商業化的想像力仍受到過往體育制度的限制。

然而在理想狀況下，運動不一定要和國家綁在一起，也不是只有運動選手才能參與競賽，任何人只要有興趣，都應該可以在適合自己水準的競技環境下享受運動的樂趣。臺灣曾有很長一段時間，由於過度強調國際競賽的重要性，讓公眾忽視身邊以休閒為樂的運動風氣也有競技的可能，人們對於參與運動的方式並不僅止於收看媒體轉播的運動賽事，而是有可能親身參與競技，或是在某個天氣晴朗的午後，在運動場邊與親友悠哉的享受片刻的休閒時光，擴大與運動的連結。今天，臺灣足球在國小階段已經成為最受歡迎的運動，各個足球俱樂部如雨後春筍般一個又一個冒出來，在公園、學校、空地上，只要留心觀察，四處都可以看到踢足球的孩子，不論球員或家長都開心地享受著運動帶來的歡樂。這不是為了國家，不是為了比賽的勝負，是運動帶來最純粹的快樂。

足球俱樂部在歐洲有源遠流長的歷史，和足球的起源密不可分。足球俱樂部的發展在臺灣近代的體育制度上是一個迥異的存在。在一九七〇年代以來的體保制度下，臺灣的體育資源（包含教練、賽事籌備、體育行政）往往優先集中給體育班的環境，並將人群區分成從小練習體育技術的「甲組」與脫離競技環境的「乙組」。[13]但是，新興的運動俱樂部開闢出運動的另一種可能性和另一種詮釋的方式。

俱樂部文化並非菁英化的體育保送制度，也不同於美系的校園體育文化，對於臺灣的社會大眾顯得陌生，在強調機會均等下，任何人都有機會透過消費在參與運動俱樂部的過程中學習運動知識與觀念，進而增進自己的運動技巧以及預防受傷。在海外，甚至還有俱樂部專門的運動場地供會員使用，但這樣的產業規模目前並未在臺灣普及。

同時，以體育為宗旨的俱樂部，由於聚集了對運動有興趣的人群，也具備教練、裁判等專業人才，因此具備舉辦競賽的人力基礎，不論是對俱樂部內的成員舉行交流賽，或是與其他鄰近的運動俱樂部合組區域性的友誼賽，都能降低籌辦賽事的門檻，使參與者更有機會獲得競賽的機會。

二〇一八年，冰島打進世界盃後，臺灣人訝異於隊員們除了足球員外五花八門的身分，對這個只有三十三萬人的小國驚嘆不已，而足球迷們更耳熟能詳英超萊徹斯特城的瓦迪爾（Jamie Vardy）鯉躍龍門的勵志故事，[14] 這是源自於歐洲歷史悠久、強調機會均等的運動俱樂部文化，以及逐級而上的聯賽制度，此刻的臺灣正在引入這樣的俱樂部文化。

「足球沙漠」或許是假象，或許被認為是事實，但這樣的迷思並非是臺灣足球發展現況的阻礙，或是臺灣足球缺乏參與的「原因」。雖然有這樣的迷思，使臺灣一百年的足球歷史上充滿發展的斷裂，但在實際情況中，百年來臺灣島上一直有一群又一群的人在綠茵場上追逐著皮球，追逐著自我的實現、追逐著挑戰世界的機會、或只是享受追逐皮球的片刻歡愉。

對於現況，有更多更多具體的理由有待我們去突破，競技風氣的普及、體育行政組織的改變、運動觀念的培養，當足球風氣普及的時候，「足球沙漠」的想像自然不攻自破。

1 喬治．維加黑洛（Georges Vigarello）著、戴麗娟譯，〈環法自行車賽〉，收於皮耶．諾哈編、戴麗娟譯，《記憶所繫之處III》（臺北：行人股份有限公司，二〇一四年），頁九—一〇。

2 理查．朱利安諾提（Richard Giulianotti）著、劉昌德譯，《運動：批判社會學的視野》（臺北：五南出版社，2021），頁I–V。

3 一九五三年國慶日，香港南華和傑志兩支球隊曾來臺灣，與臺灣各支球隊進行交流。從此之後除了在介壽盃有香港隊來臺灣比賽，其他時候臺港選手鮮少有交流機會。

4 〈訂頒「臺灣省發展國民體育實施方案」〉，《省政府公報》54：夏（一九六五年六月），頁一〇。

5 港腳時代中華民國獲得一九五四年、一九五八年亞運冠軍，一九六三、一九六五年默迪卡杯冠軍。

6 教育部體育署，〈足球中程計畫〉。臺北：教育部體育署，二〇一四，頁六。

7 〈少棒人口銳減 棒運亮紅燈 競爭局面雖打開 難見當年盛況 熱心人士不支持 球隊被迫解散〉，《民生報》，一九七八年六月七日，第三版。

8 〈戀戀足球 盛會落幕球迷感慨 我國排名位居倒數〉，《聯合報》，一九九八年七月十五日，第三十一版。

9 如尹智剛，〈足球沙漠中的玫瑰——從汐止俱樂部女足隊的創建與球員生涯規劃看臺灣女足的新出路〉。國立臺灣大學新聞研究所碩士論文，二〇一二。張哲豪，〈"足球沙漠－臺灣!?"從運動全球化探討台灣足球發展〉。國立雲林科技大學休閒運動研究所碩士論文，二〇一一。學者姜穎亦指出：「臺灣與足球的關係，存在著一個集體的「足球沙漠」自我認同形式」另一方面，以google搜尋引擎為例，足球沙漠的搜尋筆數為五百六十三萬筆。約略等於中華職棒最有人氣的球隊中信兄弟的六百一十二萬筆、羽球好手戴資穎的四百八十五萬。

10 歷年的平均排名約在一百六十名左右，在二〇一六年六月時曾落到一百九十一名的歷史低點，最高點則在二〇一八年四月來到一百二十一名，截至二〇二二年九月排名則為一百五十七名。

11 世新大學編，〈一一〇年運動現況調查結案報告書〉（臺北：教育部體育署，二〇二一年），頁三八。

12 原文為「至少下屆世足賽在日、韓舉行，本地輿論對足球的討論會推上高峰，但若臺灣足球仍沒發展，只能說天命不可違，老天爺要我們的足球排名永遠位居倒數，遠輸給柬埔寨、寮國等落後國家。」參見〈戀戀足球 盛會落幕球迷感慨 我國排名位居倒數〉，《聯合報》，一九九八年七月十五日，第三十一版。

13 近年已經將過去的甲（體保生）乙（一般生）組改稱為公開組與一般組。

14 二〇一六年，萊斯特城寫下「百年一遇」的英超神話，在眾多豪門之中破紀錄的奪下英超冠軍。陣中的頭號射手Jamie Vardy在此之前混跡於業餘聯賽，並必須在義肢工廠兼差才能勉強餬口。直到二〇一四年加入「狐狸」軍團才一躍而起，成為隊中的絕對主力，隨後更在萊斯特城的夢幻賽季之中刷新英超的連續進球紀錄，並以二十八歲的「高齡」首次入選英格蘭國家隊，一夕成名。

後記

當初在進入貓空大學的時候，原本是打算以中國外交史做為研究主題，去了解中國近現代在內外交迫下的轉變。在時代劇烈變動中，人們往往會憑藉自身的既有條件，盡量做出對自己最有利的決定，這也讓每個大時代的故事充滿著張力。在這樣的背景下，我首先接觸了《外交部檔案》中有關一戰華工的故事，進而發掘出戰前中國足球的故事。

然而，外交部檔案所描繪的足球形象，和我在翻閱《申報》，以及各種回憶錄中與上海足球相關的史料差異甚大，這讓我開始對國家與社會之間各自拉扯、協調的對話產生興趣。可以說這是「上有政策、下有對策」，也可以巧妙的將之形容為被統治的藝術，在國家力量的邊緣，生命自己會找到出路。

而「港腳」與戰後的中國足球，也將我順流而下的沖進臺灣足球史的脈絡之中，甚至這根本不算是被有系統性的整理過的藍海。在歷史學的訓練中，為了怕學生沒辦法準時畢業，教授和學長姐們都會不斷提醒新生「沒人做的題目，不是題目沒辦法操作，就是找不到資料。」這讓我產生了下一個好奇，臺灣的足球到底是屬於哪一種？

答案在開始彙整資料的時候不證自明，臺灣體育運動史在史學界中屬於相當邊緣的領域，而且在運動服務於國族的臺灣特色之中，我們的運動史在問題意識中往往與國族主義不斷的糾纏，又或者是體育相關科系的研究生，基於自身的生命經驗一一整理、訪談出各地區在一九七〇年代後推廣足球的經驗。

在片段、破碎的記憶與以「港腳」為主的國家敘事下，出現一段歷史的空白：一九五〇年代到一九七〇年代，臺灣就沒有足球運動嗎？甚至日本時代臺灣就真的自外於足球全球化的潮流之外？光是翻閱報紙和早期的學校校刊、圖書，這些答案就不攻自破，一項一項賽事記錄、一筆又一筆的規則修訂，代表著這項運動持續不斷的成長、茁壯，也有一群人在國家的視野之外，持續享受著運動的樂趣。

因此，我決定在論文之中至少先整理出臺灣足球在一九七〇年代以前的輪廓，一如過去我們面對「紅葉之前無棒球」的失憶情形，在「港腳」國家隊之下、「港腳」國家隊之前，找回臺灣遺忘的足球故事。先是萬榮華與長榮中學、足球甲子園，再到一九四五年後從大陸來臺的外省軍民，繼之而起的「莒光」足球隊的成立，一切如同水到渠成、順藤摸瓜般的理所當然，甚至認真畫起教練系譜，都有可能牽線至日本時代。

也因為這些故事如此精彩又有所缺漏，從寫論文開始我不斷地尋找時代的見證者。遺憾的是，我卻在與時間賽跑的競賽中持續經歷著失敗。過往參與足球的人們不是失去聯繫，就是早已逝世多年。印象最深刻的是有次透過一則新聞，得知一位戰後初期曾在海軍足球隊服務的球員在數月前剛經歷百歲生日，但在聯繫的過程中，透過榮民服務處才輾轉得知，老榮民在慶生後半年便已過世，使這條好不容易浮現的線索又斷了連結。

這些經驗也讓我抱持著不期不待、不受傷害的心情，去面對戰後初期、甚至是日本時代那些已經無緣尋回的時代故事。直到完成論文口試的隔天，我遇到郭榮彬先生：曾經代表臺灣前往日本參與中等學校足球賽的選手。在他口中，一段一段紙本的資料得以被驗證，也補足了更多細緻的故事。

此後就像拼拼圖一般，一位又一位足球家族的後人、一個又一個正在參與足球運動的教練、球員，在臺灣的、在海外的前輩，都談著他們與足球的故事。從八歲到一百歲的人們，眼中都綻放著一股同樣耀眼的光芒，不只是回憶、不只是放眼未來，這些炯炯有神的目光飽滿著情緒、充斥著夢想。

足球是他們一生的摯愛、是他們的人生，這群人消失在歷史的邊緣、社會的角落，他們的故事告訴我們，臺灣與足球的關聯從來就不只是世界盃、不只是來自海外，而是真真實實地存在於我們身邊。

這是本拋磚引玉之作，也還有很多不足之處需要填補，每個人都有能力說出自己與足球的故事，筆者有幸擔任引路人，將這些故事匯聚在一起，有太多太多故事等待著被發掘，而不同的故事匯聚在一起，才是屬於臺灣的足球史。

全書走筆至此，不禁再次感謝一路走來提供幫助的許多前輩與朋友，在撰文時述說著自己的故事、給出許多寶貴的意見，在許多人的幫忙下，書寶寶才能順利誕生。希望這本書的誕生，能讓更多人知道，自己踢的足球並不孤單，有許多人和自己同樣的在努力著。

參考資料

一、史料檔案

Lambto Coates, November 11, 1948, CO.129/604/5.

Wallaceto Sidebotham, May 5, 1948, CO537/3701.

〈中華民國駐美爾鉢領事館送外交部代電〉，1955年6月6日，《外交部檔案》，檔案號：11-29-16-00-015。臺北：中央研究院近代史研究所檔案館藏。

〈台灣體育協會台北州支部州費補助認可〉，《臺灣總督府檔案》，檔案號：00010889008。南投：國史館臺灣文獻館藏。

〈外交部送駐美爾鉢領事館關於香港南華足球隊徵澳事一案代電〉，1955年6月12日，《外交部檔案》，檔案號：11-29-16-00-015。臺北：中央研究院近代史研究所檔案館藏。

〈各級體育會組織（0039/012.3/26/1）〉，檔案號：004-08795。南投：國史館臺灣文獻館藏。

〈各級體育會組織（0039/012.3/26/2）〉，檔案號：004-08796。南投：國史館臺灣文獻館藏。

〈合艾客屬會館對選派介壽杯參賽球隊紛爭案〉，《外交部檔案》，檔案號：020-010408-0012。臺北：國史館藏。

〈我在國際奧林匹克委員會地位〉（1957年12月-1959年6月），《外交部檔案》，館藏號：11-11-18-01-017。臺北：中央研究院近代史研究所檔案館藏。

〈我在國際奧林匹克委員會會籍〉（1959年5月-1959年7月），《外交部檔案》，館藏號：11-11-18-01-019。臺北：中央研究院近代史研究所檔案館藏。

〈我籃球隊訪問東南亞等地〉，《外交部檔案》，檔案號：11-29-02-02-006。臺北：中央研究院近代史研究所檔案館藏。

〈第17屆義大利羅馬奧運會（四）〉（1960年8月-1961年2月），《外交部檔案》，館藏號：11-36-08-01-009。臺北：中央研究院近代史研究所檔案館藏。

〈駐惠靈頓總領事館代電〉，1955年7月13日，《外交部檔案》，檔案號：11-29-16-00-015。臺北：中央研究院近代史研究所檔案館藏。

〈總統蔣中正與足球協會理事長錢大鈞及亞運足球冠軍隊全體隊職員合影〉，《國史館檔案》，典藏號：002-050101-00022-136。臺北：國史館藏。

〈韓國同胞互助會中華體育協進會臺灣分會應停止活動〉，《臺灣省行政長官公署》，檔案號：003-0331。南投：國史館臺灣文獻館藏。

〈體育協會台南支部ニ對シ州費補助認可指令案〉，《臺灣總督府檔案》，檔案號：00010880017。南投：國史館臺灣文獻館藏。

〈體育會〉，《臺灣省行政長官公署》，檔案號：003-2194。南投：國史館臺灣文獻館藏。

「一般經常性案件/亞洲足球賽東區預賽第 次籌備委員會議紀錄」，〈一般經常性案件〉，《僑務委員會檔案》，檔案號：A319000000B/0056/002499/51/0010/012。新北：國家發展委員會檔案管理局藏。

「中華全國足球委員奉辦理舊會員登記及新會員入會，函詢委員長願否登記事個人會員并逕向全國體協辦理登記事個人會員并逕向全國協辦理登記手續是否登記個人會員請示。」，〈一般經常性案件〉，《僑務委員會檔案》，檔案號：A319000000B/0054/002099/51/0004/001。新北：國家發展委員會檔案管理局藏。

「中華全國足球委員會呈送亞洲足球賽醫籌委會執行委員會之改紀錄呈閱後擬存查」，〈民俗體育補助〉，《僑務委員會檔案》，檔案號：A319000000B/0056/002402/51/0001/010。新北：國家發展委員會檔案管理局藏。

「中華全國足球委員會送來十一月十日全體委員會議紀錄一份呈閱收擬存查」，〈民俗體育補助〉，《僑務委員會檔案》，檔案號：A319000000B/0056/002402/51/0003/009。新北：國家發展委員會檔案管理局藏。

「中華全國足球委員會常委會議事經代表出席」，〈民俗體育補助〉，《僑務委員會檔案》，檔案號：A319000000B/0056/002402/51/0003/010。新北：國家發展委員會檔案管理局藏。

「中華全國體育協進會臺灣省分會成立核准案」（1946年01月16日），〈體育會〉，《臺灣省行政長官公署檔案》，典藏號：00312310003004。南投：國史館臺灣文獻館藏。

「中華全國體育協進會籌組及運作情形」，《教育部體育署檔案》，檔案號：AA09010000E/0042/團玖12/1。新北：國家發展委員會檔案管理局藏。

「中華全國體育協會臺灣分會章程草案修正意見案」（1946年02月19日），〈體育會〉，《臺灣省行政長官公署檔案》，典藏號：00312310003002。南投：國史館臺灣文獻館藏。

「中學校ノ名稱、位置及設立團體名」（1939年06月29日），〈臺灣總督府府報第3069號〉，《臺灣總督府府（官）報》，典藏號：0071033619a001。南投：國史館臺灣文獻館藏。

「台端此次領導印尼歸僑接待印尼足球國家代表隊擘劃週詳成效卓著，對於促進中印間之國民外交頗有貢獻特函嘉勉，并補助有關接待費用新台幣伍仟元，用示勉勵。該補助費用仍希據向本會第二處僑民社會教育科洽領為荷」，〈研習聯誼〉，《僑務委員會檔案》，檔案號：A319000000B/0056/002403/51/0001/006。新北：國家發展委員會檔案管理局藏。

「台端此次領導印尼歸僑接待印尼國家足球代表隊出錢出力增進國民外交賢勞至復婉辭本會補助費用為國家節省公帑稱足嘉許。函復查照。」，〈研習聯誼〉，《僑務委員會檔案》，檔案號：A319000000B/0056/002403/51/0001/007。新北：國家發展委員會檔案管理局藏。

「四月廿三日賜示敬悉關於成立國軍體育促進會案業經參照所示意見修訂組織規程草案由部送請貴廳簽辦」（1951年05月02日），〈總政治部暨附屬單位編裝職掌案〉，《國軍史政檔案》，檔案號：39_581.12_2693_1_40_00027589。臺北：國防部政務辦公室。

「本部對軍中體育業務編制人員等劃歸政工部門一案除同意總政治部意見外並補充說明」（1954年6月8日），《國軍史政檔案》，檔案號：42_1930.4_6015-3_1_27_00080992。臺北：國防部政務辦公室。

「印尼足球隊來台已予妥善招待反應良好本件擬存」，〈民俗體育補助〉，《僑務委員會檔案》，檔案號：A319000000B/0056/002402/51/0001/013。新北：國家發展委員會檔案管理局藏。

「在臺韓國同胞互助會等停止活動案」（1946年09月12日），〈韓國同胞互助會中華體育協進會臺灣分會應停止活動〉，《臺灣省行政長官公署檔案》，典藏號：00301200063001。南投：國史館臺灣文獻館藏。

「函復軍中體育業務主管單位意見由」（1954年5月28日），《國軍史政檔案》，檔案號：42_1930.4_6015-3_1_20_00080985。臺北：國防部政務辦公室。

「函復軍中體育業務主管單位意見由」（1954年6月4日），《國軍史政檔案》，檔案號：42_1930.4_6015-3_1_24_00080989。臺北：國防部政務辦公室。

「函復軍中體育業務應由訓練部門主管由」（1954年6月11日），《國軍史政檔案》，檔案號：42_1930.4_6015-3_1_28_00080993。臺北：國防部政務辦公室。

「函催研提體育業務主管單位之意見」（1954年6月7日），《國軍史政檔案》，檔案號：42_1930.4_6015-3_1_26_00080991。臺北：國防部政務辦公室。

「承告香港體育藉回國觀光團一行人廿二仁預訂七月廿五日返國參觀亞洲杯足球東區預賽并考察工商業一事本會至表歡迎有關貴團來台入境手續本會當儘速辦知關錦注敬先奉聞」，〈研習聯誼〉，《僑務委員會檔案》，檔案號：A319000000B/0056/002403/51/0001/001。

新北：國家發展委員會檔案管理局藏。

「前貴部簽請成立國軍體育促進會一案現已奉准於貴部成立體育組專設人員時五員以主管軍中體育」（1951年04月23日），〈1951年4月23日〉，〈總政治部暨附屬單位編裝職掌案〉，《國軍史政檔案》，檔案號：39_581.12_2693_1_39_00027589。臺北：國防部政務辦公室。

「為千葉大學醫學部學生足球隊應台大醫學院之邀赴台訪問事報請鑒察由」，〈民俗體育補助〉，《僑務委員會檔案》，檔案號：A319000000B/0056/002402/51/0003/004。新北：國家發展委員會檔案管理局藏。

「為四十四年度體育費預算限額係包含於教育經費預算限額之內，希自行檢討編列預算由」1955年4月11日），〈教育訓練經費〉，《國軍史政檔案》，檔案號：40_0252.4_4844-2_2_26_00035483。臺北：國防部政務辦公室。

「為印尼足球隊赴台事。擬辦：印尼足球隊來台已獲極佳招待反應良好擬存」，〈研習聯誼〉，《僑務委員會檔案》，檔案號：A319000000B/0056/002403/51/0001/008。新北：國家發展委員會檔案管理局藏。

「為同意軍中體育業務劃歸政工部門主管由」（1954年5月1日），《國軍史政檔案》，檔案號：42_1930.4_6015-3_1_21_00080986。臺北：國防部政務辦公室。

「為呈報「現階段國軍體育實施方案」係根據國軍體育會議議決案擬呈惟尚未付諸實行謹報請鑒核由」（1957年4月18日），〈國軍體育實施方案〉），《國軍史政檔案》，檔案號：46_0256_6015_1_5_00035739。臺北：國防部政務辦公室。

「為函復軍中體育業務主管單位意見由」（1954年6月4日），《國軍史政檔案》，檔案號：42_1930.4_6015-3_1_25_00080990。臺北：國防部政務辦公室。

「為軍中體育業務劃歸政工部門主管由」（1954年5月31日），《國軍史政檔案》，檔案號：42_1930.4_6015-3_1_22_00080987。臺北：國防部政務辦公室。

「為核定國防部各級體育機構業務職掌及權責劃分準則一份隨令復發希遵照實施由」（1956年12月21日），〈運動場所建築與管理案〉，《國軍史政檔案》，檔案號：40_912.3_3730_2_10_00032139。臺北：國防部政務辦公室。

「為核准臺南市足球隊赴日比賽函請核發出國護照、出入境證由」，〈一般經常性案件〉，《僑務委員會檔案》，檔案號：0059/002499/51/0005。新北：國家發展委員會檔案管理局藏。

「為核准臺南市勝利國小足球隊赴日比賽函請核發出國護照、出入境證由」，〈一般經常性案件〉，《僑務委員會檔案》，檔案號：A319000000B/0059/002499/51/0005。新北：國家發展委員會檔案管理局藏。

「為規定體育業務由政工部門主管希遵照由」（1954年11月17日），《國軍史政檔案》，檔案號：42_1930.4_6015-3_1_30_00080995。臺北：國防部政務辦公室。

「為頒行國軍體育促進組織規程由」（1951年5月31日），〈總政治部暨附屬單位編裝職掌案〉，《國軍史政檔案》，檔案號：39_581.12_2693_1_42_00027589。臺北：國防部政務辦公室。

「為頒行國軍體育促進會組織規程由」（1951年05月31日），〈組織與職掌〉，《國軍史政檔案》，檔案號：39_1930.1_2791-4_1_23_00055558。臺北：國防部政務辦公室。

「為檢呈陸軍體育經費概算表一份懇乞准予撥專款以立體育訓練由」（1955年4月6日），〈教育訓練經費〉，《國軍史政檔案》，檔案號：40_0252.4_4844-2_2_25_00035483。臺北：國防部政務辦公室。

「為檢送修定國軍體育促進會組織規程請簽辦由」（1951年5月3日），〈總政治部暨附屬單位編裝職掌案〉，《國軍史政檔案》，檔案號：39_581.12_2693_1_41_00027589。臺北：國防部政務辦公室。

「為舉辦體育幹部講習會希遵照由」，〈政工幹校招生與召訓案〉，《國軍史政檔案》，檔案號：39_0600_1814_1_6_00044102。臺北：國防部政務辦公室。

「為釐訂「現階段國軍體育實施方案」及「各項運動代表隊組訓計畫綱要」恭請鑒核示尊由」（1957年2月14日），〈國軍體育實施方案〉），《國軍史政檔案》，檔案號：46_0256_6015_1_4_00035739。臺北：國防部政務辦公室。

「軍中體育業務編制人員等請劃歸政工部門主管敬請核示」（1954年5月8日），《國軍史政檔案》，檔案號：42_1930.4_6015-3_1_13_00080978。臺北：國防部政務辦公室。

「副本呈 閱後擬存查。（歡迎印尼足球隊活動情形報請鑒核由。）」，〈民俗體育補助〉，《僑務委員會檔案》，檔案號：A319000000B/0056/002402/51/0001/020。新北：國家發展委員會檔案管理局藏。

「參與國際體育交流及發展體育外交」，《教育部體育署檔案》，檔案號：AA09010000E/0052/467.03/1/0001。新北：國家發展委員會檔案管理局藏。

「第四屆亞洲杯足球賽東區預賽於八月廿一日假陸軍聯誼廳舉行籌備委員會譯本次會議由陳大慶上將親為主持。經檢復工作檢討報告書一份票務專案小組調查報告一份呈請鈞察至會議有關討論事項榮俟下次會議商討決定」，〈民俗體育補助〉，《僑務委員會檔案》，檔案號：A31900000B/0056/002402/51/0001/012。新北：國家發展委員會檔案管理局藏。

「第四屆亞洲杯足球賽東區預賽籌委會主委高魁元、副主委將國樑，并增加副主委兩人，一為講韓國、一為王竹一。并推選執行委員十五人，鈞座亦被選為執行委員。擬呈閱後存查。」，〈研習聯誼〉，《僑務委員會檔案》，檔案號：A319000000B/0056/002403/51/0001/005。新北：國家發展委員會檔案管理局藏。

「第四屆亞洲杯足球賽東區預賽籌備委員會第一次執行委員會議本月三日上午十時在南昌街陸軍聯誼廳舉行。經將會議討論決定事項參報為後。關於本會者：各球隊留台期間，請本會宴請或酒會招待一次，時間及人數由籌委會另函通知。檢附是次會議資料三份錦先報請察閱後存查」，〈研習聯誼〉，《僑務委員會檔案》，檔案號：A319000000B/0056/002403/51/0001/002。新北：國家發展委員會檔案管理局藏。

「掌管體育運動事應由國防部組織一體育會來領導及考核案」，〈總統交辦案〉，《國軍史政檔案》，檔案號：39_1700.03_2693_1_58_00050956。臺北：國防部政務辦公室。

「貴部體育幹部訓練班訓練計劃准予備查由」（1956年10月19日），〈國軍體育訓練與活動案〉，《國軍史政檔案》，檔案號：40_164.5_6015_1_15_00001706。臺北：國防部政務辦公室。

「僅惠呈我國參加第十二屆亞洲青年盃足球賽檢討報告書一份」，〈一般經常性案件〉，《僑務委員會檔案》，檔案號：0059/002499/51/0005。新北：國家發展委員會檔案管理局藏。

「對現行體育業務系統應否變更本處無特別意見自當候令辦理」（1954年6月1日），《國軍史政檔案》，檔案號：42_1930.4_6015-3_1_23_00080988。臺北：國防部政務辦公室。

「臺灣省體育會成立核准案」（1946年05月01日），〈體育會〉，《臺灣省行政長官公署檔案》，典藏號：00312310003001。南投：國史館臺灣文獻館藏。

「請研提軍中體育業務由何單位主管意見由」（1954年5月24日），《國軍史政檔案》，檔案號：42_1930.4_6015-3_1_18_00080983。臺北：國防部政務辦公室。

「據本會駐港辦事處本年五月十一日密函稱：「香港會足球隊將於日內訪台聞左派體育瓜牙袁耀洪－照敘－以免親痛仇快」等語。關於袁耀洪來台事，經詢據中華全國足球委員公副總幹事陳樹聲稱：袁某已於本五月十五日來台，現正在中南部等地觀光，預定廿一日星期日返港。等語。」，〈民俗體育補助〉，《僑務委員會檔案》，檔案號：A319000000B/0056/002402/51/0003/007。新北：國家發展委員會檔案管理局藏。

「隨令頒布「普及軍中體育活動」辦法一種希遵照由」（1961年4月17日），〈國軍體育訓練與活動案〉，《國軍史政檔案》，檔案號：40_164.5_6015_2_22_00011707。臺北：國防部政務辦公室。

「檢呈四十二年度陸軍體育工作實施計畫及辦法七種訓練體育幹部所需經費預算表一份供請鑒核」（1953年4月24日），〈陸軍部隊學校教育訓練彙輯〉，《國軍史政檔案》，檔案號：41_400.1_7421_4_2_00022445。臺北：國防部政務辦公室。

「檢送會議記錄。擬辦：第四屆亞東區足球賽籌備委員會結束會議記錄呈閱後擬存」，〈研習聯誼〉，《僑務委員會檔案》，檔案號：A319000000B/0056/002403/51/0001/004。新北：國家發展委員會檔案管理局藏。

「總統核示官長體育運動應組織一體育會來領導及考核請查照辦理」，〈總統交辦案〉，《國軍史政檔案》，檔案號：39_1700.03_2693_1_59_00050956。臺北：國防部政務辦公室。

「職泰派出席全足球委員會常務委員會，謹將商呈事項簽報」，〈民俗體育補助〉，《僑務委員會檔案》，檔案號：A319000000B/0056/002402/51/0001/011。新北：國家發展委員會檔案管理局藏。

「關於軍中體育組織一案函請會予訊辦」（1954年6月28日），《國軍史政檔案》，檔案號：42_1930.4_6015-3_1_29_00080994。臺北：國防部政務辦公室。

「關於統一規定軍中體育業務之主管單位案」（1954年8月18日），《國軍史政檔案》，檔案號：42_1930.4_6015-3_1_31_00080996。臺北：國防部政務辦公室。

大日本蹴球協　，《大正十年度　報第一　》。東京：大日本蹴球協　，1922。

大日本蹴球協會，《蹴球》3: 2（1935年4月）。

大日本蹴球協會，《蹴球》4: 3（1936年7月）。

大日本蹴球協會，《蹴球》6: 3（1938年10月）。

大日本蹴球協會，《蹴球》9: 1（1941年10月）。

長老教中學校友會，《輔仁》第一期。臺南：私立長老教中學，1924。

長老教中學校友會，《輔仁》第二期。臺南：私立長老教中學，1925。

長老教中學校友會，《輔仁》第三期。臺南：私立長老教中學，1926。

長老教中學校友會，《輔仁》第四期。臺南：私立長老教中學，1927。

長老教中學校友會，《輔仁》第五期。臺南：私立長老教中學，1928。

長老教中學校友會，《輔仁》第六期。臺南：私立長老教中學，1929。

長老教中學校友會，《輔仁》第七期。臺南：私立長老教中學，1930。

長老教中學校友會，《輔仁》第八期。臺南：私立長老教中學，1931。

長老教中學校友會，《輔仁》第十期。臺南：私立長老教中學，1933。

長老教中學校友會，《輔仁》第十一期。臺南：私立長老教中學，1934。

長老教中學校友會，《輔仁》第十二期。臺南：私立長老教中學，1935。

長老教中學校友會，《輔仁》第十三期。臺南：私立長老教中學，1936。

長榮中學校校友會，《彌榮》第二號。臺南：私立長老教中學，1941。

長榮中學校校友會，《彌榮》第三號。臺南：私立長老教中學，1942。

長榮中學校校友會，《彌榮》第四號。臺南：私立長老教中學，1943。

唐贊袞撰，《臺陽見聞錄》。臺北：臺灣銀行經濟研究室，臺灣文獻叢刊第30種，1958。

二、報章雜誌

《大公報》

《大公報》（香港）

《大華新聞》

《工商日報》

《工商日報》（香港）

《中央日報》

《中國時報》
《公論報》
《天聲日報》
《民生報》
《民報》
《申報》
《自由時報》
《自立晚報》
《偉華體育旬刊》
《商工日報》
《漢文臺灣日日新報》
《臺灣日日新報》
《臺灣民聲日報》
《徵信新聞》
《聯合晚報》

《聯合報》、
《報導者》

佚名，〈體育消息：上海華人足球聯合會成立〉，《教育與人生》，2: 57(1924年)，頁15。
王邦雄，〈我們的代表隊在哪裡？〉，《鵝湖月刊》132（1986年6月），頁1。
王邦雄，〈世界盃足球賽的聯想〉，《鵝湖月刊》，88（1982年10月），頁50-51。
吳興強，〈足球運動在臺灣〉，《中外雜誌》72: 2（2002年8月），頁21-28。
宋永祥，〈漫談國內足運二十年〉，《體育世界文摘》49（1972年8月），頁68-71。
汪清澄，〈文武雙全前無古人：球王李惠堂的故事(一)〉，《中外雜誌》73: 3（2003年3月），頁119-122。
明鏡，〈夏維蘭會長明確表示：我合法會籍不容排除〉，《足球季刊》2（1974年12月），頁12、41。
胡帝，〈李惠堂評傳〉，《足球世界(上海1935)》，第1期(1935年)，無頁碼。
郝更生，〈第二屆亞運的辛酸苦辣〉，《傳記文學》11: 1（1967年7月），頁29-34。
中華民國足球協會，《足球年刊》。臺北：中華民國足球協會，1974。
中華民國足球協會，《足球季刊》。臺北：中華民國足球協會，1974-1977。

中華民國足球協會，《中華足訊》。臺北：中華民國足球協會，1982-1984，第11-20期。
中華民國足球協會，《中華足訊》。臺北：中華民國足球協會，1984-1985，第21-30期。
中華民國足球協會，《中華足訊》。臺北：中華民國足球協會，1986-1987，第31-40期。
中華民國足球協會，《中華足訊》。臺北：中華民國足球協會，1987-1989，第41-47期。
中華民國足球協會，《中華足訊》。臺北：中華民國足球協會，1989-1990，第48-56期。
中華民國足球協會，《中華足訊》。臺北：中華民國足球協會，1991-1992，第58-66期。
中華民國足球協會，《中華足訊》。臺北：中華民國足球協會，1992-1994，第67-75期。
中華民國足球協會，《中華足訊》。臺北：中華民國足球協會，1995，第76-84期。
中華民國足球協會，《中華足訊》。臺北：中華民國足球協會，1995-1996，第85-93期。
中華民國足球協會，《中華足訊》。臺北：中華民國足球協會，1996，第94-99期。
中華民國足球協會，《中華足訊》。臺北：中華民國足球協會，1997，第100-105期。
中華民國足球協會，《中華足訊》。臺北：中華民國足球協會，1997，第106-111期。
中華民國足球協會，《中華足訊》。臺北：中華民國足球協會，1998-1999，第112-120期。

三、專書

Bernardo Malvar Villegas, *Philippine Football: Its Past, Its Future*. Malina: University of Asia and the Pacific,2016.

Ian Syson, *The Game That Never Happened: The Vanishing History of Soccer in Australia*, Bannockburn: sports & editorial services,2018.

Tony Schirato著、何哲欣譯，《運動的文化分析》。臺北：韋伯文化國際出版有限公司，2009。

（德）克藍瑪Herrn Deffmer Cramer講述、陸軍軍官學校編，《足球訓練法》。高雄縣：陸軍軍官學校，1969。

大衛．哥德布拉特著，韓絜光、陳复嘉、劉冠宏譯，《足球是圓的：一部關於足球狂熱與帝國強權的全球文化史》。臺北：城邦文化事業有限公司，2018。

大衛．哥德布拉特著、韓絜光譯，《足球帝國：一窺英格蘭社會的華麗與蒼涼》。臺北：商周出版股份有限公司，2017。

中華民國足球協會編，《世界女子足球大賽.民六十七年》。臺北：中華民國足球協會，1978。

中華臺北足球協會編，《中華足球年鑑》。臺北：橙青印刷事業有限公司，1998。

皮耶．諾哈等著、戴麗娟譯，《記憶所繫之處》。臺北：行人文化實驗室，2012。

皮耶．森加拉維路、朱利安．索海著，羅濤德譯，《運動帝國：文化全球化的史記》。臺北：河中文化實業有限公司，2012。

竹村豐俊，《臺灣體育史》。臺北：臺灣體育協會，1933。

吳俊賢，《近代臺灣足球運動的繼起與沒落（1945-1970）》。屏東：錦繡中華企業社，2006。

呂紹理，《水螺響起：日治時期臺灣社會的生活作息》。臺北：遠流出版事業股份有限公司，1998。

李弘斌、葉士弘，《臺灣足球六十年》。臺北：商周出版股份有限公司，2020。

李峻嶸，《足球王國：戰後初期的香港足球》。香港：三聯書店，2015。

李惠堂，《足球經》。臺北：今日世界社，1979。

李嘉嵩，《100年來：臺灣長老教會李嘉嵩牧師回憶錄》。臺南：人光出版社，1979。

林丁國，《觀念、組織與實踐：日治時期臺灣體育運動之發展(1895-1937)》。新北：國家教育研究院，2009。

香港華人足球裁判會，《香港華人足球裁判會十週年紀念特刊》。香港：香港華人足球裁判會，1957。

張厚基主編，《長榮中學百年史》。臺南：臺南市私立長榮高級中學，1991。

理查・朱利安諾提著、劉昌德譯，《運動：批判社會學的視野》。臺北：五南圖書股份有限公司，2021。

符金宇，《日本足球史》。新竹：如是文化股份有限公司，2019。

莊廷禎，《1970年社會變遷後臺灣足球運動的發展》。新北：大揚出版社，2013。

許佩賢，《殖民地臺灣的近代學校》。臺北：遠流出版事業股份有限公司，1998。

郭少棠，《建民百年：南華體育會100周年會慶》。香港：南華體育會，2010。

陳俊宏，《重新發現馬偕傳》。臺北：前衛出版社，2000。

陳新宏，《民初三大競賽下的足球發展：1901-1949》。臺南：金典書局，2008。

黃畬名，《球國春秋》，香港：大公，1951。

黃畬名，《球國春秋》。香港：大公書局，1951。

電光體育會，《菲律濱華僑電光足球隊回國參加介壽杯紀念特刊》。馬尼拉：電光體育會，1964。

電光體育會，《菲律濱華僑電光體育會成立十二週年暨足球隊第四次回國勞軍紀念特刊》。馬尼拉：電光體育會，1958。

臺南市私立長榮高級中學一二〇週年校慶特刊編輯委員會編，《發現長榮：120週年校慶特刊》。臺南：臺南市私立長榮高級中學，2006。

臺灣外籍工作者發展協會，《野地球生：臺灣移民工足球紀事》。臺北：社團法人臺灣外籍工作者發展協會，2020。

蔡忠雄總策劃，《長榮中學創校120周年：董事會紀念特輯》。臺南：私立長榮中學，2006。

高文福、何長發，《傲視群雄：高雄縣足球發展之沿革》，高雄：高雄縣政府，2000。

駒込武著，蘇碩斌、許佩賢、林詩庭譯，《臺灣人的學校之夢：從世界史的視角看日本的臺灣殖民統治》。臺北：臺大出版中心，2019。

謝仕淵，《國球誕生前記：日治時期臺灣棒球史》。臺南：國立臺灣歷史博物館，2012。

謝仕淵，《臺灣棒球一百年》。臺北：玉山社出版事業股份有限公司，2017。

四、期刊論文

Gerald Chan, "The "Two-Chinas" Problem and the Olympic Formula," Pacific Affairs, Vol. 58, No. 3

(Autumn, 1985), pp.473-490.

Homburg, Heidrun, "FIFA and the "Chinese Question", 1954-1980 : an exercise of statutes," *Historical Social Research* Vol. 58, No. 1 (2006), pp. 69-72.

Nicholas Dennis Guoth, "Kangaroos and Dragons: the 1923 Chinese Football Tour of Australia." Canberra: A thesis submitted for the degree of Master of Philosophy at the Australian National University,2010.

Vincent Heywood, "China's 1936 Olympic Football Team: Eight of The Players Were From Hong Kong," *Journal of the Royal Asiatic Society Hong Kong Branch*, Vol. 48 (2008), pp. 7-23.

China's 1936 Olympic Football Team: Eight of The Players Were From Hong Kong

Xu GuoQi, "China's National Representation and the Two-China Question in the Olympic Movement: The Significance of the 1952 Helsinki Games," *China Perspectives*, No. 1 (73) (2008), pp. 19-28.

王惠玲，〈臺灣足球運動發展之研究（1945-2000）〉。臺東：臺東大學教育研究所碩士論文，2004。

李道緝，〈建構新「祖國」：鄭彥棻時期(民國39-47年)的僑務工作〉，《中央大學人文學報》31（2007年7月），頁181-208。

束威衡，〈越南移工在臺運動休閒與日常生活的意義探索：以台灣盃國際移民足球賽為個案〉。南投：國立暨南大學東南亞學系碩士論文，2022。
林智煒，〈戰後初期臺灣體育運動發展之歷史考察（1945-1949）：以「中國化」為中心〉。臺北：國立師範大學體育學系碩士論文，2012。
林賢杰，〈臺南縣足球運動發展之研究（1949-2007）〉。臺南：國立臺南大學體育學系教學碩士班碩士論文，2006。
金湘斌，〈運動慶典的形成：日治初期臺灣公學校運動會（1895-1911）〉，《運動文化研究》9（2009年6月），頁109-150。
施元文，〈野地「球」生：在台外籍足球運動發展初探〉。臺北：臺北：世新大學新聞學研究所碩士論文，2020。
施沈暉，〈「我不出生在台灣,但我要做台灣之光」台灣歸化足球員的國族論述分析〉。臺北：世新大學新聞學研究所碩士論文，2019。
紀旭峰，〈　前期早　田大　の台　人留　生〉，《早　田大　史紀要》，44（2013年2月），頁147-183。
張啟雄，〈「法理論述」vs.「事實論述」：中華民國與國際奧委會的會籍認定交涉，1960-

1964〉，《臺灣史研究》17: 2（2010年6月），頁85-129。
張啟雄，〈1960年前後中華民國對國際奧委會的會籍之爭〉，《近代史研究所集刊》44（2004年6月），頁103-153。
張凱渾，〈亞洲足球球王李惠堂之研究（1905-1979）〉。臺東：國立臺東大學進修部暑期體育碩士班碩士論文，2016。
張詞訓，〈臺北市學校足球運動發展之研究（1967-2012）〉。臺東：國立臺東大學體育學系碩士論文，2015。
許伯豪，〈佳里區三級足球運動發展與球員流動之研究〉。臺南：國立台南大學體育學系碩士論文，2021。
陳月萍，〈美援僑生教育與反共活動(1950-1965)〉。南投：國立暨南國際大學歷史所碩士論文，2004。
陳若文，〈戰後臺灣籃球運動之普及〉。臺北：國立臺灣師範大學歷史學系碩士論文，2017。
黃文祥，〈臺灣地區足球運動現況之研究〉，《中華體育》14: 1（2000年6月），頁43-49。
黃安邦、徐耀輝，〈足球、文化、體育人〉，《身體文化學報》3（2006年12月），頁91-113。
黃柏勳，〈黨國資本主義下的臺灣足球轉播史〉。桃園：國立體育大學體育學系碩士論文，

2015。

黃獻香，〈高雄市足球運動發展之研究（1949-2010）〉。臺南：國立臺南大學體育學系碩士論文，2012。

楊佳霖，〈從祛疾避疫到狂歡暴動的「蒙昧惡俗」：論臺灣端午節的石戰習俗〉，《臺灣文獻》62: 2（2011年6月），頁245-274。

趙崢，〈香港與臺北之間：李惠堂與兩岸三地的體育冷戰（1949-1979）〉，《思與言》57: 4（2019年12月），頁17-71。

劉明道，〈臺南市足球運動發展之研究(1945-2008)〉。臺南：國立臺南大學體育學系碩士論文，2008。

暴麗霞，〈近代中國民間足球組織研究〉，《體育文化導刊》2008: 2（2008年2月），126-128。

蔡軒誠，〈日治時期長榮中學體育史研究〉。臺南：國立成功大學歷史學系碩士論文，2020。

蔣湘青，〈中國近代足球運動史話(上)〉，《文史精華》1998第3期（1998年3月），頁51-58。

鄭宏泰、黃紹倫，〈香港華人的身分認同：九七前後的轉變〉，《二十一世紀雙月刊》2002年10月號，頁71-80。

鄭夏英、吳俊賢、王宏義，〈香港南華足球會對臺灣足球發展之影響：以1949-1970 年為中心〉，《人文與社會》1: 9（2006年12月），頁237-265。

駒込武著、李明芳譯，〈臺南長老教中學神社參拜問題：「踏繪」式的權力型態〉，《中外文學》31: 10（2003年3月），頁43-80。

戴寶村採訪、撰文，〈曹永和院士的二中憶往〉，收於黃馨瑩主編，《成功九十濟濟國士：臺北市立成功高級中學九十週年校慶特刊》，頁128-133。臺北：臺北市立成功高中，2012。

謝仕淵，〈殖民主義與體育：日治前期（1895-1922）臺灣公學校體操科之研究〉。桃園：國立中央大學歷史研究所碩士論文。

蘇武松，〈高雄市足球運動發展概況〉，《高市文獻》，11(3)（高雄，1999）：61-73。

蘇瑞陽、王同茂，〈戰後初期的台灣體育(1945-1949)〉，《臺大體育學報》7（2005年3月），頁55-88。

其它：

「紀錄．體育．足球數據基金會（Rec.Sport.Soccer Statistics Foundation.）」網站。網址：https://www.rsssf.org/。

Belong 11

我們的足球夢：從日治到戰後，臺灣百年足球記憶

作者——林欣楷

執行長——陳蕙慧
總編輯——張惠菁
責任編輯——宋繼昕
行銷總監——陳雅雯
行銷企劃——余一霞、林芳如
封面設計——江孟達工作室
排版——宸遠彩藝

社長——郭重興
發行人兼出版總監——曾大福
出版——衛城出版／遠足文化事業股份有限公司
發行——遠足文化事業股份有限公司
地址——二三一四一 新北市新店區民權路一〇八—二號九樓
電話——〇二—二二一八一四一七
傳真——〇二—二二一八〇七二七
客服專線——〇八〇〇—二二一〇二九
法律顧問——華洋法律事務所 蘇文生律師
印刷——呈靖彩藝有限公司
初版一刷——二〇二二年十月

定價——四五〇元

國家圖書館出版品預行編目資料

我們的足球夢：從日治到戰後，臺灣百年足球記憶/林欣楷著.
-- 初版. -- 新北市：衛城出版：遠足文化事業股份有限公司發行，2022.11
面； 公分. -- (Belong；11)
ISBN 978-626-7052-48-8（平裝）

1. 足球 2. 歷史 3. 臺灣

528.9510933 111015617

ISBN：9786267052488（紙本）
9786267052532（PDF）
9786267052549（EPUB）

ACRO POLIS 衛城

EMAIL acropolismde@gmail.com
FACEBOOK www.facebook.com/acrolispublish